Integrated Chinese

LEVEL 1
Part 2

Integrated Chinese

中文聽說讀寫

Traditional Character Edition

TEXTBOOK

2nd Edition

Tao-chung Yao and Yuehua Liu

**Liangyan Ge, Yea-fen Chen,
Nyan-ping Bi, Xiaojun Wang and Yaohua Shi**

CHENG & TSUI COMPANY ▲ Boston

Second Edition

10 09 08 07 06   10 9 8 7 6 5 4 3 2

Published by
Cheng & Tsui Company, Inc.
25 West Street
Boston, MA 02111-1213 USA
Fax (617) 426-3669
www.cheng-tsui.com
"Bringing Asia to the World"™

Library of Congress Cataloging-in-Publication Data

Integrated Chinese = [Zhong wen ting shuo du xie].
Traditional character edition. Level 1, part 2/Tao-chung Yao ... [et al.].— 2nd ed.
        p. cm. — (C&T Asian language series)
Chinese and English.
Includes index.
ISBN 0-88727-477-3 (Traditional ed. : pbk.) — ISBN 0-88727-476-5 (Simplified ed. : pbk.)
1. Chinese language—Textbooks for foreign speakers—English. I. Title: Zhong wen ting shuo du xie. II. Yao, Daozhong. III. Series: C&T Asian languages series.
PL1129.E5I683 2004b
495.1'82421—dc22
2005047085

The *Integrated Chinese* series includes textbooks, workbooks, character workbooks, audio products, multimedia products, teacher's resources, and more. Visit www.cheng-tsui.com for more information on the other components of *Integrated Chinese*.

Printed in the United States of America

THE INTEGRATED CHINESE SERIES

The *Integrated Chinese* series is a two-year course that includes textbooks, workbooks, character workbooks, audio CDs, CD-ROMs, DVDs and teacher's resources.

Textbooks introduce Chinese language and culture through a series of dialogues and narratives, with culture notes, language use and grammar explanations, and exercises.

Workbooks follow the format of the textbooks and contain a wide range of integrated activities that teach the four language skills of listening, speaking, reading and writing.

Character Workbooks help students learn Chinese characters in their correct stroke order. Special emphasis is placed on the radicals that are frequently used to compose Chinese characters.

Audio CDs include the narratives, dialogues and vocabulary presented in the textbooks, as well as pronunciation and listening exercises that correspond to the workbooks.

Teacher's Resources contain helpful guidance and additional activities online. Visit www.webtech.cheng-tsui.com to obtain the latest teacher resources.

Multimedia CD-ROMs are divided into sections of listening, speaking, reading and writing, and feature a variety of supplemental interactive games and activities for students to test their skills and get instant feedback.

Workbook DVD shows listening comprehension dialogues from the Level 1 Part 1 Workbook, presented in contemporary settings in color video format.

PUBLISHER'S NOTE

When *Integrated Chinese* was first published in 1997, it set a new standard with its focus on the development and integration of the four language skills (listening, speaking, reading, and writing). Today, to further enrich the learning experience of the many users of *Integrated Chinese* worldwide, the Cheng & Tsui Company is pleased to offer the revised, updated and expanded second edition of *Integrated Chinese*. We would like to thank the many teachers and students who, by offering their valuable insights and suggestions, have helped *Integrated Chinese* evolve and keep pace with the many positive changes in the field of Chinese language instruction. *Integrated Chinese* continues to offer comprehensive language instruction, with many new features.

The Cheng & Tsui Asian Language Series is designed to publish and widely distribute quality language learning materials created by leading instructors from around the world. We welcome readers' comments and suggestions concerning the publications in this series. Please send feedback to our Editorial Department (e-mail: **editor@cheng-tsui.com**), or contact the following members of our Editorial Board.

FOR STUDENTS LEARNING BOTH SIMPLIFIED AND TRADITIONAL CHARACTERS

The index in this textbook contains both character forms. Simplified and traditional character versions of the dialogues can be downloaded from www.webtech.cheng-tsui.com.

CONTENTS

Preface xvii

Abbreviations for Grammar Terms xxii

About Note References xxiii

Lesson 12: Dining   1

Vocabulary and Texts. 1

   Dialogue I: Dining in a Restaurant 1

   Dialogue II: Eating in a Cafeteria 6

Functional Expressions 9

   Supplementary Vocabulary 9

Grammar 10

   1. 一…也/都…不/沒… (yī…yě/dōu…bù/méi)

   2. 好 (hǎo) as a Verb Complement

   3. Reduplication of Adjectives

   4. 極了 (jíle)

   5. Resultative Complements (1)

   6. 來 (lái)

   7. 多/少 (duō/shǎo) + Verb

Pattern Drills 16

Pinyin Texts 21

English Texts 24

Lesson 13: At the Library   27

Vocabulary and Texts. 27

   Dialogue I: Borrowing Audio Tapes 27

Functional Expressions 31

   Dialogue II: Borrowing Books 31

Functional Expressions 33

Supplementary Vocabulary. 33

▼▼▼

Grammar **35**

   1. 把 (bǎ) Construction (I)

   2. 在、到、給 (zài, dào, gěi) Used in Complements

   3. Time-When and Time-Duration Expressions Compared

   4. Duration of an Action

Pattern Drills **43**

Pinyin Texts **49**

English Texts **50**

Lesson 14: Asking Directions   **53**

Vocabulary and Texts. **53**

   Dialogue I: Where Are You Going? 53

Functional Expressions **56**

   Dialogue II: Going to Chinatown 57

   Supplementary Vocabulary 60

Grammar **62**

   1. Direction and Location Words

   2. Comparative Sentences with 沒有 (méiyǒu)

   3. 那麼 (nàme) Indicating Degree

   4. 到 (dào) + Place + 去 (qù) + Action

   5. The Conjunction 就 (jiù)

   6. The Dynamic Particle 過 (guo)

   7. Resultative Complements (II)

   8. 一…就… (yī…jiù…)

Pattern Drills **71**

Pinyin Texts **77**

English Texts **78**

Lesson 15: Birthday Party   **81**

Vocabulary and Texts. **81**

   Dialogue I: Inviting Someone to a Party 81

   Dialogue II: Attending a Birthday Party 84

Functional Expressions **88**

▼▼

Supplementary Vocabulary **89**

Grammar **90**

1. 呢 (ne) Indicating an Action in Progress

2. Verbal Phrases and Subject-Predicate Phrases Used as Attributives

3. 還 (hái)

4. Sentences with 是...的 (shì...de)

5. More on Pivotal Sentences

Pattern Drills **98**

Pinyin Texts **105**

English Texts **107**

Lesson 16: Seeing a Doctor   111

Vocabulary and Texts **111**

Dialogue I: A Stomachache 111

Dialogue II: Allergies 115

Functional Expressions **118**

Supplementary Vocabulary   118

Grammar   **119**

1. 死 (sǐ) Indicating Extreme Degree

2. Measure Word 次 (cì) for Actions

3. The Preposition 對 (duì)

4. Directional Complements (II)

5. 再說 (zàishuō)

6. Questions with 是不是/對不對 (shì bu shì / duì bu duì)

Pattern Drills **132**

Pinyin Texts **139**

English Texts **141**

Lesson 17: Dating   145

Vocabulary and Texts **145**

Dialogue I: Seeing a Chinese Movie 145

Functional Expressions **148**

Dialogue II: Refusing an Invitation 150

Supplementary Vocabulary 152

Grammar 153

   1. Descriptive Complements (II)

   2. Potential Complements

   3. 就 (jiù)

   4. Reduplication of Verbs

Pattern Drills 158

Pinyin Texts 165

English Texts 167

Lesson 18: Renting an Apartment   169

Vocabulary and Texts 169

   Narrative: Finding a Better Place 169

   Dialogue: Calling about an Apartment for Rent 172

   Supplementary Vocabulary 176

Grammar 176

   1. Verb + 了 (le) + Numeral + Measure Word + 了 (le)

   2. 連…都/也 (lián…dōu/yě)

   3. Potential Complements with Verb + 不下 (bú xià)

   4. 多 (duō) Indicating an Approximate Number

   5. Interrogative Pronouns with 都/也 (dōu/yě)

Pattern Drills 183

Pinyin Texts 187

English Texts 189

Lesson 19: At the Post Office   191

Vocabulary and Texts 191

   Dialogue I: Mailing a Letter 191

   Dialogue II: At a Post Office in Beijing 195

   Supplementary Vocabulary 197

Grammar 198

   1. Combination of Two Adjacent Numbers as an Expression
     of Approximation

   2. 越…越… (yuè…yuè…)

3. The Conjunction 就 (jiù)

4. 除了...以外，...還/都 (chúle...yǐwài, hái/dōu...)

5. Directional Complements Indicating Result

Pattern Drills 202

Pinyin Texts 207

English Texts 209

Lesson 20: Sports   211

Vocabulary and Texts 211

   Dialogue I: Gaining Weight 211

   Dialogue II: Watching American Football 214

   Supplementary Vocabulary 218

Grammar 219

   1. Time Expression + 沒 (méi) + Verb + 了 (le)

   2. 好/難 (hǎo/nán) + Verb

   3. 下去 (xiaqu) Indicating Continuation

   4. Verb + Expression of Time Duration + Object

   5. 起來 (qǐlai) Indicating the Beginning of an Action

   6. 被 (bèi) in Passive-Voice Sentences

Pattern Drills 225

Pinyin Texts 230

English Texts 232

Lesson 21: Travel   235

Vocabulary and Texts 235

   Dialogue I: Traveling to Taiwan 235

   Dialogue II: Traveling to Beijing 239

   Supplementary Vocabulary 242

Grammar 243

   1. 有的 (yǒude) and 一些 (yìxiē) Compared

   2. Numbers over One Thousand

   3. Interrogative Pronouns as Indefinite References
      (whoever, whatever, etc.)

   4. More on 比 (bǐ)

Pattern Drills 247

Pinyin Texts 253

English Texts 254

Lesson 22: Hometown   257

Vocabulary and Texts 257

　　Dialogue I: Describing One's Hometown 257

　　Dialogue II: Talking about Beijing 262

　　Supplementary Vocabulary 265

Grammar   **266**

　　1. Kinship Terms

　　2. 以為 (yǐwéi)

　　3. Existential Sentences

　　4. The Dynamic Particle 著 (zhe)

　　5. Adjective/Verb + 是 (shì) + Adjective/Verb + 可是/但是

Pattern Drills 276

Pinyin Texts 284

English Texts 285

Lesson 23: At the Airport   289

Vocabulary and Texts 289

　　Dialogue I: Checking in at the Airport 289

　　Dialogue II: Arriving in Beijing 294

　　Supplementary Vocabulary 297

Grammar 298

　　1. ...的時候 (...de shíhou) and ...以後 (...yǐhòu) Compared

　　2. 的 (de), 得 (de), 地 (de) Compared

　　3. Potential Complement 不動 (búdòng)

　　4. 才 (cái) Suggesting "too early" or "not enough"

　　5. 還 (hái) + Positive Adjective

Pattern Drills 304

Pinyin Texts 308

English Texts 310

Indices 313

1. Vocabulary Index (Chinese-English) 313

2. Vocabulary Index (English-Chinese) 346

3. Vocabulary Index (by Grammar Category) 389

The *Integrated Chinese* series is an acclaimed, best-selling introductory course in Mandarin Chinese. With its holistic, integrated focus on the four language skills of listening, speaking, reading, and writing, it teaches all the basics beginning and intermediate students need to function in Chinese. *Integrated Chinese* helps students understand how the Chinese language works grammatically, and how to use Chinese in real life.

The Chinese title of *Integrated Chinese*, which is simply 中文聽說讀寫 *(Zhōngwén Tīng Shuō Dú Xiě)*, reflects our belief that a healthy language program should be a well-balanced one. To ensure that students will be strong in all skills, and because we believe that each of the four skills needs special training, the exercises in the *Integrated Chinese* Workbooks are divided into four sections of listening, speaking, reading, and writing. Within each section, there are two types of exercises, namely, traditional exercises (such as fill-in-the-blank, sentence completion, translation, etc.) to help students build a solid foundation, and communication-oriented exercises to prepare students to face the real world.

How *Integrated Chinese* Has Evolved

Integrated Chinese (IC) began, in 1993, as a set of course materials for beginning and intermediate Chinese courses taught at the East Asian Summer Language Institute's Chinese School, at Indiana University. Since that time, it has become a widely used series of Chinese language textbooks in the United States and beyond. Teachers and students appreciate the fact that IC, with its focus on practical, everyday topics and its numerous and varied exercises, helps learners build a solid foundation in the Chinese language.

What's New in the Second Edition

Thanks to all those who have used *Integrated Chinese* and given us the benefit of their suggestions and comments, we have been able to produce a second edition that includes the following improvements:

▲ Typographical errors present in the first edition have been corrected, and the content has been carefully edited to ensure accuracy and minimize errors.

▲ The design has been revised and improved for easier use, and the Textbooks feature **two colors.**

▲ **Revised illustrations** and **new photos** provide the reader with visual images and relevant cultural information.

▲ Many **new culture notes** and examples of **functional expressions** have been added.

▲ **Grammar and phonetics explanations** have been rewritten in more student-friendly language.

▲ **Workbook listening and reading sections** have been revised.

▲ **A new flexibility for the teaching of characters** is offered. While we believe that students should learn to read all of the characters introduced in the lessons, we are aware that different Chinese programs have different needs. Some teachers may wish to limit the number of characters for which students have responsibility, especially in regards to writing requirements. To help such teachers, we have identified a number of lower-frequency Chinese characters and marked them with a pound sign (#) in the vocabulary lists. Teachers might choose to accept *pinyin* in place of these characters in homework and tests. The new edition adds flexibility in this regard.

▲ **The Level 1 Workbooks** have been reorganized. The Workbook exercises have been divided into two parts, with each part corresponding to one of the dialogues in each lesson. This arrangement will allow teachers to more easily teach the dialogues separately. They may wish to use the first two or three days of each lesson to focus on the first dialogue, and have students complete the exercises for the first dialogue. Then, they can proceed with the second dialogue, and have students complete the exercises for the second dialogue. Teachers may also wish to give separate quizzes on the vocabulary associated with each dialogue, thus reducing the number of new words students need to memorize at any one time.

▲ **Level 2 offers full text in simplified and traditional characters.** The original Level 2 Textbook and Workbook, which were intended to be used by both traditional- and simplified-character learners, contained sections in which only the traditional characters were given. This was of course problematic for students who were principally interested in learning simplified characters. This difficulty has been resolved in the new edition, as we now provide both traditional and simplified characters for every Chinese sentence in both the Textbook and the Workbook.

Basic Organizational Principles

In recent years, a very important fact has been recognized by the field of language teaching: the ultimate goal of learning a language is to communicate in that language.

Integrated Chinese is a set of materials that gives students grammatical tools and also prepares them to function in a Chinese language environment. The materials cover two years of instruction, with smooth transitions from one level to the next. They first cover everyday life topics and gradually move to more abstract subject matter. The materials are not limited to one method or one approach, but instead they blend several teaching approaches that can produce good results. Here are some of the features of *Integrated Chinese* which make it different from other Chinese language textbooks:

Integrating Pedagogical and Authentic Materials

All of the materials are graded in *Integrated Chinese*. We believe that students can grasp the materials better if they learn simple and easy to control language items before the more difficult or complicated ones. We also believe that students should be taught some authentic materials even in the first year of language instruction. Therefore, most of the pedagogical materials are actually simulated authentic materials. Real authentic materials (written by native Chinese speakers for native Chinese speakers) are incorporated in the lessons when appropriate.

Integrating Written Style and Spoken Style

One way to measure a person's Chinese proficiency is to see if s/he can handle the "written style" (書面語, shūmiànyǔ) with ease. The "written style" language is more formal and literal than the "spoken style" (口語, kǒuyǔ); however, it is also widely used in news broadcasts and formal speeches. In addition to "spoken style" Chinese, basic "written style" expressions are gradually introduced in *Integrated Chinese*.

Integrating Traditional and Simplified Characters

We believe that students should learn to handle Chinese language materials in both the traditional and the simplified forms. However, we also realize that it could be rather confusing and overwhelming to teach students both the traditional and the simplified forms from day one. A reasonable solution to this problem is for the student to concentrate on one form, either traditional or simplified, at the first level, and to acquire the other form during the second level. Therefore, for Level 1, *Integrated Chinese* offers two editions of the Textbooks and the Workbooks, one using traditional characters and one using simplified characters, to meet different needs.

We believe that by the second year of studying Chinese, all students should be taught to read both traditional and simplified characters. Therefore, the text of each lesson in Level 2 is shown in both forms, and the vocabulary list in each lesson also contains both forms. Considering that students in a second-year Chinese language class might come from different backgrounds and that some of them may have learned the traditional form and others the simplified form, students should be allowed to write in either traditional or simplified form. It is important that the learner write in one form only, and not a hybrid of both forms.

Integrating Teaching Approaches

Realizing that there is no one single teaching method which is adequate in training a student to be proficient in all four language skills, we employ a variety of teaching methods and approaches in *Integrated Chinese* to maximize the teaching results. In addition to the communicative approach, we also use traditional methods such as grammar-translation and direct method.

Online Supplements to Integrated Chinese

Integrated Chinese is not a set of course materials that employs printed volumes only. It is, rather, a network of teaching materials that exist in many forms. Teacher keys, software, and more are posted for *Integrated Chinese* users at www.webtech.cheng-tsui.com, Cheng & Tsui Company's online site for downloadable and web-based resources. Please visit this site often for new offerings.

Other materials are available at the IC website, http://eall.hawaii. edu/yao/icusers/, which was set up by Ted Yao, one of the principal *Integrated Chinese* authors, when the original edition of *Integrated Chinese* was published. Thanks to the generosity of teachers and students who are willing to share their materials with other *Integrated Chinese* users, this website is constantly growing, and has many useful links and resources. The following are some of the materials created by the community of *Integrated Chinese* users that are available at the *Integrated Chinese* website.

▲ Links to resources that show how to write Chinese characters, provide vocabulary practice, and more.

▲ *Pinyin* supplements for all *Integrated Chinese* books. Especially useful for Chinese programs that do not teach Chinese characters.

▲ Preliminary activities for an activity book for *Integrated Chinese* Level 1 (in progress), by Yea-fen Chen, Ted Yao and Jeffrey Hayden. (http://eall. hawaii.edu/yao/AB/default.htm)

▲ Teacher's resources.

About the Format

Considering that many teachers might want to teach their students how to speak the language before teaching them how to read Chinese characters, we decided to place the *pinyin* text before the Chinese-character text in each of the eleven lessons of the Level 1 Part 1 Textbook.

Since *pinyin* is only a vehicle to help students learn the pronunciation of the Chinese language and is not a replacement for the Chinese writing system, it is important that students can read out loud in Chinese by looking at the Chinese text and not just the *pinyin* text. To train students to deal with the Chinese text directly without relying on *pinyin,* we moved the *pinyin* text to the end of each lesson in the Level 1 Part 2 Textbook. Students can refer to the *pinyin* text to verify a sound when necessary.

We are fully aware of the fact that no two Chinese language programs are identical and that each program has its own requirements. Some schools will cover a lot of material in one year while some others will cover considerably less. Trying to meet the needs of as many schools as possible, we decided to cover a wide range of material, both in terms of vocabulary and grammar, in *Integrated Chinese*. To facilitate oral practice and to allow students to communicate in real-life situations, many supplementary vocabulary items are added to each lesson. However, the characters in the supplementary vocabulary sections are not included in the Character Workbooks. In the Character Workbooks, each of the characters is given a frequency indicator based on the *Hànyǔ Pínlǜ Dà Cídiǎn* (漢語頻率大辭典). Teachers can decide for themselves which characters must be learned.

Acknowledgments

Since publication of the first edition of *Integrated Chinese,* in 1997, many teachers and students have given us helpful comments and suggestions. We cannot list all of these individuals here, but we would like to reiterate our genuine appreciation for their help. We do wish to recognize the following individuals who have made recent contributions to the *Integrated Chinese* revision. We are indebted to Tim Richardson, Jeffrey Hayden, Ying Wang and Xianmin Liu for field-testing the new edition and sending us their comments and corrections. We would also like to thank Chengzhi Chu for letting us try out his "Chinese TA," a computer program designed for Chinese teachers to create and edit teaching materials. This software saved us many hours of work during the revision. Last, but not least, we want to thank Jim Dew for his superb professional editorial job, which enhanced both the content and the style of the new edition.

As much as we would like to eradicate all errors in the new edition, some will undoubtedly remain, so please continue to send your comments and corrections to editor@cheng-tsui.com, and accept our sincere thanks for your help.

ABBREVIATIONS FOR GRAMMAR TERMS

abbr	*Abbreviation*
adj	*Adjective*
adv	*Adverb*
av	*Auxiliary verb*
ce	*Common expression*
coll	*Colloquialism*
conj	*Conjunction*
excl	*Exclamation*
interj	*Interjection*
m	*Measure word*
n	*Noun*
np	*Noun phrase*
nu	*Numeral*
p	*Particle*
pn	*Proper noun*
pr	*Pronoun*
prefix	*Prefix*
prep	*Preposition*
ono	*Onomatopoeic*
qp	*Question particle*
qpr	*Question pronoun*
qw	*Question word*
suffix	*Suffix*
t	*Time word*
v	*Verb*
vc	*Verb plus complement*
vo	*Verb plus object*

ABOUT NOTE REFERENCES

Different types of notes provide explanations for selected expressions in the text. In the dialogues, expressions followed by a superscript numeral are explained in notes directly below the text; expressions followed by a superscript "G" plus a numeral are explained in grammar notes in the grammar section of the lesson. "F" refers to "Functional Expressions" explained in the pages that follow the dialogues.

LESSON 12 ▲ Dining
第十二課 ▲ 吃飯
Dì shí'èr kè ▲ *Chī fàn*

Dialogue I: Dining in a Restaurant

VOCABULARY

1.	飯館(兒)	fànguǎn(r)	n	restaurant
2.	服務員	fúwùyuán	n	waiter; attendant
	服務	fúwù	v	to serve; to provide service
3.	好像	hǎoxiàng	v	to seem; to be like
4.	位子	wèizi	n	seat
5.	桌子	zhuōzi	n	table

(handwritten annotations):
- ask linda
- 一家飯館 MW = 家
- staff person → tushuguanyuan etc.
- seat [not chair] 個
- or desk zhǎng (as in zhǎopiàn)

6.	點菜	diǎn cài	vo	to order dishes (in a restaurant)
	菜	cài	n	(of food) dish; course
7.	餃子	jiǎozi	n	dumplings (with vegetable and/or meat stuffing)
				MW=個 ge
8.	素	sù	adj	vegetarian; of vegetables
9.	盤	pán	m	(plate; dish) *any king*
10.	家常#豆#腐	jiācháng dòufu	n	home-style tofu
	豆腐	dòufu	n	tofu; bean curd
11.	肉	ròu	n	meat (usually pork, when unmodified)
12.	#碗	wǎn (r)	m	(bowl) *(also n for bowl)*
13.	#酸#辣#湯	suānlàtāng	n	hot and sour soup
		sour hot spicy		
	酸	suān	adj	sour
	辣	là	adj	spicy; hot
	湯	tāng	n	soup

What does the number "30" in this picture represent?
(You will find the answer in Dialogue I.)

14.	放	fàng	v	to put in	(bie)
15.	味精	wèijīng *flavour concentrate (powder)*	n	monosodium glutamate (MSG)	*(don't really use anymore)*
16.	#渴	kě	adj	thirsty	
17.	這些	zhè(i)xiē	pr	these	
	些	xiē	m	(some [measure word for an indefinite amount])	
18.	夠 *simp is 够*	gòu	adj	enough *(usually has a 了 - to finish)*	
19.	#餓	è	adj/v	hungry; to starve	
20.	上菜 *2 grass /dish*	shàng cài ↳*dish*	vo	to serve dishes 點 *diǎn to order (prev. page)*	
21.	好	hǎo ↳*done*	adj	(indicating that something is ready)	

DIALOGUE I

你點菜吧。
我吃素。I am a vegetarian
我吃素菜。I eat vegetable dishes.
(not necessarily a vegetarian)

(在 (F) 飯館兒)

門口 = mén, entrance
repeat = hospitality ☺

服務員 (1)：請進，請進。
fúwùyuán   *jìn*

李小姐： 人怎麼這麼多？好像一個位子
         都 (G1) 沒有了。

王先生： 請問，還有沒有位子？

服務員： 有，有，有。那張桌子沒有人。

▲▲▲▲▲▲▲▲▲▲▲▲▲▲▲▲▲▲▲▲▲

服務員： 二位要吃一點(兒)什麼？

李小姐： 老王你點菜吧。

王先生： 好。先給我們三十個餃子，要素的。

服務員： 除了餃子以外，還要什麼？

李小姐： 還要一盤家常豆腐，不要肉，我
們吃素。

服務員： 我們的家常豆腐沒有肉。

李小姐： 還要兩碗酸辣湯，請不要放味精。

服務員： 好，兩碗酸辣湯。那喝點(兒)(2)
什麼呢？

王先生： 我要一瓶啤酒。

李小姐： 我很渴，給我一杯可樂。

服務員： 好，三十個餃子，一盤家常豆
腐，兩碗酸辣湯，一瓶啤酒，一
杯可樂。還要別的嗎？

▼▼▼▼▼▼▼▼▼▼▼▼▼▼▼▼▼▼▼▼▼▼▼▼▼▼▼▼▼▼▼▼▼▼▼

李小姐： 不要別的了，這些夠了。小姐，
我們都餓了，請上菜快一點(兒)。

服務員： 沒問題，菜很快就能做好(G2)。

V + hǎo = ready (on time) (for use/to serve)

Notes

▲**1**▲ It is proper to address a waiter or waitress as 先生 (xiānsheng) or 小姐 (xiǎojie). Until recently, people in mainland China tended to call a waiter/waitress simply 服務員 (fúwùyuán, literally, a person who serves), which is, despite its call-a-spade-a-spade candor, no longer considered polite enough.

▲**2**▲ 點(兒) (diǎn[r]) here is the abbreviated form of 一點(兒) (yìdiǎn[r]).

Culture Notes ▲

1▼ The word 中國飯 (Zhōngguófàn) covers all varieties of Chinese food in different styles. There are—aside from numerous minor styles—four principal schools of Chinese cuisine: Mandarin, originated in the north; Cantonese, based in the south; Shanghainese, favored by people in the lower Yangtze Valley; and Sichuanese, preferred by people in central provinces such as Sichuan and Hunan. A Chinese restaurant usually specializes in only one of those cooking styles, but some are more eclectic and syncretic.

2▼ For a Chinese meal, rice, sometimes substituted by noodles or dumplings, is the 主食 (zhǔshí, "staple," or principal food). Everything else is called 副食 (fùshí, non-staple food). However, a Chinese hostess will usually be more elaborate with her 菜 (cài, dishes), which are considered 副食 (fùshí), in order to demonstrate her hospitality to the guest.

3▼ In Chinese food culture, knives (刀 dāo) belong to the kitchen, not to the dining table. The cook preempts the diner's need for a knife by cutting the food, especially the meat, into small pieces before cooking. As everyone knows, most Chinese eat not with a fork but a pair of chopsticks (筷子 kuàizi).

▼▼▼

4 ▾ Since the 1990s, American fast food restaurants such as KFC, McDonald's and Pizza Hut have been popping up in Chinese cities like mushrooms. Many of them have enjoyed flourishing business. The dubious reputation of American fast food as a "fattener" does not scare most Chinese diners away, and it is hip, especially among the young people, to hang out with their friends in an American fast food restaurant.

Dialogue II : Eating in a Cafeteria

VOCABULARY

1.	好吃	hǎochī	adj	delicious
2.	師#傅	shīfu	n	master worker
3.	中餐	Zhōngcān	n	Chinese food
4.	西#餐	Xīcān	n	Western food
5.	#糖#醋魚	tángcùyú	n	fish in sweet and sour sauce
	糖	táng	n	sugar

Who is the 師傅 *(shīfu) in the picture?*

▼▼

	醋	cù	n	vinegar	chīcù: to be jealous
	魚	yú	n	fish	
6.	#甜	tián	adj	sweet	
7.	極(了)	jí (le)	adv	extremely (usually with le as a complement of degree)	
8.	紅燒	hóngshāo		to braise in soy sauce	
9.	牛肉	niúròu	n	beef	
	牛	niú	n	cow; ox	
10.	賣完(了)	mài wán (le)	vc	to be sold out	
	賣	mài	v	to sell	
	完	wán	v	to finish; to run out of	
11.	涼#拌	liángbàn		(of food) cold and dressed with sauce (kinda like salad)	
12.	黃#瓜	huánggua	n	cucumber (melon)	
13.	再	zài	adv	in addition	
14.	兩	liǎng	m	(a Chinese traditional unit of weight, 50 grams)	
15.	米飯	mǐfàn	n	cooked rice	
16.	錯	cuò	adj	wrong	
17.	明兒	míngr	n	tomorrow (mier)	

DIALOGUE II

(在學生餐廳)

學生： 請問今天晚飯有什麼好吃的？

師傅⁽¹⁾：中餐還是西餐？ (Xī cān)

學生： 中餐。

師傅： 我們今天有糖醋魚，<u>酸酸的、甜甜</u>
<u>的</u>(G3)，好吃<u>極了</u>(G4)，你買一個吧。

學生： 好。今天有沒有紅燒牛肉？

師傅： 紅燒牛肉<u>賣完</u>(G5)了。今天天氣熱，
<u>來</u>(G6)個涼拌黃瓜吧？

學生： 好極了。再來二兩(2)米飯。一共多
少錢？

師傅： 糖醋魚，十塊五，涼拌黃瓜，四塊
五；二兩米飯，五毛錢。一共十五
塊五。

學生： 這是二十塊。

師傅： 找你四塊五。

學生： 對不起，錢你找錯了，這是五塊
五，<u>多找了我一塊錢</u>(G7)。

師傅： 對不起，謝謝。

學生： 明兒(3)見。

師傅： 明兒見。

Notes

▲1▲ In recent years in China, 師傅 (shīfu, master textworker) has become a
popular term by which to address a stranger, especially a blue-collar worker.

▼▼▼

▲**2**▲ Rice is sold in 兩 (liǎng, 50 grams) only in institutional cafeterias.

▲**3**▲ People in north China, especially the Beijing area, speak with an 兒 (ér) ending quite often. For example, some people say 明兒 (míngr) for tomorrow instead of the more common 明天 (míngtiān). However, in other parts of China, people seldom use the 兒 (ér) ending. For example, people in south China use 這裏 (zhèlǐ) rather than 這兒 (zhèr) for the word "here."

FUNCTIONAL EXPRESSIONS

在 zài **(to exist; to be in a certain place)**

1. A: 老師，我的功課在你那兒嗎？

    (Teacher, do you have my homework?)

    Lǎoshī: Wǒ de gōngkè zài nǐ nàr ma?

    B: 我已經給你了。 (I gave it to you already.)

    Wǒ yǐjīng gěi nǐ le.

    A: 是嗎？對不起，我再找找。

    (Oh you did? Sorry, I'll look for it again.)

    Shì ma? Duì bu qǐ, wǒ zài zhǎozhao.

2. A: 媽媽，我的飛機票在您那兒嗎？

    (Mom, do you have my plane ticket?)

    Māma, wǒ de fēijīpiào zài nín nàr ma?

    B: 在我這兒。給你吧。 (I have it. Here it is.)

    Zài wǒ zhèr. Gěi nǐ ba.

SUPPLEMENTARY VOCABULARY

1.	雞	jī	n	chicken
2.	烤鴨	kǎoyā	n	roast duck
	烤	kǎo	v	to roast; to bake

3.	豬肉	zhūròu	n	pork
4.	羊肉	yángròu	n	mutton; lamb
5.	漢堡包	hànbǎobāo	n	hamburger
6.	麥當勞	Màidāngláo	n	McDonald's
7.	比薩餅	bǐsàbǐng	n	pizza
8.	必勝客	Bìshèngkè	n	Pizza Hut
9.	炸雞	zhájī	n	fried chicken
10.	肯德基	Kěndéjī	n	KFC
11.	快餐	kuàicān	n	fast food

Grammar

1. 一...也/都...不/沒... (yī...yě/dōu...bù/méi)

These patterns are used to form an emphatic negation meaning "not at all."

For example:

(1) 小黃一個朋友都沒有。

Xiǎo Huáng yí ge péngyou dōu méiyǒu.

(Little Huang does not have a single friend.)

(2) 這些電影我一個也不喜歡。

Zhè xiē diànyǐng wǒ yí ge yě bù xǐhuan.

(I don't like any of these movies.)

(3) 他去了餐廳，可是一點兒飯也沒吃。

Tā qùle cāntīng. Kěshì yì diǎnr fàn yě méi chī.

(He went to the cafeteria, but he didn't eat anything at all.)

If the noun after 一 (yī) is countable, a proper measure word should be used between 一 (yī) and the noun, as in (1) and (2). If the noun is uncountable, the phrase 一點兒 (yì diǎnr) is usually used instead, as in (3). See the patterns below.

Pattern for (1):

Subject + yī + (Measure word) + Object + yě/dōu + bù/méi + Verb

Subject + 一 + (Measure word) + Object 也/都 + 不/沒 + Verb

Pattern for (2):

Topic (Object) + Subject + yī + (Measure word) + yě/dōu + bù/méi + Verb

Topic (Object) + Subject + 一 + (Measure word) + 也/都 + 不/沒 + Verb

Pattern for (3):

Subject + yìdiǎnr + Object + yě/dōu + bù/méi + Verb

Subject + 一點兒 + Object + 也/都 + 不/沒 + Verb

Note: The following sentences are incorrect:

(1a) * 小黃沒有一個朋友。

*Xiǎo Huáng méiyǒu yí ge péngyou.

(2a) * 這些電影我不喜歡一個。

*Zhè xiē diànyǐng wǒ bù xǐhuan yí ge.

(3a) * 他飯沒吃一點。

*Tā fàn méi chī yì diǎnr.

2. 好 (hǎo) as a Verb Complement

好 (hǎo) can serve as a complement following a verb, indicating the completion of an action as expected or scheduled. It also indicates that something is ready to be used, or that the next action is about to take place.

For example:

(1) 明天開晚會，我的衣服已經買好了。

Míngtiān kāi wǎnhuì, wǒ de yīfu yǐjīng mǎi hǎo le.

(I've already bought my dress for the party tomorrow evening.)

(2) 飯做好了，快來吃吧。

Fàn zuò hǎo le, kuài lái chī ba.

(The food is ready. Come and eat.)

3. Reduplication of Adjectives

Adjectives can be used in reduplication. When monosyllabic adjectives are reduplicated, the accent usually falls at the second occurence of the adjective. Reduplication of monosyllabic adjectives often suggests an approving and appreciative attitude on the speaker's part:

For example:

(1) 啤酒涼涼的，很好喝。

Píjiǔ liángliáng de, hěn hǎo hē.

(The beer is nicely chilled and tastes good.)

(2) 酸辣湯酸酸的，辣辣的，很好喝。

Suānlàtāng suānsuān de, làlà de, hěn hǎo hē.

(The hot and sour soup tastes good, a bit sour and a bit hot.)

(3) 我想要一碗酸酸的，辣辣的湯。

Wǒ xiǎng yào yì wǎn suānsuān de, làlà de tāng.

(I'd like to have a soup that's a bit sour and a bit hot.)

Note: Reduplication of adjectives usually does not occur in the negative form.

4. 極了 (jíle)

When used after an adjective, 極了 (jíle) usually indicates the superlative degree:

For example:

(1) 這個電影有意思極了。

Zhège diànyǐng yǒu yìsi jíle.

(This movie is extremely interesting.)

(2) 今天熱極了。

Jīntiān rè jíle.

(It is extremely hot today.)

(3) 那個孩子漂亮極了。

Nàge háizi piàoliang jíle.

(That child is extremely cute.)

(4) 他高興極了。

Tā gāoxìng jíle.

(He is overjoyed.)

5. Resultative Complements (I)

Following a verb, an adjective or another verb can be used to denote the result of an action:

For example:

(1) 你找錯錢了。

Nǐ zhǎo cuò qián le.

(You gave me the incorrect change.)

(2) 這個字你寫錯了。

Zhège zì nǐ xiě cuò le.

(You wrote this character incorrectly.)

(3) 那個人是誰你看清楚了嗎?

Nàge rén shì shéi nǐ kàn qīngchu le ma?

(Did you see clearly who that person was?)

(4) 紅燒牛肉賣完了。

Hóng shāo niúròu mài wán le.

(Beef braised in soy sauce is sold out.)

In (1), 錯 (cuò, wrong) is the result of the action 找 (zhǎo, to find), in (2) 錯 (cuò) is the result of the action 寫 (xiě, to write), in (3) 清楚 (qīngchu, clear) is the result of the action 看 (kàn, to look), and in (4) 完 (wán, finish) is the result of the action 賣 (mài, to sell).

Generally, the negative form of a resultative complement is formed by placing 沒 (méi, no; not) or 沒有 (méiyǒu, have not) before the verb.

For example:

(5) 我沒找錯錢。

Wǒ méi zhǎo cuò qián.

(I didn't give the wrong change.)

(6) 這個字你沒有寫錯。

Zhège zì nǐ méiyǒu xiě cuò.

(You didn't write this character incorrectly.)

(7) 紅燒牛肉還沒賣完。

Hóng shāo niúròu hái méi mài wán.

(Beef braised in soy sauce is not sold out yet.)

Sometimes the collocation of a verb with the resultative complement following is fixed. In those cases it is a good idea to take the combination of the verb and the complement as a whole unit.

6. 來 (lái)

In colloquial expressions, the verb 來 (lái) can serve as a substitute for some other verbs, mostly in imperative sentences:

For example:

(1) A: 服務員：先生，你們想吃點兒什麼？

   Fúwùyuán: Xiānsheng, nǐmen xiǎng chī diǎnr shénme?

   (Waiter: Are you ready to order, sir?)

   B: 王先生：來一盤糖醋魚，一碗酸辣湯，和一碗米飯。

   Wáng Xiānsheng: Lái yì pán tángcù yú, yì wǎn suānlà tāng, hé yì wǎn mǐfàn.

   (Mr. Wang: Give me a sweet and sour fish, a hot and sour soup, and a bowl of rice, please.)

(2) (At a party, when someone has sung a song) 再來一個！

   Zài lái yí ge.

   (Encore!)

Note: The use of 來 (lái) in this sense is rather limited. It is usually used in restaurants and stores, especially when ordering food, buying small things, or coaxing someone to sing a song.

7. 多 / 少 (duō/shǎo) + **Verb**

When 多 or 少 is used before a verb, sometimes it means a deviation from the correct amount or number.

For example:

(1) 你多找了我一塊錢。

   Nǐ duō zhǎole wǒ yí kuài qián.

   (You gave me one dollar too much.)

(2) 老師說要寫五十個字，我寫了四十五
個，少寫了五個。

Lǎoshī shuō yào xiě wǔshí ge zì, wǒ xiěle sìshíwǔ ge, shǎo xiěle wǔ ge.

(The teacher told us to write fifty characters. I wrote forty-five. I was five short.)

PATTERN DRILLS

A. 一…也/都…不/沒… (yī…yě/dōu…bù/méi…)

EXAMPLE: 沒,寫字,個

→ 我一個字也沒寫。

méi, xiězì, ge

→ Wǒ yí ge zì yě méi xiě.

1. 不	買衣服	件
2. 不	看電影	個
3. 沒	有錢	塊
4. 沒	吃飯	碗
5. 沒	買鞋	雙
6. 沒	上中文課	節
7. 沒	學漢字	個
8. 沒	寫日記	篇
9. 沒	問問題	個
10. 不	認識朋友	個

1. bù	mǎi yīfu	jiàn
2. bù	kàn diànyǐng	ge
3. méi	yǒu qián	kuài

▼▼▼▼▼▼▼▼▼▼▼▼▼▼▼▼▼▼▼▼▼▼▼▼▼▼▼▼▼▼▼▼▼▼▼▼▼▼

4.	méi	chī fàn	wǎn
5.	méi	mǎi xié	shuāng
6.	méi	shàng Zhōngwén kè	jié
7.	méi	xué Hànzì	ge
8.	méi	xiě rìjì	piān
9.	méi	wèn wèntí	ge
10.	bù	rènshi péngyou	ge

B. ...極了 (...jíle)

EXAMPLE: 中國啤酒　　好喝　　極了。

Zhōngguó píjiǔ　　hǎo hē　　jíle.

1.	我	高興
2.	李老師	忙
3.	第八課的語法	容易
4.	今天的天氣	暖和
5.	王先生的弟弟	帥
6.	學校圖書館	大
7.	圖書館的書	多
8.	那條褲子	便宜
9.	電腦課	有意思
10.	糖醋魚	好吃

1.	Wǒ	gāoxìng
2.	Lǐ lǎoshī	máng
3.	Dì bā kè de yǔfǎ	róngyì
4.	Jīntiān de tiānqì	nuǎnhuo

5.	Wáng xiānsheng de dìdi	shuài
6.	Xuéxiào túshūguǎn	dà
7.	Túshūguǎn de shū	duō
8.	Nà tiáo kùzi	piányi
9.	Diànnǎo kè	yǒu yìsi
10.	Tángcù yú	hǎo chī

C. 來 (lái)

EXAMPLE: 中國啤酒　兩瓶

→ 來兩瓶中國啤酒。

Zhōngguó píjiǔ　　liǎng píng

→ Lái liǎng píng Zhōngguó píjiǔ.

1.	可樂	三瓶
2.	酸辣湯	兩碗
3.	紅燒牛肉	一碗
4.	咖啡	一杯
5.	米飯	四兩

1.	kělè	sān píng
2.	suānlà tāng	liǎng wǎn
3.	hóng shāo niúròu	yì wǎn
4.	kāfēi	yì bēi
5.	mǐ fàn	sì liǎng

D. Resultative Complements

EXAMPLE: 找　錢　錯

→ 你找錯錢了。

→ 我沒找錯錢。

zhǎo qián   cuò

→ Nǐ zhǎo cuò qián le.

→ Wǒ méi zhǎo cuò qián.

1. 寫字　　　　　錯
2. 說話　　　　　錯
3. 買衣服　　　　錯
4. 找書　　　　　到
5. 找王老師　　　到
6. 做功課　　　　完
7. 吃飯　　　　　完
8. 聽他的話　　　懂
9. 看這本書　　　懂

1. xiě zì   cuò
2. shuō huà   cuò
3. mǎi yīfu   cuò
4. zhǎo shū   dào
5. zhǎo Wáng lǎoshī dào
6. zuò gōngkè   wán
7. chī fàn   wán
8. tīng tā de huà   dǒng
9. kàn zhè běn shū dǒng

E. 多 / 少 + Verb + Numeral + Measure Word + Noun
(duō/shǎo + **Verb** + **Numeral** + **Measure Word**)

EXAMPLE: 找錢　一塊

→ 你多找了一塊錢。

→ 你少找了一塊錢。

zhǎo qián　yí kuài

→ Nǐ duō zhǎole yí kuài qián.

→ Nǐ shǎo zhǎole yí kuài qián.

1. 給錢　　　一塊
2. 上課　　　一節
3. 寫字　　　五個
4. 吃飯　　　一碗
5. 唱歌　　　一個
6. 看書　　　兩本
7. 寫日記　　兩篇
8. 穿衣服　　一件
9. 喝啤酒　　兩杯

1. gěi qián　　　yí kuài
2. shàng kè　　　yì jié
3. xiě zì　　　　wǔ ge
4. chī fàn　　　　yì wǎn
5. chàng gē　　　yí ge
6. kàn shū　　　liǎng běn
7. xiě rìjì　　　liǎng piān
8. chuān yīfu　　yí jiàn
9. hē píjiǔ　　　liǎng bēi

▼▼▼▼▼▼▼▼▼▼▼▼▼▼▼▼▼▼▼▼▼▼▼▼▼▼▼▼▼▼▼▼▼▼

Fighting for the Bill ▲

When Chinese people go out to eat with friends, they rarely split the check at the end of a meal. Usually, someone will insist on picking up the tab. The next time someone else will offer to pay. Often more than one person reaches for the bill and there might be a little struggle over who gets to pay.

Pinyin Texts

DIALOGUE I

(Zài[F] *fànguǎn)*

Fúwùyuán[1]:	Qǐng jìn, qǐng jìn.
Lǐ xiǎojie:	Rén zěnme zhème duō? Hǎoxiàng <u>yí</u> ge wèizi <u>dōu</u>[G1] méiyǒu le.
Wáng xiānsheng:	Qǐng wèn, hái yǒu méiyǒu wèizi?
Fúwùyuán:	Yǒu, yǒu, yǒu. Nà zhāng zhuōzi méiyǒu rén.

▲▲▲▲▲▲▲▲▲▲▲▲▲▲▲▲▲▲▲▲▲▲▲▲▲▲▲▲▲▲▲▲▲▲

Fúwùyuán:	Èr wèi yào chī yìdiǎn(r) shénme?
Lǐ xiǎojie:	Lǎo Wáng nǐ diǎn cài ba.

Wáng xiānsheng:	Hǎo. Xiān gěi wǒmen sānshí ge jiǎozi, yào sù de.
Fúwùyuán:	Chúle jiǎozi yǐwài, hái yào shénme?
Lǐ xiǎojie:	Hái yào yì pán jiācháng dòufu, bú yào ròu, wǒmen chī sù.
Fúwùyuán:	Wǒmen de jiācháng dòufu méiyǒu ròu.
Lǐ xiǎojie:	Hái yào liǎng wǎn suānlàtāng, qǐng bú yào fàng wèijīng.
Fúwùyuán:	Hǎo. Liǎng wǎn suānlàtāng. Nà hē diǎn(r)[2] shénme ne?
Wáng xiānsheng:	Wǒ yào yì píng píjiǔ.
Lǐ xiǎojie:	Wǒ hěn kě, gěi wǒ yì bēi kělè.
Fúwùyuán:	Hǎo, sānshí ge jiǎozi, yì pán jiācháng dòufu, liǎng wǎn suānlàtāng, yì píng píjiǔ, yì bēi kělè. Hái yào bié de ma?
Lǐ xiǎojie:	Bú yào biéde le, zhèxiē gòu le. Xiǎojie, wǒmen dōu è le, qǐng shàng cài kuài yìdiǎn(r).
Fúwùyuán:	Méi wèntí, cài hěn kuài jiù néng zuò <u>hǎo</u>[G2].

DIALOGUE II

(Zài xuésheng cāntīng)

Xuésheng:	Qǐng wèn jīntiān wǎnfàn yǒu shénme hǎochī de?
Shīfu[1]:	Zhōngcān háishi Xīcān?
Xuésheng:	Zhōngcān.

Explain this picture in detail. Who are the two people in the picture?

Review the two dialogues in this lesson. Try to find the passages corresponding to the pictures above.

Shīfu:	Wǒmen jīntiān yǒu tángcùyú, <u>suānsuān de, tiántián de</u>(G3), hǎochī <u>jíle</u>(G4), nǐ mǎi yí ge ba.
Xuésheng:	Hǎo. Jīntiān yǒu méiyǒu hóngshāo niúròu?
Shīfu:	Hóngshāo niúròu <u>mài wán</u>(G5) le. Jīntiān tiānqì rè, <u>lái</u>(G6) ge liángbàn huánggua ba?
Xuésheng:	Hǎojí le. Zài lái èr liǎng(2) mǐfàn. Yígòng duōshǎo qián?
Shīfu:	Tángcùyú, shí kuài wǔ, liángbàn huánggua, sì kuài wǔ; èr liǎng mǐfàn, wǔ máo qián. Yígòng shíwǔ kuài wǔ.
Xuésheng:	Zhè shì èrshí kuài.
Shīfu:	Zhǎo nǐ sì kuài wǔ.
Xuésheng:	Duìbuqǐ, qián nǐ zhǎo cuò le, zhè shì wǔ kuài wǔ, <u>duō zhǎole wǒ yí kuài qián</u>(G7).
Shīfu:	Duìbuqǐ, xièxie.
Xuésheng:	Míngr(3) jiàn.
Shīfu:	Míngr jiàn.

English Texts

DIALOGUE I

(At a restaurant)

Waitress: Please come in.

Miss Li: How come there are so many people? It looks like there is not a single seat (table) left.

Mr. Wang: Excuse me, are there any tables left?

Waitress: Yes. That table is vacant.

▲▲▲▲▲▲▲▲▲▲▲▲▲▲▲▲▲▲▲▲▲▲▲▲▲▲▲▲▲▲

Waitress: What would you two like?

Miss Li: Why don't you order, Old Wang?

Mr. Wang: All right. First give us thirty dumplings. Vegetarian ones.

Waitress: Anything else besides the dumplings?

Mr. Wang: A plate of home-style tofu. Don't put any meat in it. We are vegetarians.

Waitress: There's no meat in our home-style tofu.

Miss Li: Two hot and sour soups. Don't put MSG in them.

Waitress: O.K. Two hot and sour soups. What would you like to drink?

Mr. Wang: I'd like a bottle of beer.

Miss Li: I'm really thirsty. Give me a cola.

Waitress: Sure. Thirty dumplings, a plate of home-style tofu, two hot and sour soups, a bottle of beer, a cola. Anything else?

Describe the drinks above in Chinese using the appropriate measure words.

▼ ▼

Miss Li:	We don't want anything else. That's enough. Miss, we are both very hungry. Could you rush the order?
Waitress:	No problem, the dishes will be ready in no time.

DIALOGUE II

(In the student dining hall)

Student:	What's good for dinner tonight?
Worker	Chinese or Western food?
Student:	Chinese food.
Worker:	We have sweet and sour fish. It's a little bit sour and a little bit sweet, and extremely delicious. Why don't you have one?
Student:	Good. Do you have beef braised in soy sauce today?
Worker:	Beef braised in soy sauce is sold out. It's hot today. How about a cucumber salad?
Student:	Great. And two *liang* of rice. How much altogether?
Worker:	Ten-fifty for the sweet and sour fish. The cucumber salad is four-fifty. Two *liang* of rice, that's fifty cents. Fifteen-fifty altogether.
Student:	Here is twenty.
Worker:	Four-fifty is your change.
Student:	I'm sorry. This is not the correct change. This is five-fifty. You gave me one dollar too much.
Worker:	I'm sorry. Thank you.
Student:	See you tomorrow.
Worker:	See you tomorrow.

▲ ▲ ▲ *Exercise* ▲ ▲ ▲

Find the Chinese names for the food items in English and write the numbers in the parentheses next to the correct Chinese.

1. Tofu Soup
2. Fish Dumplings
3. Roast Duck
4. Braised Mutton

5. Sweet and Sour Pork
6. Hot and Sour Soup
7. Roast Chicken

8. Home-style Tofu
9. Cucumber Salad
10. Cold Tofu Salad

(　　) a. 素餃 　　　　　(　　) k. 紅燒羊肉

(　　) b. 烤鴨 　　　　　(　　) l. 素雞

(　　) c. 酸辣湯 　　　　(　　) m. 紅燒魚

(　　) d. 紅燒(豬)肉 　　(　　) n. 甜酸雞

(　　) e. 紅燒牛肉 　　　(　　) o. 紅燒鴨

(　　) f. 家常豆腐 　　　(　　) p. 魚餃

(　　) g. 涼拌豆腐 　　　(　　) q. 甜酸肉

(　　) h. 紅燒豆腐 　　　(　　) r. 糖醋魚

(　　) i. 烤雞 　　　　　(　　) s. 涼拌黃瓜

(　　) j. 雞餃 　　　　　(　　) t. 豆腐湯

How many of the Chinese dishes above have you tried? Circle them.

LESSON 13 ▲ At the Library
第十三課 ▲ 在圖書館
Dì shísān kè ▲ *Zài túshūguǎn*

Dialogue I: Borrowing Audio Tapes

VOCABULARY

1. #借   jiè   v   to borrow; to lend

if just borrow →jiè   *use directional complements*

[**Note:** 借 (jiè) is a "two-way" verb. It can mean either "to borrow" or "to lend." When it means "to borrow," it is often used with 跟 (gēn) *from* as in 我跟 她借書 (Wǒ gēn tā jiè shū; I am borrowing books from her). When it means "to lend", it is often used with 給 (gěi) as in 我借給她三本書 (Wǒ jiè gěi tā sān běn shū; I am lending three books to her.)]

2. 盤   pán   m   coil; plate; platter; a measure word for things wound flat or things that have something to do with a plate or board

3.	錄音帶	lùyīndài	n	audio tape
4.	#職員	zhíyuán	n	staff member; office worker
5.	把	bǎ	prep	used to indicate how a thing or person is disposed of, dealt with or affected
6.	學生證	xuéshēngzhèng	n	student ID card
7.	留	liú	v	to leave behind
8.	語言	yǔyán	n	language
9.	實#驗室	shíyànshì	n	laboratory
	實驗	shíyàn	n/v	experiment
10.	#樓下	lóuxià	n	downstairs
11.	再	zài	adv	then and only then
12.	還	huán	v	to return (something to someone or some place)
13.	忘	wàng	v	to forget
14.	帶	dài	v	to bring; to take
15.	其他的	qítā de	adj	other
16.	證件	zhèngjiàn	n	identification; credentials
17.	信用#卡	xìnyòngkǎ	n	credit card
	信用	xìnyòng	n	trustworthiness; credit
	卡(片)	kǎ(piàn)	n	card
18.	開到…	kāi dào…	vc	open till…
	開	kāi	v	to open
19.	關門	guān mén	vo	to close the door
	關	guān	v	to close
	門	mén	n	door

20.	剩	shèng	v	to remain; to be left over	(1 hr left it)
21.	鐘頭	zhōngtóu	n	hour	個　小時　✳
22.	可能	kěnéng	av	possibly; perhaps; maybe (tabun)
23.	來不及	lái bu jí		there is not enough time (to do something)

Culture Notes ▲

huán
還

In some libraries in China, the reader is not allowed to browse in the stacks. To check out a book, one has to give the title to the staff, who will then go to the stacks to retrieve the book. However, the reader can pick any book from the shelves in the reading room.

DIALOGUE I

學生： 我要借這兩盤錄音帶(1)。

職員： 請你把(G1)學生證留在(G2)這兒。語言
實驗室在樓下，你可以去那兒聽。
還錄音帶的時候，我再把學生證還
給你。

學生： 糟糕(F)，學生證我忘了帶了。

職員： 你有沒有其他的證件？

學生： 信用卡可以嗎？

職員： 不行。

學生： 語言實驗室開到幾點？

職員： 我們五點關門。

學生：只剩<u>半個鐘頭</u>^{(2)(G3)}了，可能來不及了，我明天再來吧。

Notes

▲**1**▲ In China, 錄音帶 (lùyīndài, audio tape) is also called 磁帶 (cídài), which literally means "magnetic tape."

Some of the Chinese expressions for time units have to be preceded by the measure word 個 (ge) while some others do not: e.g., 半個鐘頭 (bàn ge zhōngtóu, half an hour), 一個月 (yí ge yuè, a month), 兩個星期 (liǎng ge xīngqī, two weeks), 半分鐘 (bàn fēnzhōng, half minute), 三天 (sān tiān, three days), and 五年 (wǔ nián, five years). No measure words are needed when counting days (tiān, 天) and years (nián, 年).

In China, unlike in the United States, driver's licenses are not the most commonly used and most effective proof of one's personal identification. Rather, one is often asked to produce one's student ID (學生證 xuéshēngzhèng), employee's ID (工作證 gōngzuòzhèng), or the more generic identification card (身份證 shēnfènzhèng) that the government issues to each citizen at age 16.

▼▼

FUNCTIONAL EXPRESSIONS

糟糕 zāogāo ([It's] awful/too bad.)

1. A: 糟糕，我的信用卡不見了。

   (Shoot! My credit card has disappeared.)

   Zāogāo, wǒ de xìnyòngkǎ bújiàn le.

   B: 快給你爸爸打電話吧。 (Call your dad quickly.)

   Kuài gěi nǐ bàba dǎ diànhuà ba.

2. A: 糟糕，圖書館要關門了，我的書還
   沒還。

   (Darn it. The library is closing. I haven't returned the books yet.)

   Zāogāo, túshūguǎn yào guān mén le, wǒ de shū hái méi huán.

   B: 過期了嗎？ (Are they overdue?)

   Guòqī le ma?

   A: 對。 (Yes.)

   Duì.

   B: 那你就等著罰錢吧。

   (Then you'll just have to wait to be fined.)

   Nà nǐ jiù děngzhe fá qián ba.

Dialogue II: Borrowing Books

VOCABULARY

1.	本	běn	m	(measure word for books)
2.	圖書館員	túshūguǎnyuán	n	librarian
3.	進去	jìn qu	vc	to go into 進來 come in
4.	找到	zhǎo dào	vc	to find

5.	借書證	jièshūzhèng	n	library card
6.	多久	duō jiǔ	qpr	how long
7.	如果	rúguǒ	conj	if *(more formal)*
				yaoshi~collig.
8.	過期	guòqī	v	to be overdue
9.	罰	fá	v	to fine; to punish
10.	續借	xùjiè	v	to renew
11.	必須	bìxū	av	must
12.	字典	zìdiǎn	n	dictionary 一本字典

期 = qī per of time

DIALOGUE II

學生：　　　　我想要借這四本書。

圖書館員：　請你在這兒等一下，我進去找。

(A few minutes later.)

圖書館員：　四本書都找到了。

學生：　　　　謝謝你。

圖書館員：　請你把借書證給我。

學生：　　　　請問，書可以借多久(G4)？

圖書館員：　可以借半個月。如果過期，每
　　　　　　　天罰五毛。

學生：　　　　可以續借嗎？

圖書館員：　可以。可以續借半個月，可是
　　　　　　　一個月以後必須還。

▼▼▼▼▼▼▼▼▼▼▼▼▼▼▼▼▼▼▼▼▼▼▼▼▼▼▼▼▼▼▼▼▼▼▼▼▼

學生：　　　可以借字典嗎？

圖書館員：不行。你還要借別的書嗎？

學生：　　　不借別的書了。謝謝，再見！

圖書館員：不謝，再見(F)！

FUNCTIONAL EXPRESSIONS

- 見 -jiàn (See you....)

再見！   (Good-bye!)

Zàijiàn!

明兒見！   (See you tomorrow!)

Míngr jiàn!

回見！   (See you soon!)

Huí jiàn!

回頭見！   (See you soon!)

Huítóu jiàn!

下個星期見！   (See you next week!)

Xiàge xīngqī jiàn!

北京見！   (See you in Beijing!)

Běijīng jiàn!

機場見！   (See you at the airport!)

Jīchǎng jiàn!

SUPPLEMENTARY VOCABULARY

| 1. | 辦法 | bànfǎ | n | method |
| 2. | 方法 | fāngfǎ | n | method |

What is he doing?

Can you identify the two people in the above picture?

Can you name this card in Chinese?

The word 銀行 (yínháng) in the picture above is not in this lesson, but you can probably guess its meaning if you know who issues credit cards. You will learn this word in Lesson 19.

3.	小時	xiǎoshí	t	hour
4.	分鐘	fēnzhōng	t	minute
5.	樓上	lóushàng	n	upstairs
6.	詞典	cídiǎn	n	dictionary
7.	研究生	yánjiūshēng	n	graduate student
8.	聲音	shēngyīn	n	sound
9.	到期	dàoqī	v	to become due

▼▼

Grammar

1. 把 (bǎ) Construction (I)

Sentences with 把 (bǎ) are common in Chinese. The basic construction is as follows:

> **Subject (Noun1) + 把 (bǎ) + Object (Noun2) + Verb + Complement/ 了 (le)...**

In the 把 (bǎ) construction, the noun following 把 (bǎ) is both the object of the preposition 把 (bǎ) and the object of the verb. Most sentences with the 把 (bǎ) construction denote the subject's disposal of or impact upon the object, with the result of the disposal or impact indicated in the complement following the verb. For example, in sentence (1) below, the subject 我 (wǒ) exerts an impact on the book through the action of 找 (zhǎo), of which 到 (dào) is the result; in (2) the subject 你 (nǐ, you) wrote the object 字 (zì, character) incorrectly; (4, 5, 6) suggest what the listener should do to the objects (the pants, the book and the coffee); and in (3), it is the classmate who caused the change to the book (it is no longer there) through the action of borrowing. Following the verb, there is always a complement or some other element. The other element could be an indirect object (4), a reduplicated verb (5), or the particle 了 (6, 7).

For example:

(1) 我把你要的書找到了。

Wǒ bǎ nǐ yào de shū zhǎo dào le.

(I have found the books that you wanted.)

[到 (dào) is a resultative complement.]

(2) 你把這個字寫錯了。

Nǐ bǎ zhège zì xiě cuò le.

(You wrote this character wrong.)

[錯 (cuò) is a resultative complement.]

(3) A: 小弟，我的中文書呢？

   Xiǎo dì, wǒ de Zhōngwén shū ne?

   (Little Brother, where is my Chinese book?)

   B: 你的同學把你的中文書借走了。

   Nǐ de tóngxué bǎ nǐ de Zhōngwén shū jiè zǒu le.

   (One of your classmates borrowed it.)

   [走 (zǒu) is a resultative complement.]

(4) 請把那條褲子給我。

   Qǐng bǎ nà tiáo kùzi gěi wǒ.

   (Please pass me that pair of pants.)

   [我 (wǒ) is the indirect object.]

(5) 請你把這本書看看。

   Qǐng nǐ bǎ zhè běn shū kànkan.

   (Would you please take a look at this book.)

   [In the above sentence, the reduplicated verb 看 (kàn) serves as the other element.]

(6) 把這杯咖啡喝了！

   Bǎ zhè bēi kāfēi hē le!

   (Finish this cup of coffee!)

(7) 你怎麼把女朋友的生日忘了？

   Nǐ zěnme bǎ nǚpéngyou de shēngrì wàng le?

   (How did you manage to forget your girlfriend's birthday?)

   [In sentences (6) and (7), the particle 了 (le) serves as the other element.]

In sentences with the 把 (bǎ) construction, the object often refers to something already known to both the speaker and the listener. For example, 你 要的書 (nǐ yào de shū) in (1), 這個字 (zhège zì) in (2), 那條褲子 (nà tiáo kùzi) in (4), 女朋友的生日 (nǚpéngyou de shēngrì) in (7), and 你的中文 書 (nǐ de Zhōngwén shū) in (3) are all things already known. Now compare the following two sentences:

(8) 老王給了小張一些錢。

Lǎo Wáng gěile Xiǎo Zhāng yìxiē qián.

(Old Wang gave Little Zhang some money.)

(9) 老王把錢給小張了。

Lǎo Wáng bǎ qián gěi Xiǎo Zhāng le.

(Old Wang gave the money to Little Zhang.)

While the listener might not know what money is being talked about in (8), he or she would know what money the speaker is referring to in (9). Please note that the word order in (9) is S + 把 (bǎ) + O + V rather than the common S + V + O as in (8).

Let's compare the word order in the two following sentences.

(10) 她做完功課就去睡覺了。

Tā zuò wán gōngkè jiù qù shuì jiào le.

(She went to sleep after finishing her homework.)

[i.e., whatever homework she had for the evening in question. To do some homework is a regular part of her evening routine.]

(11) 她把功課做完就去睡覺了。

Tā bǎ gōngkè zuò wán jiù qù shuì jiào le.

(She went to sleep after finishing the homework.)

[i.e., a specific assignment.]

The word order in (10), which does not have the 把 construction, runs as follows:

Subject +	Verb +	Complement +	Object +...
Tā	zuò	wán	gōngkè...
她	做	完	功課...

while the word order in (11), which DOES have the 把 construction, looks like this:

Subject +	把 (bǎ) +	Object +	Verb +	Complement +...
Tā	bǎ	gōngkè	zuò	wán...
她	把	功課	做	完⋯

While the homework in (10) is indefinite, the homework in (11) is definite. The listener is expected to know what homework the speaker is talking about in (11).

2. 在、到、給 (zài, dào, gěi) Used in Complements

在、到、給 (zài, dào, gěi) can be used after verbs as part of a complement. They must be followed by nouns.

A: "Verb + 在 (zài) + Place Word " signifies the location of an object after the completion of an action.

For example:

(1) 放在桌子上。

Fàng zài zhuōzi shang.

(Put it on the table.)

(2) 別坐在地上。

Bié zuò zài dì shang.

(Don't sit on the floor.)

B: "Verb + 到 (dào) + Time/Place Word"

B1: Indicating the end point of the duration of an action:

(1) 圖書館開到九點。

Túshūguǎn kāi dào jiǔ diǎn.

(The library is open till nine o'clock.)

(2) 今天早上我睡到十點。

Jīntian zǎoshang wǒ shuì dào shí diǎn.

(This morning I slept till ten o'clock.)

B2: Indicating the location of a person or object after the completion of an action:

(1) 我每天走到教室。

Wǒ měi tiān zǒu dào jiàoshì.

(I walk to the classroom everyday.)

(2) 他把汽車開到飛機場。

Tā bǎ qìchē kāi dào fēijīchǎng.

(He drove the car to the airport.)

C: "Verb + 給 + A Person/People"

(1) 我把學生證還給你。

Wǒ bǎ xuéshēngzhèng huán gěi nǐ.

(I am returning your student ID to you.)

(2) 請你把你的字典借給我。

Qǐng nǐ bǎ nǐ de zìdiǎn jiè gěi wǒ.

(Please lend me your dictionary.)

(3) 這件黃襯衫送給你。

Zhè jiàn huáng chènshān sòng gěi nǐ.

(This yellow shirt is for you.)

3. Time-When and Time-Duration Expressions Compared

Time expressions in Chinese can be divided into two major groups, namely, "time-when" expressions and "time-duration" expressions. A "time-when" expression indicates when an action takes place, and a "time-duration" expression tells how long an action lasts. Please compare the "time-when" expressions on the left with the "time-duration" expressions on the right.

Time-when expressions	Time-duration expressions
一點鐘　one o'clock	一個鐘頭　one hour
(yì diǎnzhōng)	(yí ge zhōngtóu)
兩點半	兩個半鐘頭
two thirty	two and a half hours
(liǎng diǎn bàn)	(liǎng ge bàn zhōngtóu)
三點十分	三個鐘頭又十分鐘
ten after three	three hours and ten minutes
(sān diǎn shí fēn)	(sān ge zhōngtóu yòu shí fēnzhōng.)
差五分六點	六個鐘頭差五分鐘
five to six	five minutes short of six hours
(chà wǔ fēn liù diǎn)	(liù ge zhōngtóu chà wǔ fēnzhōng)

Although a time-when expression is normally placed before the verb, a time-duration expression has to be placed after the verb or at the end of a sentence.

For example:

Sentences with time-when expressions:

(1) 我六點鐘起床。

Wǒ liù diǎnzhōng qǐ chuáng.

(I get up at six o'clock.)

(2) 她十二點半吃中飯。

Tā shí'èr diǎn bàn chī zhōngfàn.

(She eats lunch at 12:30.)

(3) 白老師每天上午九點鐘上中文課。

Bái Lǎoshī měi tiān shàngwǔ jiǔ diǎnzhōng shàng Zhōngwén kè.

(Teacher Bai has Chinese class every day at 9:00 A.M.)

Sentences with time-duration expressions:

(4) 她寫字寫了兩個鐘頭。

Tā xiě zì xiěle liǎng ge zhōngtóu.

(She wrote Chinese characters for two hours.)

(5) 你可以借四個星期。

Nǐ kěyǐ jiè sì ge xīngqī.

(You may borrow it for four weeks.)

(6) 小高昨天晚上唱歌唱了三個小時。

Xiǎo Gāo zuótiān wǎnshang chàng gē chàngle sān ge xiǎoshí.

(Little Gao sang for three hours last night.)

Additional discussion of time-duration sentences is in the next section.

4. Duration of an Action

To indicate the duration of an action, the following construction is used:

Subject + Verb + (Object + Verb) + (了) + Duration of time

Subject + Verb + (Object + Verb) + (le) + Duration of time

For example:

(1) 我剛才睡了二十分鐘。

Wǒ gāngcái shuìle èrshí fēnzhōng.

(I slept for twenty minutes just now.)

(2) 老高想在上海玩一個星期。

Lǎo Gāo xiǎng zài Shànghǎi wán yí ge xīngqī.

(Old Gao wishes to have a good time in Shanghai for a week.)

(3) 昨天晚上我看書看了三個小時。

Zuótiān wǎnshang wǒ kàn shū kànle sān ge xiǎoshí.

(I read for three hours last night.)

(4) 你學中文學了多長時間？

Nǐ xué Zhōngwén xuéle duō cháng shíjiān?

(How long did you study Chinese?)

Note: Sentences in this pattern must be in the affirmative. If the verb takes an object, the verb has to be repeated, as in (3) and (4). Note also that if there is an object, the following alternative pattern can be used to express the same idea.

Subject + Verb + (了) + Duration of time + (的) + Object

Subject + Verb + (le) + Duration of time + (de) + Object

(5) 昨天晚上我看了三個小時的書。

Zhuótiān wǎnshang wǒ kànle sān ge xiǎoshí de shū.

(I read for three hours last night.) [Compare with (3) above.]

(6) 他每天聽半個小時的錄音。

Tā měi tiān tīng bàn ge xiǎoshí de lùyīn.

(He listens to the recording for half an hour every day.)

(7) 下了兩天雨。

Xiàle liǎng tiān yǔ.

(It rained for two days.)

(8) 我學了一年半中文。

Wǒ xuéle yì nián bàn Zhōngwén.

(I studied Chinese for one and a half years.)

Note: The phrase for the length of time must not be put before the verb:

(8a) * 我一年半學了中文。

*(Wǒ yì nián bàn xuéle Zhōngwén.)

PATTERN DRILLS

A. 把 (bǎ)

A.1 EXAMPLE: 字　寫錯

→ 他把字寫錯了。

zì　xiě cuò

→ Tā bǎ zì xiě cuò le.

1. 錢		找錯
2. 話		說錯
3. 那本書		找到

4.	王老師	找到
5.	那瓶啤酒	喝完
6.	這本書	看完
7.	那碗飯	吃完
8.	今天的功課	做完
9.	明天的中文課	預習好
10.	我的話	聽清楚

1.	Qián	zhǎo cuò
2.	Huà	shuō cuò
3.	Nà běn shū	zhǎo dào
4.	Wáng lǎoshī	zhǎo dào
5.	Nà píng píjiǔ	hē wán
6.	Zhè běn shū	kàn wán
7.	Nà wǎn fàn	chī wán
8.	Jīntiān de gōngkè	zuò wán
9.	Míngtiān de Zhōngwén kè	yù xí hǎo
10.	Wǒ de huà	tīng qīngchu

A.2 EXAMPLE:　書　放　在桌子上
→ 你把書放在桌子上。

shū　　fàng　zài zhuōzi shang
→ Nǐ bǎ shū fàng zài zhuōzi shang.

1.	電影票	放	在桌子上
2.	襯衫	放	在床上
3.	書	放	在辦公室

▼▼▼▼▼▼▼▼▼▼▼▼▼▼▼▼▼▼▼▼▼▼▼▼▼▼▼▼▼▼▼▼▼▼▼

4.	電腦	放	在宿舍
5.	學生證	留	在這兒
6.	錢	付	給售貨員
7.	錢	找	給客人
8.	那本書	還	給圖書館
9.	錄音帶	還	給語言實驗室
10.	車	開	到飛機場

1.	Diànyǐng piào	fàng	zài zhuōzi shang
2.	Chènshān	fàng	zài chuángshang
3.	Shū	fàng	zài bàngōngshì
4.	Diànnǎo	fàng	zài sùshè
5.	Xuéshēngzhèng	liú	zài zhèr
6.	Qián	fù	gěi shòuhuòyuán
7.	Qián	zhǎo	gěi kèrén
8.	Nà běn shū	huán	gěi túshūguǎn
9.	Lùyīndài	huán	gěi yǔyán shíyàn shì
10.	Chē	kāi	dào fēijīchǎng

第二到   今天早上

放

這家飯館開到十二點半

我學其學到三點鐘

B. Verb + 到 (dào)

B.1 EXAMPLE: 語言實驗室　八點

　　　　　　→ 語言實驗室開到八點。

yǔyán shíyàn shì   bā diǎn

→ Yǔyán shíyàn shì kāi dào bā diǎn.

1.	學生餐廳	七點半
2.	圖書館	半夜

3. 那家咖啡館　　　十一點

4. 這家中國餐館　　　十點鐘

1. Xuéshēng cāntīng　　qī diǎn bàn

2. Túshūguǎn　　　　　bànyè

3. Nà jiā kāfēi guǎn　　shíyī diǎn

4. Zhè jiā Zhōngguó cānguǎn　　shī diǎnzhōng

B.2 EXAMPLE:　跳舞　十一點

→ 我們跳舞跳到十一點。

tiào wǔ　　shíyī diǎn

→ Wǒmen tiào wǔ tiào dào shíyī diǎn.

1. 唱歌　　　　　　九點半

2. 做功課　　　　　半夜一點

3. 聊天　　　　　　下午兩點

4. 打球　　　　　　晚上八點

5. 吃午飯　　　　　下午三點

6. 睡覺　　　　　　早上九點

7. 寫漢字　　　　　吃晚飯的時候

8. 等朋友的電話　　睡覺的時候

1. chàng gē　　　　jiǔ diǎn bàn

2. zuò gōngkè　　　bànyè yì diǎn

3. liáo tiān　　　　xiàwǔ liǎng diǎn

4. dǎ qiú　　　　　wǎnshang bā diǎn

5. chī wǔfàn　　　xiàwǔ sān diǎn

▼▼▼▼▼▼▼▼▼▼▼▼▼▼▼▼▼▼▼▼▼▼▼▼▼▼▼▼▼▼▼▼▼▼▼▼

6.   shuì jiào   zǎoshang jiǔ diǎn

7.   xiě Hànzì   chī wǎnfàn de shíhou

8.   děng péngyou de diànhuà   shuìjiào de shíhou

B.3 EXAMPLE: 回　宿舍　晚上十點

→ 我晚上十點回到宿舍。

huí　sùshè　wǎnshang shí diǎn

→ Wǒ wǎnshang shí diǎn huí dào sùshè.

1.	來	公園	早上八點
2.	走	那家中國餐館	下午六點
3.	開車	飛機場	中午十二點
4.	坐公共汽車	學校	每天
5.	回	教室	下午一點半

1.   lái   gōngyuán   zǎoshang bā diǎn

2.   zǒu   nà jiā Zhōngguó cānguǎn   xiàwǔ liù diǎn

3.   kāi chē   fēijīchǎng   zhōngwǔ shí'èr diǎn

4.   zuò gōnggòng qìchē   xuéxiào   měi tiān

5.   huí   jiàoshì   xiàwǔ yì diǎn bàn

C. Duration of an Action

EXAMPLE: 學中文　多久　兩年

→ A: 你學中文學了多久?

→ B: 我學中文學了兩年。

xué Zhōngwén　duō jiǔ　liǎng nián

→ A: Nǐ xué Zhōngwén xuéle duō jiǔ?

→ B: Wǒ xué Zhōngwén xuéle liǎng nián.

1.	看電影	幾個小時	兩個半小時
2.	吃飯	多久	一個小時
3.	跳舞	多久	四個鐘頭
4.	聊天	幾個小時	一個小時
5.	學日文	幾個月	五個月
6.	看這本書	幾天	三天
7.	聽錄音	多長時間	五十分鐘
8.	寫漢字	多長時間	一個半小時
9.	學法文	幾年	五年半
10.	寫中文日記	幾個星期	兩個星期

1.	kàn diànyǐng	jǐ ge xiǎoshí	liǎng ge bàn xiǎoshí
2.	chī fàn	duō jiǔ	yí ge xiǎoshí
3.	tiào wǔ	duō jiǔ	sì ge zhōngtóu
4.	liáo tiān	jǐ ge xiǎoshí	yí ge xiǎoshí
5.	xué Rìwén	jǐ ge yuè	wǔ ge yuè
6.	kàn zhè běn shū	jǐ tiān	sān tiān
7.	tīng lùyīn	duō cháng shíjiān	wǔshí fēnzhōng
8.	xiě Hànzì	duō cháng shíjiān	yí ge bàn xiǎoshí
9.	xué Fǎwén	jǐ nián	liǎng nián bàn
10.	xiě Zhōngwén rìjì	jǐ ge xīngqī	liǎng ge xīngqī

D. Verb + 給 (gěi)

EXAMPLE: 你的學生證 還 你

→ 我把你的學生證還給你。

nǐ de xuéshēngzhèng　huán　nǐ

→ Wǒ bǎ nǐ de xuéshēngzhèng huán gěi nǐ.

▼▼▼▼▼▼▼▼▼▼▼▼▼▼▼▼▼▼▼▼▼▼▼▼▼▼▼▼▼

1. 你的錢　　　　　還　　　你
2. 這本書　　　　　還　　　圖書館
3. 這盤錄音帶　　　還　　　語言實驗室
4. 他的學生證　　　還　　　他
5. 圖書館的書　　　借　　　他朋友
6. 他朋友的錄音帶　借　　　他妹妹
7. 她買的字典　　　送　　　王朋
8. 他的新襯衫　　　送　　　他的同學

1. nǐ de qián　　　　　huán　　　nǐ
2. zhè běn shū　　　　huán　　　túshūguǎn
3. zhè pán lùyīndài　　huán　　　yǔyán shíyàn shì
4. tā de xuéshēngzhèng　huán　　tā
5. túshūguǎn de shū　　jiè　　　tā péngyou
6. tā péngyou de lùyīndài　jiè　　tā mèimei
7. tā mǎi de zìdiǎn　　sòng　　Wáng Péng
8. tā de xīn chènshān　sòng　　tā de tóngxué

Pinyin Texts

DIALOGUE I

Xuésheng:	Wǒ yào jiè zhè liǎng pán lùyīndài[1].
Zhíyuán:	Qǐng nǐ bǎ[G1] xuéshēngzhèng liú zài[G2] zhèr. Yǔyán shíyànshì zài lóuxià, nǐ kěyǐ qù nàr tīng. Huán lùyīndài de shíhòu, wǒ zài bǎ xuéshēngzhèng huán gěi nǐ.
Xuésheng:	Zāogāo[F], xuéshēngzhèng wǒ wàngle dài le.
Zhíyuán:	Nǐ yǒu méiyǒu qítā de zhèngjiàn?
Xuésheng:	Xìnyòngkǎ kěyǐ ma?
Zhíyuán:	Bùxíng.

Xuésheng:	Yǔyán shíyànshì kāi dào jǐ diǎn?
Zhíyuán:	Wǒmen wǔ diǎn guānmén.
Xuésheng:	Zhǐ shèng <u>bàn ge zhōngtóu</u>(G3) le, kěnéng lái bu jí le, wǒ míngtiān zài lái ba.

DIALOGUE II

Xuésheng:	Wǒ xiǎng yào jiè zhè sì běn shū.
Túshūguǎnyuán:	Qǐng nǐ zài zhèr děng yí xià, wǒ jìnqu zhǎo.

(A few minutes later.)

Túshūguǎnyuán:	Sì běn shū dōu zhǎodào le.
Xuésheng:	Xièxie nǐ.
Túshūguǎnyuán:	Qǐng nǐ bǎ jièshūzhèng gěi wǒ.
Xuésheng:	Qǐng wèn, shū kěyǐ jiè duō jiǔ(G4)?
Túshūguǎnyuán:	Kěyǐ jiè bàn ge yuè. Rúguǒ guòqī, měi tiān fá wǔ máo.
Xuésheng:	Kěyǐ xùjiè ma?
Túshūguǎnyuán:	Kěyǐ. Kěyǐ xùjiè bàn ge yuè, kěshì yí ge yuè yǐhòu bìxū huán.
Xuésheng:	Kěyǐ jiè zìdiǎn ma?
Túshūguǎnyuán:	Bùxíng. Nǐ hái yào jiè biéde shū ma?
Xuésheng:	Bú jiè biéde shū le. Xièxie, zàijiàn.
Túshūguǎnyuán:	Bú xiè, zàijiàn(F).

English Texts

DIALOGUE I

Student:	I want to borrow these two tapes.
Clerk:	Please leave your student ID here. The language lab is downstairs, and you can go and listen to the tapes there. I'll give you your student ID back when you return the tapes.
Student:	Oh, shoot! I forgot to bring my student ID!
Clerk:	Do you have any other ID with you?
Student:	Will a credit card do?
Clerk:	No.
Student:	When does the language lab close? (Lit., "the language lab is open until when?")

Clerk: We close at five.

Student: Only half an hour left, perhaps there is not enough time. Well, I'll come back tomorrow.

DIALOGUE II

Student: I'd like to borrow these four books.

Librarian: Please wait here a moment while I go inside to look for them.

(A few minutes later.)

Librarian: I found all four of the books that you wanted.

Student: Thank you.

Librarian: Please let me have your library card.

Student: May I ask how long books can be checked out for?

Librarian: You can keep them for half a month. There is a fine of fifty cents for each day overdue.

Student: Can I renew them?

Librarian: Yes, you can renew them for half a month. But you must return them after a month.

Student: Can dictionaries be checked out?

Librarian: No. Would you like to check out any other books?

Student: No, thanks. Bye.

Librarian: You're welcome. Good-bye.

LESSON 14 ▲ Asking Directions
第十四課 ▲ 問路
Dì shísì kè ▲ *Wèn lù*

Dialogue I: Where Are You Going?

VOCABULARY

1.	上	shàng	v	(coll) to go
2.	中心	zhōngxīn	n	center
3.	運動	yùndòng	n	sports (v. = exercise)
4.	場	chǎng	n	field
5.	旁邊	pángbiān	n	side
6.	那麼	nàme	adv	that; so; so much; to that degree *zheme re so hot*
7.	遠	yuǎn	adj	far

8.	哪裏	nǎli	qpr	where
9.	住	zhù	v	to live
10.	地方	dìfang	n	place
11.	離	lí	prep	from; away from
12.	近	jìn	adj	near
13.	就	jiù	adv	just...; right... (indicating physical or conceptual immediacy)
14.	活動中心	huódòng zhōngxīn	n	activity center
	活動	huódòng	v/n	to move about; exercise; activity
15.	中間	zhōngjiān	n	middle
16.	書店	shūdiàn	n	bookstore
	店	diàn	n	store; shop
17.	裏頭	lǐtou	n	inside
18.	早知道	zǎo zhīdao	ce	had known earlier

▼▼▼▼▼▼▼▼▼▼▼▼▼▼▼▼▼▼▼▼▼▼▼▼▼▼▼▼▼▼▼▼▼

| 19. | 同路 | tónglù | ce | to go the same way |
| 20. | 問路 | wèn lù | vo | to ask for directions |

lù → road, way, route

Proper Nouns

21.	田	tián	n/pn	field; a surname
22.	老金	Lǎo Jīn	pn	Old Jin
	金	jīn	n/pn	gold; a surname

DIALOGUE I

田小姐： 老金，你上哪兒去？

金先生： 我想去學校的電腦中心。你知道怎麼走嗎？ 是不是在運動場旁邊(G1)？

how to get there

yùndòngchǎng

田小姐： 電腦中心沒有(G2)運動場那麼(G3)遠。你知道學校圖書館在哪裏嗎？

金先生： 知道。我住的地方離圖書館不太遠。

the place/where I live

田小姐： 電腦中心離圖書館很近，就在圖書館和學生活動中心中間。

金先生： 小田，你去哪兒呢？

softener

田小姐： 我想到學校書店去買書(G4)。

purpose of

金先生： 書店在什麼地方？

田小姐： 就在學生活動中心裏頭。我們一
起走吧。

金先生： 早知道^(F)同路，我就^(G5)不問路了。

FUNCTIONAL EXPRESSIONS

早知道 zǎo zhīdao ([if I] had known earlier)

A:　你知道嗎？老師沒來，今天不考試了。

(Do you know? The teacher didn't come. There'll be no exam today.)

Ni zhīdao ma? Lǎoshī méi lái, jīntiān bù kǎo shì le.

B: 真的啊？早知道今天不考試，我昨天晚上就出去玩了。

(Really? Had I known earlier that there would be no exam today, I would have gone out last night.)

Zhēnde a? Zǎo zhīdao jīntiān bù kǎo shì, wǒ zuótiān wǎnshang jiù chū qu wán le.

A: 電腦好學嗎？ (Are computers easy to learn?)

Diànnǎo hǎo xué ma?

B: 不好學。早知道電腦這麼難，我就不選電腦課了。

(It's not easy. Had I known earlier that computers were so hard, I wouldn't have taken the computer class.)

Bù hǎo xué. Zǎo zhīdao diànnǎo zhème nán, wǒ jiù bù xuǎn diànnǎo kè le.

Dialogue II: Going to Chinatown

VOCABULARY

1.	過	guo	p	(used after a verb to indicate a past experience)
				guò → v (pass)
2.	中國城	Zhōngguóchéng	n	Chinatown
	城	chéng	n	city; town
3.	地圖	dìtú	n	map *md zhāng)*
4.	閉著	bìzhe		to close; to be closed [more on 著 (zhe) in L.22]
	閉	bì	v	to shut; to close
5.	眼睛	yǎnjing	n	eye
6.	都	dōu	adv	(used as an emphatic expression indicating that what goes before it is an extreme or hypothetical instance of something)

7.	從	cóng	prep	from
8.	一直	yìzhí	adv	straight; continuously
9.	往	wàng/wǎng	prep	towards
10.	南	nán	n	south
11.	過	guò	v	to pass
12.	路口	lùkǒu	n	intersection
13.	西	xī	n	west
14.	一...就...	yī...jiù...		as soon as..., then...
15.	#拐	guǎi	v	to turn
16.	#哎	āi	exc	(expresses surprise or dissatisfaction)
17.	東	dōng	n	east
18.	北	běi	n	north
19.	前	qián	n	forward; ahead
20.	紅綠燈	hónglǜdēng	n	traffic light
21.	燈	dēng	n	light
22.	右	yòu	n	right
23.	單行道	dānxíngdào	n	one-way street
	單	dān	adj	one; single; odd
	行	xíng	v	to walk; to go
24.	左	zuǒ	n	left
25.	前面	qiánmian	n	ahead; in front of
	面	miàn	suffix	(used to form a noun of locality)
26.	日文	Rìwén	n	Japanese (language)

Proper Nouns

27. 東京	Dōngjīng	pn	Tokyo
京	jīng	n	capital (of a country)

Culture Notes ▲

1▾ In many cities in China, the array of traffic lights includes an electronic display of the number of seconds before the light turns from green to red, which enables drivers and pedestrians to better manage their time in getting through the intersection.

2▾ One conspicuous difference between Chinese and American systems of traffic signs is that there are fewer "Stop" signs in the former. In America, it is mandatory for a driver to stop in front of a "Stop" sign at an intersection with no traffic lights, but in China it is left to the discretion of the driver.

DIALOGUE II

老王： 我沒去過(G6)中國城，不知道中國城在哪兒。我開車，你得告訴我怎麼走。

老李： 沒問題。

老王： 你帶地圖了沒有？

老李： 不用地圖，中國城我去過很多次，閉著眼睛都能走到(G7)。你從這兒一直往南開，過三個路口，往西一拐(1)就(G8)到了。

老王： 哎，我不知道東西南北。

老李： 那你一直往前開，過三
　　　 個紅綠燈，往右一拐就
　　　 到了。

(過了三個路口)

老王： 不對，不對。你看，這
　　　 個路口是單行道，只能
　　　 往左拐，不能往右拐。

老李： 那就是下一個路口。到
　　　 了，到了，往右拐，往
　　　 前開。你看，前面不是
　　　 有很多中國字嗎？

老王： 那不是中文，那是日文，我們到了
　　　 小東京了。

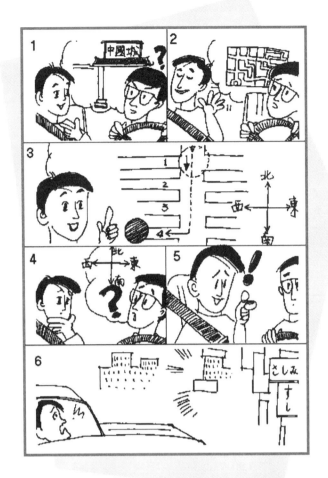

Notes

▲1▲ 拐 (guǎi), in the sense of "to turn," is used mainly in northern China. In the south, 轉 (zhuǎn) is more commonly used instead, which is also the more formal substitute for 拐 (guǎi) even in the north.

SUPPLEMENTARY VOCABULARY

1.	左邊(兒)	zuǒbian(r)	n	left side
2.	右邊(兒)	yòubian(r)	n	right side
3.	上邊(兒)/面	shàngbian(r)/mian	n	top
4.	下邊(兒)/面	xiàbian(r)/mian	n	bottom

▼ ▼

5.	前邊(兒)/面	qiánbian(r)/mian	n	front
6.	後邊(兒)/面	hòubian(r)/mian	n	back
7.	東邊(兒)/面	dōngbian(r)/mian	n	east side
8.	西邊(兒)/面	xībian(r)/mian	n	west side
9.	南邊(兒)/面	nánbian(r)/mian	n	south side
10.	北邊(兒)/面	běibian(r)/mian	n	north side
11.	外頭(邊, 面)	wàitou(bian, mian)	n	outside
12.	東北	dōngběi	n	northeast
13.	東南	dōngnán	n	southeast
14.	西北	xīběi	n	northwest
15.	西南	xīnán	n	southwest
16.	只好	zhǐhǎo	adv	have to; be forced to
17.	黑板	hēibǎn	n	blackboard
18.	牆	qiáng	n	wall
19.	方向	fāngxiàng	n	direction
20.	醫院	yīyuàn	n	hospital
21.	電影院	diànyǐngyuàn	n	movie theater
22.	中國話*	Zhōngguóhuà	n	Chinese (language)
23.	法語**	Fǎyǔ	n	French (language)

* Both 中國話 (Zhōngguóhuà) and 中文 (Zhōngwén) are used when referring to the Chinese language. While 中文 (Zhōngwén) covers both spoken and written Chinese, 中國話 (Zhōngguóhuà) stresses spoken Chinese.

** Both 法語 (Fǎyǔ) and 法文 (Fǎwén) mean "the French language." While 法文 (Fǎwén) covers both spoken and written French, 法語 (Fǎyǔ) stresses spoken French. 法國話 (Fǎguóhuà) is synonymous with 法語 (Fǎyǔ), but it is more informal.

cóng zǒu dàobiē

Grammar

1. Direction and Location Words

Direction Words:

上 / 下 / 前 / 後 / 左 / 右 / 東 / 南 / 西 / 北 / 裏 / 外 / 旁

(shàng/xià/qián/hòu/zuǒ/yòu/dōng/nán/xī/běi/lǐ/wài/páng)

Direction words are often used in conjunction with suffixes like 邊、面、頭 (lǐ, biān, tóu). Together they form a place word.

For example:

上 邊/面/頭	(shàngbian/mian/tou)
下 邊/面/頭	(xiàbian/mian/tou)
前 邊/面/頭	(qiánbian/mian/tou)
後 邊/面/頭	(hòubian/mian/tou)
裏 邊/面/頭	(lǐbian/mian/tou)
外 邊/面/頭	(wàibian/mian/tou)
左 邊/面	(zuǒbian/mian)
右 邊/面	(yòubian/mian)
東 邊/面	(dōngbian/mian)
南 邊/面	(nánbian/mian)
西 邊/面	(xībian/mian)
北 邊/面	(běibian/mian)
旁 邊	(pángbian)
中 間	(zhōngjiān)

Note: The combination of a noun with 上 (shàng, on) or 裏 (lǐ, in) often occurs in location words: e.g., 桌子上 (zhuōzi shang), 黑板上 (hēibǎn shang), 牆上 (qiáng shang), 書上 (shū shang); 學校裏 (xuéxiào li), 辦公室裏 (bàngōngshì li), 教室裏 (jiàoshì li), 電視裏 (diànshì li). The word 裏 (lǐ) cannot be used after some proper nouns such as the name of a country or a city.

*中國裏   *(Zhōngguó li)

*台灣裏   *(Táiwān li)

*上海裏   *(Shànghǎi li)

The combination of a direction word + 邊/面/頭 (biān/miàn/tóu) can follow a noun to indicate a location: e.g., 圖書館(的)旁邊; 學校(的)裏面; 桌子(的)上頭; 教室(的)外面; 醫院(的)北邊 (túshūguǎn [de] pángbian; xuéxiào [de] lǐmian; zhuōzi [de] shàngtou; jiàoshì [de] wàimian; yīyuàn [de] běibian). In these expressions the particle 的 (de) following the noun is optional.

2. Comparative Sentences with 沒有 (méiyǒu)

We can also use 沒有 (méiyǒu) to make comparisons. In a comparative sentence with 沒有 (méiyǒu), the pronoun 那麼 (nàme) is sometimes added to the sentence. [See more on 那麼 (nàme) below.]

For example:

(1) 我弟弟沒有我高。

Wǒ dìdi méiyǒu wǒ gāo.

(My younger brother is not as tall as I am. [I am taller than my brother.])

(2) 上海沒有台北熱。

Shànghǎi méiyǒu Táiběi rè.

(It is not as hot in Shanghai as in Taipei.)

(3) 他姐姐沒有他妹妹那麼喜歡買衣服。

Tā jiějie méiyǒu tā mèimei nàme xǐhuan mǎi yīfu.

(His older sister does not like to buy clothes as much as his younger sister does. [His older sister might like to buy clothes also, but not as much as his younger sister.])

(4) 我沒有她那麼喜歡看電影。

Wǒ méiyǒu tā nàme xǐhuan kàn diànyǐng.

(I'm not as fond of movies as she is. [I don't dislike movies, but she certainly likes movies more than I do.])

While 沒有 (méiyǒu)... is used to say that one thing is of a lesser degree than another, 不比 (bù bǐ)... means "not more than..." The two things being compared may be equal, but what is specifically stated is that A is *not more than* B. Compare the following sentences.

(5) A: 你弟弟比你高嗎？

Nǐ dìdi bǐ nǐ gāo ma?

(Is your younger brother taller than you?)

B: 我弟弟不比我高。

Wǒ dìdi bù bǐ wǒ gāo.

(My younger brother is not taller than I am. [My brother could be shorter than I am or could be as tall as I am.])

C: 我弟弟沒有我高。

Wǒ dìdi méiyǒu wǒ gāo.

(My younger brother is not as tall as I am. [My brother is shorter than I am.])

(6) A: 今天比昨天熱嗎？

Jīntiān bǐ zuótiān rè ma?

(Is today hotter than yesterday?)

B: 今天不比昨天熱。

Jīntiān bù bǐ zuótiān rè.

(Today is not [that much] hotter than yesterday. [It's about the same.])

C: 今天沒有昨天熱。

Jīntiān méiyǒu zuótiān rè.

(Today is not as hot as yesterday. [Today is cooler.])

A Quick Summary of Comparative Sentences

A 比 (bǐ)   B   大 (dà)   A > B

A 不比 (bǐ)   B   大 (dà)   A < B or A = B

A 沒有 (bǐ)   B   大 (dà)   A < B

3. 那麼 (nàme) **Indicating Degree**

那麼 (nàme) is an intensifier. It is placed before adjectives or verbs to denote degree.

For example:

(1) 王朋那麼喜歡看球賽，你就讓他看吧？

Wáng Péng nàme xǐhuan kàn qiú sài, nǐ jiù ràng tā kàn ba?

([Since] Wang Peng likes to watch ball games so much, why don't you just let him watch?)

沒有那麼 (méiyǒu nàme) means "not reaching the point of."

(2) 弟弟沒有哥哥那麼高。

Dìdi méiyǒu gēge nàme gāo.

(The younger brother is not as tall as the older brother.)

(3) 今天沒有昨天那麼冷。

Jīntiān méiyǒu zuótiān nàme lěng.

(Today it is not as cold as yesterday.)

(4) 中文沒有你說的那麼難。

Zhōngwén méiyǒu nǐ shuō de nàme nán.

(Chinese is not as difficult as you said.)

(5) 北京夏天沒有上海那麼熱。

　　Běijīng xiàtiān méiyǒu Shànghǎi nàme rè.

　　(It's not as hot in Beijing in the summer as it is in Shanghai.)

In the sentences above, 那麼 (nàme) intensifies the attributes indicated by the adjectives. In (2), for instance, the use of 那麼 (nàme) emphasizes that the older brother is very tall.

4. 到 (dào) + Place + 去 (qù) + Action

In this structure, the combination of "到 (dào) + Place + 去 (qù) + Action" denotes going somewhere for a given purpose.

For example:

(1) 我要到中國去學中文。

　　Wǒ yào dào Zhōngguó qù xué Zhōngwén.

　　(I want go to China to study Chinese.)

(2) 他到圖書館去借書了。

　　Tā dào túshūguǎn qù jiè shū le.

　　(He went to the library to check out some books.)

(3) 我們到飛機場去送李小姐。

　　Wǒmen dào fēijīchǎng qù sòng Lǐ xiǎojie.

　　(We went to the airport to see Miss Li off.)

5. The Conjunction 就 (jiù)

As a conjunction, 就 (jiù) is used in the second clause of a conditional sentence.

For example:

(1) 如果你喜歡這本書，就給你吧。

　　Rúguǒ nǐ xǐhuan zhè běn shū, jiù gěi nǐ ba.

　　(If you like this book, I'll give it to you.)

▼▼▼▼▼▼▼▼▼▼▼▼▼▼▼▼▼▼▼▼▼▼▼▼▼▼▼▼▼▼▼▼▼▼▼▼▼

(2) 紅燒肉賣完了，就給我一個家常豆腐吧。

Hōngshāo ròu mài wán le, jiù gěi wǒ yí ge jiācháng dòufu ba.

(If the pork in soy sauce is sold out, give me family-style tofu, please.)

(3) 你不喜歡看電影，我們就去看紅葉吧。

Nǐ bù xǐhuan kàn diànyǐng, wǒmen jiù qù kàn hóng yè ba.

(If you don't like movies, let's go see the red leaves.)

Note: If there is a subject in the second clause, it must precede 就 (jiù).

6. The Dynamic Particle 過 (guo)

The dynamic particle 過 (guo) is used to denote a past experience or occurrence that did not continue to the present but, typically, had an impact on the present.

For example:

(1) 我在中國城住過一年，所以我知道怎麼走。

Wǒ zài Zhōngguóchéng zhùguo yì nián, suǒyǐ wǒ zhīdao zěnme zǒu.

(I lived in Chinatown for a year, so I know how to get there.)

[The fact that the speaker lived in Chinatown for a year is the reason why he or she knows how to get there.]

(2) 我見過李友，(所以知道)她很高。

Wǒ jiànguo Lǐ Yǒu, [suǒyǐ zhīdao] tā hěn gāo.

(I've met Li You before, [so I know] she is very tall.)

(3) A: 圖書館遠不遠，你知道嗎？

Túshūguǎn yuǎn bù yuǎn, nǐ zhīdao ma?

(Do you know if the library is far from here?)

B: 圖書館我去過，(所以我知道)不遠。

Túshūguǎn wǒ qùguo, [suǒyǐ wǒ zhīdao] bù yuǎn.

(I've been to the library, [so I know] it is not far away.)

In this kind of sentence, temporal expressions are often either unspecified or completely absent. If the latter is the case, the implied time for the action or event is 以前 (yǐqián). Sometimes 以前 (yǐqián) can appear in the sentence as well.

(4) 我以前去過中國城，還記得怎麼走。

Wǒ yǐqián qùguo Zhōngguóchéng, hái jìde zěnme zǒu.

(I've been to Chinatown before. I still remember how to get there.)

(5) 以前我們見過面，可是沒說過話。

Yǐqián wǒmen jiànguo miàn, kěshì méi shuōguo huà.

(We've met before, but we've never spoken to each other.)

An expression indicating a specific time can also occasionally appear in a sentence with 過 (guo).

(6) A: 你見過李小姐嗎？

Nǐ jiànguo Lǐ Xiǎojie ma?

(Have you ever met Miss Li?)

B: 見過，上個月還見過她。

Jiànguo, shàngge yuè hái jiànguo tā.

(Yes. I even saw her as recently as last month.)

7. Resultative Complements (II)

The following are resultative compounds that we have come across so far. Note that each compound consists of a verb followed by a resultative complement.

買錯   (mǎi cuò)   (buy the wrong thing)

找錯   (zhǎo cuò)   (give the wrong change)

▼▼▼▼▼▼▼▼▼▼▼▼▼▼▼▼▼▼▼▼▼▼▼▼▼▼▼▼▼▼▼▼▼▼▼▼▼▼

寫錯	(xiě cuò)	(write incorrectly)
說錯	(shuō cuò)	(say it wrong)
看完	(kàn wán)	(finish reading)
吃完	(chī wán)	(finish eating)
考完	(kǎo wán)	(finish an exam)
喝完	(hē wán)	(finish drinking)
找到	(zhǎo dào)	(find something successfully)
做好	(zuò hǎo)	(do something successfully)
買好	(mǎi hǎo)	(buy something successfully)
聽懂	(tīng dǒng)	(comprehend something by listening)
看懂	(kàn dǒng)	(comprehend something by reading)

What follows is a list of some additional resultative compounds that can be formed from verbs and complements that we have learned:

走錯	(zǒu cuò)	(take the wrong way)
學會	(xué huì)	(learn something successfully)
看到	(kàn dào)	(see)
看見	(kàn jiàn)	(see)
聽到	(tīng dào)	(hear)
聽見	(tīng jiàn)	(hear)
買到	(mǎi dào)	(buy something successfully)
買完	(mǎi wán)	(finish buying)

As we have mentioned before, the collocation of a verb with its resultative complement is not random; one has to memorize a verb together with its resultative complement. Usually, a resultative complement is semantically related to the object of the verb. In the sentence 我寫錯了字 (Wǒ xiě cuòle zì; I wrote the character wrong), for instance, it is the object "the character" 字 (zì) that is "wrong" 錯 (cuò). Sometimes, however, a resultative complement is related to the subject; e.g., in the sentence 我學會了 (Wǒ xué huì le; I have learned it), the complement 會 (huì) is semantically related to 我 (wǒ), the subject of the sentence.

8. 一...就... (yī...jiù...)

This structure connects two actions. The second action is the immediate result of the first.

For example:

(1) 這課的語法很容易，我一看就懂。

Zhè kè de yǔfǎ hěn róngyì, wǒ yí kàn jiù dǒng.

(The grammar in this lesson is very easy. I understood it the moment I read it.)

(2) 我姐姐一高興就唱歌。

Wǒ jiějie yì gāoxìng jiù chàng gē.

(My older sister sings whenever she is happy.)

(3) 那個中國飯館不遠，到第二個路口，往右一拐就到了。

Nàge Zhōngguó fànguǎn bù yuǎn, dào dì èr ge lùkǒu, wàng yòu yì guǎi jiù dào le.

(That Chinese restaurant is not far. Turn right at the second intersection, and you are right there.)

(4) 小張一喝酸辣湯就不舒服。

Xiǎo Zhāng yì hē suānlà tāng jiù bù shūfu.

(Little Zhang feels funny as soon as he has hot and sour soup.)

(5) 他一上課就想睡覺。

(Tā yí shàng kè jiù xiǎng shuì jiào.)

(He feels sleepy as soon as classes start.)

▼▼▼▼▼▼▼▼▼▼▼▼▼▼▼▼▼▼▼▼▼▼▼▼▼▼▼▼▼▼▼▼▼

PATTERN DRILLS

A. 沒有...那麼 (méiyǒu...name)

EXAMPLE: 電腦中心　<u>沒有</u>　運動場　<u>那麼</u>　遠。

Diànnǎo zhōngxīn　<u>méiyǒu</u>　yùndòngchǎng　<u>nàme</u>　yuǎn.

1. 今天　　　　昨天　　　冷。
2. 我的中文　　妹妹　　　好。
3. 這篇課文　　那篇　　　有意思。
4. 中文　　　　日文　　　難。
5. 我　　　　　你哥哥　　高。
6. 我　　　　　你　　　　喜歡跳舞。
7. 今年　　　　去年　　　熱。
8. 我家　　　　你家　　　漂亮。

1. Jīntiān　　　　zuótiān　　lěng.
2. Wǒ de Zhōngwén　mèimei　　hǎo.
3. Zhè piān kèwén　nà piān　　yǒu yìsi.
4. Zhōngwén　　　Rìwén　　　nán.
5. Wǒ　　　　　　nǐ gēge　　gāo.
6. Wǒ　　　　　　nǐ　　　　xǐhuan tiào wǔ.
7. Jīn nián　　　　qù nián　　rè.
8. Wǒ jiā　　　　nǐ jiā　　　piàoliang.

B. 離...近/遠 (lí...jìn/yuǎn)

EXAMPLE: 電腦中心　<u>離</u>　圖書館　很近。

Diànnǎo zhōngxīn　<u>lí</u>　túshūguǎn　hěn jìn.

1. 我家	那兒	不遠。
2. 飛機場	學校	不太遠。
3. 中國城	這兒	很近。
4. 餐廳	宿舍	很遠。
5. 電腦中心	圖書館	很遠。
6. 學生活動中心	電腦中心	很近。

1. Wǒ jiā	nàr	bù yuǎn.
2. Fēijīchǎng	xuéxiào	bú tài yuǎn
3. Zhōngguóchéng	zhèr	hěn jìn.
4. Cāntīng	sùshè	hěn yuǎn.
5. Diànnǎo zhōngxīn	túshūguǎn	hěn yuǎn.
6. Xuéshēng huódòng zhōngxīn	diànnǎo zhōngxīn	hěn jìn.

C. 到 (dào) + Place + 去 (qù) + Action

EXAMPLE: 我下午　到　圖書館　去　看書。

Wǒ xiàwǔ　dào　túshūguǎn　qù　kàn shū.

1. 我們明天	書店	買書。
2. 他要	語言實驗室	聽錄音。
3. 我想	學校	打球。
4. 他晚上	咖啡館	聊天。
5. 我們星期日	朋友家	吃晚飯。
6. 他	餐廳	吃飯了。

▼▼▼▼▼▼▼▼▼▼▼▼▼▼▼▼▼▼▼▼▼▼▼▼▼▼▼▼▼▼▼▼▼▼▼▼

| 7. | 你想 | 中國城 | 吃中國飯嗎？ |
| 8. | 媽媽冬天 | 英國 | 看哥哥。 |

1.	Wǒmen míngtiān	shūdiàn	mǎi shū.
2.	Tā yào	yǔyán shíyàn shì	tīng lùyīn.
3.	Wǒ xiǎng	xuéxiào	dǎ qiú.
4.	Tā wǎnshang	kāfēiguǎn	liáo tiān.
5.	Wǒmen xīngqīrì	péngyou jiā	chī wǎnfàn.
6.	Tā	cāntīng	chī fàn le.
7.	Nǐ xiǎng	Zhōngguóchéng	chī Zhōngguó fàn ma?
8.	Māma dōngtiān	Yīngguó	kàn gēge.

D. Conditional Sentences with 就 (jiù)

EXAMPLE: 要是明天不下雨，　　我　　就　　去你家。

Yàoshì míngtiān bú xià yǔ,　　wǒ　　jiù　　qù nǐ jiā.

1.	這件衣服要是你不喜歡，	給我吧。
2.	要是星期天沒有事，	跟你去跳舞。
3.	你每天練習，你的發音	好了。
4.	這篇課文你多念幾次	懂了。
5.	我姐姐很好，你見到她以後	會喜歡她了。

1.	Zhè jiàn yīfu yàoshì nǐ bù xǐhuan,	gěi wǒ ba.
2.	Yàoshì xīngqītiān méiyǒu shì,	gēn nǐ qù tiào wǔ.
3.	Nǐ měitiān liànxí, nǐ de fāyīn	hǎo le.
4.	Zhè piān kèwén nǐ duō niàn jǐ cì	dǒng le.
5.	Wǒ jiějie hěn hǎo, nǐ jiàn dào tā yǐhòu	huì xǐhuan tā le.

E. 過 (guo)

EXAMPLE: A: 你知道中國城在哪兒嗎？

B: (中國城我去， 很多次， 閉著眼睛都能走到)

→ 中國城我去過很多次，閉著眼睛都能走到。

A: Nǐ zhīdao Zhōngguóchéng zài nǎr ma?

B: (Zhōngguóchéng wǒ qù, hěn duō cì, bìzhe yǎnjing dōu néng zǒu dào)

→ Zhōngguóchéng wǒ qùguo hěn duō cì, bìzhe yǎnjing dōu néng zǒu dào.

1. A: 你知道中國城在哪兒嗎？

   B: (我沒去， 中國城， 不知道中國城在哪兒)

2. A: 你會說中國話嗎？

   B: (我沒學， 中文， 不會說中國話)

3. A: 你想去英國嗎？

   B: (我去， 英國， 不想去了， 想去法國)

4. A: 那個女孩子法語說得真好。

   B: (她學， 十年法語， 所以她法語說得很好)

5. A: 你知道飛機場怎麼走嗎？

   B: (我去， 飛機場， 知道怎麼走)

1. A: Nǐ zhīdao Zhōngguóchéng zài nǎr ma?

   B: (Wǒ méi qù, Zhōngguóchéng, bù zhīdao Zhōngguóchéng zài nǎr)

2. A: Nǐ huì shuō Zhōngguóhuà ma?

   B: (Wǒ méi xué, Zhōngwén, bú huì shuō Zhōngguóhuà.)

3. A: Nǐ xiǎng qù Yīngguó ma?

   B: (Wǒ qù, Yīngguó, bù xiǎng qù le, xiǎng qù Fǎguó)

4. A: Nàge nǚháizi Fǎyǔ shuō de zhēn hǎo.

   B: (Tā xué, shí nián Fǎyǔ, suǒyǐ tā Fǎyǔ shuō de hěn hǎo)

5. A: Nǐ zhīdao fēijīchǎng zěnme zǒu ma?

   B: (Wǒ qù, fēijīchǎng, zhīdao zěnme zǒu)

F. 從...一直往... (cóng… yìzhí wàng...)

EXAMPLE: 從這兒 一直 往南開，往西一拐 就 到 了。

Cóng zhèr yìzhí wàng nán kāi, wàng xī yì guǎi jiù dào le.

1.	從書店	往前走，過兩個路口	到我家
2.	從學校門口	往東開，往右拐	到機場
3.	從這兒	往前走，過紅綠燈	到學校
4.	從圖書館	往北走，	到餐廳
5.	從你家	往北走，	到電腦中心
6.	從這兒	開，	到中國城

1. Cóng shūdiàn wàng qián zǒu, guò liǎng ge lùkǒu dào wǒ jiā
2. Cóng xuéxiào ménkǒu wàng dōng kāi, wàng yòu guǎi dào jīchǎng
3. Cóng zhèr wàng qián zǒu, guò hónglǜdēng dào xuéxiào
4. Cóng túshūguǎn wàng běi zǒu, dào cāntīng
5. Cóng nǐ jiā wàng běi zǒu, dào diànnǎo zhōngxīn
6. Cóng zhèr kāi, dào Zhōngguóchéng

G. 往...拐 (wàng...guǎi)

EXAMPLE: 到下一個路口 往 右 拐，就 到 了。

Dào xià yí ge lùkǒu wàng yòu guǎi, jiù dào le.

1.	到第一個紅綠燈	右		是學校。
2.	到第三個路口	左	不遠	到我家了。
3.	到第三個紅綠燈	左	再往前開	到機場了。
4.	到第一個紅綠燈	右	過一個路口	是我家。

1.	Dào dì-yí ge hónglǜdēng	yòu		shì xuéxiào.
2.	Dào dì-sān ge lùkǒu	zuǒ	bù yuǎn	dào wǒ jiā le.
3.	Dào dì-sān ge hónglǜdēng	zuǒ	zài wàng qián kāi	dào jīchǎng le.
4.	Dào dì-yí ge hónglǜdēng	yòu	guò yí ge lùkǒu	shì wǒ jiā.

H. 一…就… (yī…jiù…)

EXAMPLE: 老師教得很好，我 <u>一</u> 聽 <u>就</u> 懂。

Lǎoshī jiào de hěn hǎo, wǒ   <u>yì</u>   tīng   <u>jiù</u>   dǒng.

1.	夏天我	放假	回家。
2.	我不喜歡他，他	來，我	走。
3.	我每天	起床	去上課。
4.	我哥哥	洗澡	唱歌。
5.	他弟弟	打球	高興。
6.	我妹妹	寫功課	想睡覺。

1.	Xiàtiān wǒ	fàng jià	húi jiā.
2.	Wǒ bù xǐhuan tā, tā	lái, wǒ	zǒu.
3.	Wǒ měitiān	qǐchuáng	qù shàngkè.
4.	Wǒ gēge	xǐ zǎo	chàng gē.
5.	Tā dìdi	dǎ qiú	gāoxìng.
6.	Wǒ mèimei	xiě gōngkè	xiǎng shuì jiào.

▼▼

Pinyin Texts

DIALOGUE I

Tián Xiǎojie: Lǎo Jīn, nǐ shàng nǎr qù?

Jīn Xiānsheng: Wǒ xiǎng qù xuéxiào de diànnǎo zhōngxīn. Nǐ zhīdao zěnme zǒu ma? Shì bu shì zài yùndòngchǎng pángbiān(G1)?

Tián Xiǎojie: Diànnǎo zhōngxīn <u>méiyǒu</u>(G2) yùndòngchǎng <u>nàme</u>(G3) yuǎn. Nǐ zhīdao xuéxiào túshūguǎn zài nǎli ma?

Jīn Xiānsheng: Zhīdao. Wǒ zhù de dìfang lí túshūguǎn bú tài yuǎn.

Tián Xiǎojie: Diànnǎo zhōngxīn lí túshūguǎn hěn jìn, jiù zài túshūguǎn hé xuéshēng huódòng zhōngxīn zhōngjiān.

Jīn Xiānsheng: Xiǎo Tián, nǐ qù nǎr ne?

Tián Xiǎojie: Wǒ xiǎng <u>dào xuéxiào shūdiàn qù mǎi shū</u>(G4).

Jīn Xiānsheng: Shūdiàn zài shénme dìfang?

Tián Xiǎojie: Jiù zài xuéshēng huódòng zhōngxīn lǐtou. Wǒmen yìqǐ zǒu ba.

Jīn Xiānsheng: Zǎo zhīdao(F) tónglù, wǒ <u>jiù</u>(G5) bú wèn lù le.

Fill in the blanks with directional expressions. (Answers are at the end of the next dialogue.)

西北		

DIALOGUE II

Lǎo Wáng: Wǒ méi qù<u>guo</u>(G6) Zhōngguóchéng, bù zhīdao Zhōngguóchéng zài nǎr. Wǒ kāi chē, nǐ děi gàosu wǒ zěnme zǒu.

Lǎo Lǐ: Méi wèntí.

Lǎo Wáng: Nǐ dài dìtú le méiyǒu?

Lǎo Lǐ: Bú yòng dìtú, Zhōngguóchéng wǒ qùguo hěn duō cì, bìzhe yǎnjing dōu néng <u>zǒudào</u>(G7). Nǐ cóng zhèr yìzhí wàng nán kāi, guò sān ge lùkǒu, wàng xī yì guǎi(1) <u>jiù</u>(G8) dào le.

Lǎo Wáng: Āi, wǒ bù zhīdao dōng xī nán běi.

Lǎo Lǐ: Nà nǐ yìzhí wàng qián kāi, guò sān ge hónglǜdēng, wàng yòu yì guǎi jiù dào le.

(Guòle sān ge lùkǒu)

Lǎo Wáng: Bú duì, bú duì. Nǐ kàn, zhège lùkǒu shì dānxíngdào, zhǐ néng wàng zuǒ guǎi, bù néng wàng yòu guǎi.

Lǎo Lǐ: Nà jiù shì xià yí ge lùkǒu. Dào le, dào le, wàng yòu guǎi, wàng qián kāi. Nǐ kàn, qiánmian bú shì yǒu hěn duō Zhōngguózì ma?

Lǎo Wáng: Nà bú shì Zhōngwén, nà shì Rìwén. Wǒmen dàole Xiǎo Dōngjīng le.

西北	北	東北
西	中間	東
西南	南	東南

English Texts

DIALOGUE I

Miss Tian: Old Jin, where are you going?

Mr. Jin: I'm going (I'd like to go) to the school computer center. Do you know how to get there? Is it next to the sports field?

Miss Tian: The computer center is not as far away as the sports field. Do you know where the school library is?

Mr. Jin: Yes, I do. My place (the place where I live) is not far from the library.

Miss Tian: The computer center is very close to the library, right between the library and the student activities center.

Mr. Jin: Little Tian, where are you going?

Miss Tian: I'm going (I'd like to go) to the campus bookstore to buy some books.

Mr. Jian: Where is the bookstore?

Miss Tian: Right inside the student activities center. Let's go together.

Mr. Jin: If I had known that we are going the same way, I wouldn't have had to ask directions.

DIALOGUE II

Old Wang:	I've never been to Chinatown. I don't know where Chinatown is. I'll drive; (but) you have to tell me how to get there.
Old Li:	No problem.
Old Wang:	Did you bring a map?
Old Li:	There's no need for a map. I have been to Chinatown many times. I could get there with my eyes closed. From here keep driving southward, pass three intersections, make a turn toward the west, and you will be there.
Old Wang:	Oh, I can't tell east from west, north from south.
Old Li:	In that case, keep driving (straight ahead), pass three traffic lights, turn right, and we'll be there.

(After three intersections)

Old Wang:	It's wrong. It's wrong. Look, this is a one-way street. We can only turn left. We can't turn right.
Old Li:	Then it must be the next intersection. Here, here. Turn right. Keep driving. See, aren't there a lot of Chinese characters up ahead?
Old Wang:	That's not Chinese. That's Japanese. We're in Little Tokyo.

LESSON 15 ▲ Birthday Party
第十五課 ▲ 生日晚會
Dì shíwǔ kè ▲ *Shēngrì wǎnhuì*

Dialogue I: Inviting Someone to a Party

VOCABULARY

1.	呢	ne	p	(sentence-final particle indicating a continued state or action)
2.	過生日	guò shēngrì	vo	to celebrate a birthday
	過	guò	v	to celebrate (a birthday; a holiday)
3.	舞會	wǔhuì	n	dance; ball
4.	女朋友	nǚpéngyou	n	girlfriend
5.	表姐	biǎojiě	n	older (female) cousin (see Note 1 below)

[handwritten notes: "or a vacation (gvo hanjia)", "Kai wuhui = to have a dance party (wǒ)"]

[handwritten character: 表]

6.	班	bān	n	class
7.	做飯	zuò fàn	vo	cook
8.	汽水(兒)	qìshuǐ(r)	n	(carbonated) soft drink
9.	水果	shuǐguǒ	n	fruit
10.	果汁	guǒzhī	n	fruit juice
11.	接	jiē	v	to receive; to welcome; to go meet
12.	走路	zǒu lù	vo	to walk

Proper Noun

| 13. | 林 | lín | | woods; a surname |

DIALOGUE I

(李友給王朋打電話。)

李友： 王朋，你做什麼呢^(G1)？

王朋： 我在看書呢^(G1)。

李友： 今天小林過生日，晚上我們在小林家開舞會，你能來嗎？

王朋： 幾點鐘？

李友： 七點鐘。我們先吃飯，吃完飯再唱歌跳舞。

王朋： 哪些人會去？

李友： 小林的女朋友，我的表姐⁽¹⁾，還有我們中文班⁽²⁾的幾個同學。

王朋： 要帶什麼東西？你知道我不會做

　　　 飯。

李友： 汽水兒或者水果都可以。

王朋： 那我帶幾瓶果汁吧。

李友： 你沒有車，要不要我來接你？

王朋： 不用，<u>我住的地方</u>^(G2)離小林那兒不

　　　 遠，我走路去，可以運動一下。

Notes

▲1▲ The kinship term 表姐 (biǎojiě) is more narrowly defined than its trans-
lation "older female cousin" would suggest. One's "older female cousin"
will be a 表姐 (biǎojiě) if she is a daughter of one's father's sister or one's
mother's sister or brother, but if she is the daughter of one's paternal uncle,
she will then be a 堂姐 (tángjiě) instead of 表姐 (biǎojiě). For more Chinese
kinship terms, see the chart in Lesson 22.

▲2▲ The Chinese words 班 (bān) and 課 (kè) denote two different concepts
that are represented by the same word "class" in English. While 課 (kè) refers
to a course or the meeting time for the course, 班 (bān) is the term for the
aggregate of students who take the course together. Thus one says "我今
天有電腦課" (Wǒ jīntiān yǒu diànnǎo kè; I have a computer class today), but
"我的電腦班有二十個人" (Wǒ de diànnǎo bān yǒu èrshí ge rén; There are
twenty people in my computer class).

Culture Notes ▲

1▾ Some Chinese people, especially of the older generation, still celebrate their birthdays
according to the lunar calendar. Based on the Chinese way of counting age, one may be
actually celebrating his forty-ninth birthday while calling it his fiftieth. See also the culture
notes in Dialogue I of Lesson 3.

2▾ Potluck is not such a popular form of dinner party in China as it is in America. The Chinese host or hostess will usually prepare everything for the dinner and not count on the guests for any contributions. But a visitor can still bring something as a token of appreciation, such as a fruit basket, bottle of wine, or bouquet of flowers.

3▾ Nowadays, when the Chinese sing, many of them sing karaoke (卡拉 OK, kǎlā'ōukēi) style. Many people in China and Taiwan regularly go to karaoke bars to have a good time. Some of them even have karaoke equipment at home.

Dialogue II: Attending a Birthday Party

VOCABULARY

1.	#禮物	lǐwù	n	gift; present
2.	說到	shuōdào		to talk about; to mention
3.	#聰明	cōngming	adj	bright; intelligent; clever
4.	用功	yònggōng	adj	hard working; diligent; studious
5.	#暑期學校	shǔqī xuéxiào		summer school
6.	長得	zhǎng de		to grow in such a way as to appear
7.	可愛	kě'ài	adj	lovely; lovable; cute
	愛	ài	v	to love
8.	前年	qiánnián	t	the year before last
9.	#屬	shǔ	v	to belong to
10.	#狗	gǒu	n	dog
11.	#鼻子	bízi	n	nose
12.	#嘴	zuǐ	n	mouth
13.	像	xiàng	v	to be like; to look like; to take after
14.	將來	jiānglái	t	in the future

▼▼▼▼▼▼▼▼▼▼▼▼▼▼▼▼▼▼▼▼▼▼▼▼▼▼▼▼▼▼▼▼▼▼▼▼

15. 一定	yídìng	adj/adv	certain(ly), definite(ly)
16. 臉	liǎn	n	face
17. #腿	tuǐ	n	leg
18. 長	cháng	adj	long
19. 手指	shǒuzhǐ	n	finger *shǒu = hand*
20. 以後	yǐhòu	t	afterwards; later; in the future
21. 應該	yīnggāi	av	should
22. #彈	tán	v	to play (a musical instrument such as piano or guitar) *tk for strings twei for woodwinds*
23. #鋼#琴	gāngqín	n	piano

Proper Nouns

24. #海#倫	Hǎilún	pn	Helen
25. #湯#姆	Tāngmǔ	pn	Tom

DIALOGUE II

一定 一定

(在小林家)
lín

王朋： 小林，祝你生日快樂！

小林： 謝謝。王朋，快進來，李友正在問
我，你怎麼還^(G3)沒來！

王朋： 這是送給你的生日禮物^(G2)。

小林： 你太客氣了，真不好意思。

李友：　王朋，你怎麼現在才來？來，我給
　　　　你們介紹一下，這是我表姐海倫，
　　　　這是她的兒子湯姆。

王朋：　你好，海倫。

海倫：　你好，王朋。李友常常說到你，說
　　　　你又聰明[1]又用功。

王朋：　哪裏，哪裏。你的中文說得真好，
　　　　是在哪兒學的[G4]？

海倫：　在暑期學校學的。

王朋：　哎，湯姆長[2]得真可愛[F]！你們看，
　　　　他正在笑呢。他幾歲了？

海倫：　他是前年生的，屬狗的，下個月就兩歲了。

小林：　你們看，他的眼睛大大的，鼻子高高的，嘴不大也不小，很像海倫。媽媽這麼漂亮，兒子將來一定也很帥。

海倫：　大家都說湯姆的臉長⁽²⁾得像我，但是笑的時候很像他爸爸。

王朋：　湯姆的腿很長⁽²⁾，一定會長得很高。

李友：　你看看，湯姆的手指這麼長，以後應該讓他學彈鋼琴^(G5)。

Notes

▲1▲ If we analyze the adjective 聰明 (cōngming, intelligent), we see that 聰 (cōng) literally means "able to hear well," and 明 (míng) means "able to see clearly," among other things.

▲2▲ The character 長 (zhǎng) represents two different words that are pronounced in two different ways. As a verb, it is pronounced zhǎng, meaning, "to grow." When used as an adjective, it is pronounced cháng, which means "long."

FUNCTIONAL EXPRESSIONS

可愛 kě'ài **(lovely; lovable; cute) and other words on someone's appearance**

那個小女孩真可愛。   (That little girl is really cute.)

Nàge xiǎo nǚhái zhēn kě'ài.

李友長得很漂亮。   (Li You looks very pretty.)

Lǐ Yǒu zhǎng de hěn piàoliang.

王朋真帥。   (Wang Peng is really handsome.)

Wáng Péng zhēn shuài.

那個男孩子很酷。   (That boy is very cool.)

Nàge nánháizi hěn kù.

The Chinese Zodiac ▲

There are twelve animal signs in the Chinese zodiac, each representing a year in a twelve-year cycle. According to a popular but unscientific theory, one's personality and temperament have much to do with the animal that represents the year of one's birth. It might be surprising that the twelve-year cycle should start with the year of the rat, the smallest and

▼▼▼▼▼▼▼▼▼▼▼▼▼▼▼▼▼▼▼▼▼▼▼▼▼▼▼▼▼▼▼▼▼▼▼▼

perhaps the least likable of the twelve animals. At the beginning, as the story goes, there was a bitter quarrel among the animals as to who should represent the first year of the cycle. Finally, they decided to settle the dispute with a race. The robust ox was in the lead all the way, but he did not notice that the tiny rat was taking a ride on his back. As the ox was approaching the end, the rat jumped down and hit the finish line first, while the disappointed ox had to settle for second place. The indolent pig finished last in the race, and accordingly was assigned to the final year of the cycle. The following is a list of the twelve animal signs and the years in recent decades that each of them represents:

1.	鼠	shǔ	rat	1948, 1960, 1972, 1984, 1996
2.	牛	niú	ox; cow	1949, 1961, 1973, 1985, 1997
3.	虎	hǔ	tiger	1950, 1962, 1974, 1986, 1998
4.	兔	tù	rabbit; hare	1951, 1963, 1975, 1987, 1999
5.	龍	lóng	dragon	1952, 1964, 1976, 1988, 2000
6.	蛇	shé	snake; serpent	1953, 1965, 1977, 1989, 2001
7.	馬	mǎ	horse	1954, 1966, 1978, 1990, 2002
8.	羊	yáng	sheep; goat	1955, 1967, 1979, 1991, 2003
9.	猴	hóu	monkey	1956, 1968, 1980, 1992, 2004
10.	雞	jī	rooster; chicken	1957, 1969, 1981, 1993, 2005
11.	狗	gǒu	dog	1958, 1970, 1982, 1994, 2006
12.	豬	zhū	pig; boar	1959, 1971, 1983, 1995, 2007

龍

我屬龍

SUPPLEMENTARY VOCABULARY

1.	身高	shēngāo	n	height
2.	公分	gōngfēn	m	(centimeter)
3.	尺	chǐ	m	(foot [measure of length])

4.	寸	cùn	m	(inch)
5.	體重	tǐzhòng	n	weight (of a person)
6.	磅	bàng	m	(pound [measure of weight])
7.	公斤	gōngjīn	m	(kilogram)
8.	腳	jiǎo	n	foot; leg (of a person, animal, table, etc.)
9.	慶祝	qìngzhù	v	to celebrate
10.	站	zhàn	v	to stand
11.	男朋友	nánpéngyou	n	boyfriend

Grammar

1. 呢 (ne) Indicating an Action in Progress

At the end of a sentence, 呢 (ne), like 在 (zài) (which is never used at the end of a sentence, but rather before the action or location), indicates that the action is in progress.

For example:

(1) 你寫什麼呢？

Nǐ xiě shénme ne?

(What are you writing?)

(2) 你找什麼呢？

Nǐ zhǎo shénme ne?

(What are you looking for?)

呢 (ne) can be used in conjunction with 在 (zài):

(3) 你在寫什麼呢？

Nǐ zài xiě shénme ne?

(What are you writing?)

Study Dialogue II and put the six pictures above in the correct order by numbering them.

(4) 你在找什麼呢？

Nǐ zài zhǎo shénme ne?

(What are you looking for?)

在 (zài) can be preceded by 正 (zhèng). The phrase 正在 (zhèngzài) places extra emphasis on the progressive nature of an action.

(5) 我昨天打電話給他的時候，他正在寫功課呢。

Wǒ zuótiān dǎ diànhuà gěi tā de shíhou, tā zhèngzài xiě gōngkè ne.

(When I called him yesterday, he was just in the middle of doing his homework.)

(6) 我去找他的時候，他正在睡覺呢。

Wǒ qù zhǎo tā de shíhou, tā zhèngzài shuì jiào ne.

(When I went to see him, he was sleeping.)

Note: 在 (zài) alone indicates that an action is in progress; therefore, the 呢 (ne) in (3) and (4) above can be omitted.

2. Verbal Phrases and Subject-Predicate Phrases Used as Attributives

In Chinese, attributives always appear before the elements that they modify. The particle 的 (de) is often used to link the two. Verbs, verbal phrases, and subject-object phrases can all serve as attributives.

For example:

(1) 吃的東西

chī de dōngxi

(something to eat)

(2) 穿的衣服

chuān de yīfu

(clothes to wear, or clothes being worn)

(3) 買 的 書

mǎi de shū

(the books that are bought)

(4) 寫 的 字

xiě de zì

(the characters that are written)

(5) 新 買 的 衣 服

xīn mǎi de yīfu

(newly-bought clothes)

(6) 昨 天 來 的 同 學

zuótiān lái de tóngxué

(the classmate(s) who came yesterday)

(7) 以 前 認 識 的 朋 友

yǐqián rènshi de péngyou

(the friend(s) one got acquainted with in the past)

(8) 我 媽 媽 做 的 菜

wǒ māma zuò de cài

(the dishes that my mother makes/made)

(9) 老 師 給 我 們 的 功 課

lǎoshī gěi wǒmen de gōngkè

(the homework assigned by the teacher)

(10) 朋 友 送 的 禮 物

péngyou sòng de lǐwù

(the gift given by a friend)

(11) 請 你 跳 舞 的 那 個 人

qǐng nǐ tiào wǔ de nàge rén

(the person who asked you to dance)

(12) 我愛的那個很帥的男人

wǒ ài de nàge hěn shuài de nánren

(that very handsome man that I love)

3. 還 (hái)

還 (hái), as an adverb, can mean "still."

For example:

(1) 上午十一點了，他還在睡覺。

Shàngwǔ shíyī diǎn le, tā hái zài shuì jiào.

(It's 11 a.m., and he is still in bed.)

(2) 我寫功課寫了兩個鐘頭了，還沒寫完。

Wǒ xiě gōngkè xiěle liǎng ge zhōngtóu le, hái méi xiě wán.

(I've been doing my homework for two hours so far, and I'm still not done.)

(3) 這個語法老師教了，可是我還不懂。

Zhège yǔfǎ lǎoshī jiāo le, kěshì wǒ hái bù dǒng.

(The teacher has taught this grammar point, but I still don't understand it.)

4. Sentences with 是…的 (shì…de)

When describing or inquiring about the time, the place, the manner, or the initiator of an action that we know already happened, we need to use the 是…的 (shì…de) construction. The use of 是 (shì), however, is optional.

For example:

(1) A: 你去過中國嗎？

Nǐ qùguo Zhōngguó ma?

(Have you been to China?)

B: 我去過中國。

Wǒ qùguo Zhōngguó.

(Yes, I've been to China.)

A: 你是跟誰一起去的？

Nǐ shì gēn shéi yìqǐ qù de?

(With whom did you go?)

B: 我是跟王朋一起去的 。

Wǒ shì gēn Wáng Péng yìqǐ qù de.

(I went with Wang Peng.)

A: 你們是什麼時候去的？

Nǐmen shì shénme shíhou qù de?

(When did you go?)

B: 我們是去年去的。

Wǒmen shì qùnián qù de.

(We went last year.)

A: 你們是怎麼去的？

Nǐmen shì zěnme qù de?

(How did you go?)

What's going on in this picture? Study Dialogue I if you need help.

B: 我們是坐飛機去的。

Wǒmen shì zuò fēijī qù de.

(We went by airplane.)

(2) A: 你看過這本書嗎？

Nǐ kànguo zhè běn shū ma?

(Have you read this book?)

B: 看過。

Kànguo.

(Yes, I have.)

A: 是什麼時候看的？

Shì shénme shíhou kàn de?

(When did you read it?) [The action 看 (kàn) was completed.]

B: 去年看的。

Qùnián kàn de.

(I read it last year.) [It was last year that I read it.]

(3)　你這條褲子是在哪兒買的？

Nǐ zhè tiáo kùzi shì zài nǎr mǎi de?

(Where did you buy this pair of pants?)

[It's assumed one generally buys pants (as opposed to making them at home, etc.), so the action 買 (mǎi) is known.]

(4)　A: 你吃飯了嗎？

Nǐ chī fàn le ma?

(Have you eaten yet?)

B: 吃了。

Chī le.

(Yes, I have.) [The action 吃 (chī) is now known.]

A: 在哪兒吃的？

Zài nǎr chī de?

(Where did you eat?)

B: 在餐廳吃的。

Zài cāntīng chī de.

(In the dining hall.)

(5)　A: 你學過電腦嗎？

Nǐ xuéguo diànnǎo ma?

(Have you ever studied computers?)

B: 學過。

Xuéguo.

(Yes, I have.)

A: 是跟誰學的？

Shì gēn shéi xué de?

(With whom did you study?)

B: 是跟王老師學的。

Shì gēn Wáng Lǎoshī xué de.

(With Teacher Wang.)

5. More on Pivotal Sentences [see also L.3, G4]

A pivotal sentence has the following structure:

N1 + 讓/叫/請 + **N2** + **V2…**

N1 + ràng/jiào/qǐng + N2 + V2…

For example, if N2 is both the object of V1 and the subject of V2:

(1) 我三歲的時候，媽媽就讓我學彈鋼琴。

Wǒ sān suì de shíhou, māma jiù ràng wǒ xué tán gāngqín.

(When I was only three, my mother made me learn to play the piano.)

(2) 老師讓我們一個字寫五次。

Lǎoshī ràng wǒmen yí ge zì xiě wǔ cì.

(The teacher has us write each character five times.)

(3) 姐姐叫我明天去幫她買東西。

Jiějie jiào wǒ míngtiān qù bāng tā mǎi dōngxi.

(My older sister asked me to help her with her shopping tomorrow.)

(4) 昨天白老師請我們去他家吃飯。

Zuótiān Bái Lǎoshī qǐng wǒmen qù tā jiā chī fàn.

(Teacher Bai invited us to dinner at his home yesterday.)

PATTERN DRILLS

A. 在…呢 (zài…ne)

EXAMPLE: 他　在　看書　呢。

tā　zài　kàn shū　ne.

▼▼▼▼▼▼▼▼▼▼▼▼▼▼▼▼▼▼▼▼▼▼▼▼▼▼▼▼▼▼▼▼▼▼▼▼▼▼

1. 弟弟和他的朋友　　　　聊天
2. 她　　　　　　　　　　睡覺
3. 中文班的同學　　　　　唱歌跳舞
4. 他的姐姐　　　　　　　彈鋼琴
5. 妹妹　　　　　　　　　學中文
6. 他的媽媽　　　　　　　做飯
7. 你　　　　　　　　　　找什麼
8. 你　　　　　　　　　　做什麼

1. dìdi hé tā de péngyou　　　liáo tiān
2. tā　　　　　　　　　　　　shuì jiào
3. Zhōngwén bān de tóngxué　chàng gē tiào wǔ
4. tā de jiějie　　　　　　　tán gāngqín
5. mèimei　　　　　　　　　　xué Zhōngwén
6. tā de māma　　　　　　　　zuò fàn
7. nǐ　　　　　　　　　　　　zhǎo shénme
8. nǐ　　　　　　　　　　　　zuò shénme

B. Verbal Phrases used as Attributives

Combine the two short sentences into one, using the underlined verb or verb phrase as an attributive.

B.1 EXAMPLE: 他買了衣服，衣服很貴

→ 他買的衣服很貴。

tā mǎile yīfu, yīfu hěn guì

→ Tā mǎi de yīfu hěn guì.

1. 他寫了字，　　　　　　字很漂亮
2. 她買了襯衫，　　　　　襯衫是紅的

3.　我妹妹借了書，　　　書是中文書

4.　我哥哥給了我筆，　　　筆是黑的

5.　我認識那位律師，　　　他去了中國

1.　tā xiěle zì,　　　　　　zì hěn piàoliang

2.　tā mǎile chènshān,　　　chènshān shì hóng de

3.　wǒ mèimei jièle shū,　　shū shì Zhōngwén de

4.　wǒ gēge gěile wǒ bǐ,　　bǐ shì hēi de

5.　wǒ rènshi nà wèi lùshī,　tā qùle Zhōngguó

B.2 EXAMPLE: 他是學生，他學中文

→ 他是學中文的學生。

tā shì xuésheng, tā xué Zhōngwén

→ Tā shì xué Zhōngwén de xuésheng.

1.　我爸爸是老師，　　　我爸爸教英文

2.　那個人是服務員，　　　那個人喜歡打球

3.　他就是那位老師，　　　那位老師教我們語法

4.　他不會唱那個歌，　　　我喜歡那個歌

5.　他喜歡吃日本飯，　　　他媽媽做日本飯

1.　wǒ bàba shì lǎoshī,　　　wǒ bàba jiāo Yīngwén

2.　nàge rén shì fúwùyuán,　　nàge rén xǐhuan dǎ qiú

3.　tā jiù shì nà wèi lǎoshī,　nà wèi lǎoshī jiāo wǒmen yǔfǎ

4.　tā bú huì chàng nàge gē,　wǒ xǐhuan nàge gē

5.　tā xǐhuan chī Rìběn fàn,　tā māma zuò Rìběn fàn

▼▼▼▼▼▼▼▼▼▼▼▼▼▼▼▼▼▼▼▼▼▼▼▼▼▼▼▼▼▼▼▼▼▼▼▼▼▼▼

B.3 EXAMPLE: 那個人在寫字，那個人是我哥哥
→ 寫字的那個人是我哥哥。

nàge rén zài xiě zì, nàge rén shì wǒ gēge

→ Xiě zì de nàge rén shì wǒ gēge.

1.	那位老師在唱歌，	那位老師教日文
2.	那個人昨天晚上請你跳舞，	他是一個服務員
3.	那個人喜歡開車，	他是我的同學
4.	那個學生昨天買了衣服，	那個學生叫王朋

1. nà wèi lǎoshī zài chàng gē,   nà wèi lǎoshī jiāo Rìwén
2. nàge rén zuótiān wǎnshang qǐng nǐ tiào wǔ,   tā shì yí ge fúwùyuán
3. nàge rén xǐhuan kāi chē,   tā shì wǒ de tóngxué
4. nàge xuésheng zuótiān mǎile yīfu,   nà gè xuésheng jiào Wáng Péng

C. 還 (hái)

EXAMPLE: 我去我朋友的宿舍的時候，他   還   在睡覺。

Wǒ qù wǒ péngyou de sùshè de shíhou, tā   hái   zài shuì jiào.

1.	我們吃晚飯的時候， 他	在給朋友打電話。
2.	已經十點了， 你怎麼	沒有起床？
3.	明天有中文考試，你怎麼	不復習？
4.	生日晚會開始了， 他為什麼	沒來？

1. Wǒmen chī wǎnfàn de shíhou, tā   zài gěi péngyou dǎ diànhuà.
2. Yǐjīng shí diǎnle, nǐ zěnme   méiyǒu qǐ chuáng?
3. Míngtiān yǒu Zhōngwén kǎoshì, nǐ zěnme   bú fùxí?
4. Shēngrì wǎnhuì kāishǐ le, tā wèishénme   méi lái?

D. 是…的 (shì…de)

EXAMPLE A: 你是星期幾來的？(星期五)

→ B: 我是星期五來的。

A: Nǐ shì xīngqī jǐ lái de？(xīngqīwǔ)

→ B: Wǒ shì xīngqīwǔ lái de.

1. A: 你的中文是在哪兒學的？(學校)

   B:

2. A: 你的老師是從哪兒來的？(中國)

   B:

3. A: 這件衣服是誰給你買的？(我的朋友)

   B:

4. A: 他是什麼時候來的？(上個星期)

   B:

5. A: 你姐姐是怎麼去飛機場的？(開車)

   B:

6. A: 你昨天看電影是跟誰一起去的？(我的男朋友)

   B:

1. A: Nǐ de Zhōngwén shì zài nǎr xué de？(xuéxiào)

   B:

2. A: Nǐ de lǎoshī shì cóng nǎr lái de? (Zhōngguó)

   B:

▼▼▼▼▼▼▼▼▼▼▼▼▼▼▼▼▼▼▼▼▼▼▼▼▼▼▼▼▼▼▼▼

Find the sentences in this lesson that best correlate with the pictures above.

3. A: Zhè jiàn yīfu shì shéi gěi nǐ mǎi de? (wǒ de péngyou)

   B:

4. A: Tā shì shénme shíhou lái de? (shàng ge xīngqī)

   B:

5. A: Nǐ jiějie shì zěnme qù fēijīchǎng de? (kāi chē)

   B:

6. A: Nǐ zuótiān kàn diànyǐng shì gēn shéi yìqǐ qù de? (wǒ de nánpéngyou)

   B:

E. 一定 (yídìng)

EXAMPLE: 明天有考試，她 　 一 定 　 在圖書館復習。

Míngtiān yǒu kǎoshì, tā 　　　 yídìng 　　　 zài túshūguǎn fùxí.

1. 他弟弟腿很長，將來 　　　　　　　 很高。

2. 她常常練習中文，她的中文 　　　　　 不錯。

3. 她的媽媽很漂亮，她將來 　　　　　 也很好看。

4. 電腦課的人很多，學電腦 　　　　　 很有意思。

5. 他的日文說得很好，他 　　　　　 去過日本。

1. Tā dìdi tuǐ hěn cháng, jiānglái   hěn gāo.

2. Tā chángcháng liànxí Zhōngwén, tā de Zhōngwén   búcuò.

3. Tā de māma hěn piàoliang, tā jiānglái   yě hěn hǎokàn.

4. Diànnǎo kè de rén hěn duō, xué diànnǎo   hěn yǒu yìsi.

5. Tā de Rìwén shuō de hěn hǎo, tā   qùguo Rìběn.

F. Pivotal Sentences

EXAMPLE: 老師　　讓　　學生　　念課文。

Lǎoshī　　ràng　　xuésheng　　niàn kèwén.

1. 老師　　　　學生　　　預習生詞。

2. 我媽媽　　　弟弟　　　早點睡覺。

3. 中文老師　　我們　　　聽錄音。

4. 我的朋友　　我　　　　給她打電話。

5. 他表姐　　　他　　　　來接她。

6. 小林　　　　大家　　　去他的家玩。

1. Lǎoshī　　　　xuésheng　　yùxí shēngcí.

2. Wǒ māma　　　dìdi　　　zǎo diǎn shuì jiào.

3. Zhōngwén lǎoshī　　wǒmen　　tīng lùyīn.

4. Wǒ de péngyou　　wǒ　　gěi tā dǎ diànhuà.

5. Tā biǎojiě　　　tā　　lái jiē tā.

6. Xiǎo Lín　　　dàjiā　　qù tā de jiā wán.

Who is the child in the pictures above? What is being said about him?

Pinyin Texts

DIALOGUE I

(Lǐ Yǒu gěi Wáng Péng dǎ diànhuà.)

Lǐ Yǒu: Wáng Péng, nǐ zuò shénme ne^(G1)?

Wáng Péng: Wǒ zài kàn shū ne^(G1).

Lǐ Yǒu: Jīntiān Xiǎo Lín guò shēngrì, wǎnshang wǒmen zài Xiǎo Lín jiā kāi wǔhuì, nǐ néng lái ma?

Wáng Péng: Jǐ diǎnzhōng?

Lǐ Yǒu: Qī diǎnzhōng. Wǒmen xiān chī fàn, chīwán fàn zài chàng gē tiào wǔ.

Wáng Péng: Nǎ xiē rén huì qù?

Lǐ Yǒu: Xiǎo Lín de nǚpéngyou, wǒ de biǎojiě⁽¹⁾, háiyǒu wǒmen Zhōngwén bān⁽²⁾ de jǐ ge tóngxué.

Wáng Péng: Yào dài shénme dōngxi? Nǐ zhīdao wǒ bú huì zuò fàn.

Lǐ Yǒu: Qìshuǐr huòzhě shuǐguǒ dōu kěyǐ.

Wáng Péng: Nà wǒ dài jǐ píng guǒzhī ba.

Lǐ Yǒu: Nǐ méiyǒu chē, yào bu yào wǒ lái jiē nǐ?

Wáng Péng: Bú yòng, wǒ zhù de dìfang^(G2) lí Xiǎo Lín nàr bù yuǎn. Wǒ zǒu lù qù, kěyǐ yùndòng yí xià.

DIALOGUE II

(Zài Xiǎo Lín jiā.)

Wáng Péng: Xiǎo Lín, zhù nǐ shēngrì kuàilè!

Xiǎo Lín: Xièxie. Wáng Péng, kuài jìnlai, Lǐ Yǒu zhèngzài wèn wǒ, nǐ zěnme hái^(G3) méi lái!

Wáng Péng: Zhè shì sòng gěi nǐ de shēngrì lǐwù^(G2).

Xiǎo Lín: Nǐ tài kèqi le, zhēn bù hǎoyìsi.

Lǐ Yǒu: Wáng Péng, nǐ zěnme xiànzài cái lái? Lái, wǒ gěi nǐmen jièshào yí xià, zhè shì wǒ de biǎojiě Hǎilún, zhè shì tā de érzi Tāngmǔ.

Wáng Péng: Nǐ hǎo, Hǎilún.

Hǎilún: Nǐ hǎo, Wáng Péng. Lǐ Yǒu chángcháng shuōdào nǐ, shuō nǐ yòu cōngming⁽¹⁾ yòu yònggōng.

Wáng Péng: Nǎli, nǎli. Nǐ de Zhōngwén shuō de zhēn hǎo, <u>shì</u> zài nǎr xué <u>de</u>^(G4)?

Hǎilún: Zài shǔqī xuéxiào xué de.

Wáng Péng: Āi, Tāngmǔ zhǎng⁽²⁾ de zhēn kě'ài^(F)! Nǐmen kàn, tā zhèng zài xiào ne. Tā jǐ suì le?

Hǎilún: Tā shì qiánnián shēng de, shǔ gǒu de, xiàge yuè jiù liǎng suì le.

Xiǎo Lín: Nǐmen kàn, tā de yǎnjing dàdà de, bízi gāogāo de, zuǐ bú dà yě bù xiǎo, hěn xiàng Hǎilún. Māma zhème piàoliang, érzi jiānglái yídìngyě hěn shuài.

Hǎilún: Dàjiā dōu shuō Tāngmǔ de liǎn zhǎng⁽²⁾ de xiàng wǒ, dànshì xiào de shíhou hěn xiàng tā bàba.

Who are the two people talking on the phone? What are they talking about?
Please act out the conversation with a partner.

Wáng Péng: Tāngmǔ de tuǐ hěn cháng[2] , yídìng huì zhǎng de hěn gāo.

Lǐ Yǒu: Nǐ kànkan, Tāngmǔ de shǒuzhǐ zhème cháng, yǐhòu yīnggāi ràng tā
              xué tán gāngqín.

English Texts

DIALOGUE I

(Li You is talking to Wang Peng on the phone.)

Li You: Wang Peng, what are you doing?

Wang Peng: I'm reading.

Li You: Today is Little Lin's birthday. This evening we are having a
              party at Little Lin's place. Can you come?

Wang Peng: When?

Li You: Seven o'clock. We'll eat first. After dinner we'll (then) sing
              and dance.

Wang Peng: Who will be going?

Li You: Little Lin's girlfriend, my cousin, and several classmates
              from our Chinese class.

Wang Peng: What shall I bring? You know I can't cook.

Li You: Soda or some fruit will do.

Wang Peng: Then I'll bring some fruit juice.

Li You: You don't have a car. Shall I come and pick you up?

Wang Peng: That won't be necessary. My place (the place where I live)
              is not far from Little Lin's. I'll walk. I can get some exercise
              [this way].

DIALOGUE II

(At Little Lin's Place.)

Wang Peng: Little Lin, happy birthday!

Little Lin: Thank you. Wang Peng, please come in. Li You was asking
              me how come you're not here yet.

Wang Peng: This is a birthday gift for you.

Little Lin: Oh, you shouldn't have (lit. you're being too polite). I'm
              embarrassed.

Li You:	Wang Peng, how come you just got here? Come, let me introduce you. This is my cousin, Helen. This is her son, Tom.
Wang Peng:	Hello, Helen.
Helen:	Hello, Wang Peng. Li You often speaks of you. She says you are intelligent and diligent.
Wang Peng:	That's very nice of her. You really speak very good Chinese. Where did you learn it?
Helen:	In summer school.
Wang Peng:	Ah, Tom is really cute. Look, he's smiling. How old is he?
Helen:	He was born two years ago, in the year of the dog. He'll be two next month.
Little Lin:	Look, he's got big eyes, and a straight [high] nose. His mouth is not too big, not too small. He looks just like Helen. With such a beautiful mom, the son will definitely be very handsome.
Helen:	They all say Tom's face looks like mine, but when he smiles, he really looks like his father.
Wang Peng:	Tom has long legs. Certainly he will grow to be tall.
Li You:	Look, Tom's got such long fingers. You should let him learn to play the piano.

▲ ▲ ▲ *Exercise* ▲ ▲ ▲

Study the map and fill in the blanks with appropriate directional expressions.

1. 上海在北京的＿＿＿＿＿＿＿＿＿＿。

2. 台灣在上海的＿＿＿＿＿＿＿＿＿＿。

3. 香港在中國的＿＿＿＿＿＿＿＿＿＿。

4. 海口在香港的＿＿＿＿＿＿＿＿＿＿。

5. 台北在香港的＿＿＿＿＿＿＿＿＿＿。

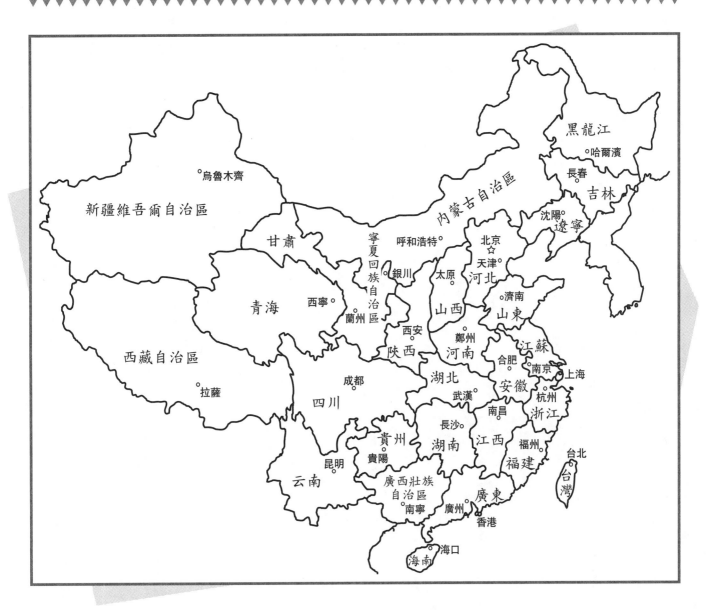

新疆維吾爾自治區 ○烏魯木齊

黑龍江

○哈爾濱

長春 ○

吉林

內蒙古自治區

甘肅

寧夏回族自治區 呼和浩特○

銀川○

北京 ☆ 沈陽○

天津

遼寧

青海 西寧○

太原○

河北

蘭州○

山西

濟南○

山東

西藏自治區

西安○

陝西

鄭州○

河南

江蘇

合肥○

南京○

上海

拉薩○

成都○

四川

湖北

武漢○

安徽

杭州○

浙江

長沙○

南昌○

貴州

湖南

江西

福州○

貴陽○

昆明○

福建

台北○

云南

廣西壯族自治區

南寧○

廣東

廣州○

香港

台灣

海口○

海南

中 國 地 圖

LESSON 16 ▲ Seeing a Doctor

第十六課 ▲ 看病

Dì shíliù kè ▲ Kàn bìng

肚子

Dialogue I: A Stomachache

VOCABULARY

1.	看病	kàn bìng	vo	to see a doctor; (of a doctor) to see a patient
	病	bìng	n/v	illness; to become ill
2.	病人	bìngrén	n	patient
3.	#肚子	dùzi	n	stomach *dǔzi = animal's stomach*
4.	#疼死了	téng sǐ l	vc	to really hurt
	疼	téng	v	to be painful
	死	sǐ	v	to die (in this lesson used as a complement indicating an extreme degree) [see G1]

5.	一些	yìxiē		some
6.	剩菜	shèng cài	np	leftovers
7.	好幾	hǎo jǐ		quite a few
8.	#廁所	cèsuǒ	n	restroom; toilet
9.	放	fàng	v	to put; to place
10.	#躺下	tǎng xià	vc	to lie down
	躺	tǎng	v	to lie
11.	檢#查	jiǎnchá	v	to examine
12.	吃#壞	chī huài	vc	to get sick because of bad food
	壞	huài	adj	bad
13.	打針	dǎ zhēn	vo	to get a shot
	針	zhēn	n	needle
14.	種	zhǒng	m	(kind)
15.	藥	yào	n	medicine

16.	片	piàn	m	(tablet; slice)
17.	小時	xiǎoshí	n	hour
18.	餓死	è sǐ	vc	to starve to death (often used figuratively)
19.	辦法	bànfǎ	n	method; way (of doing something)

zhǒng: mw 丂 or 個

DIALOGUE I

(看病)

病人：醫生，我肚子疼死(G1)了。

醫生：你昨天吃什麼東西了？ *what*

病人：我昨天沒時間做飯，吃了一些剩
菜。一天上了好幾次(G2)廁所。

醫生：菜放了幾天了？

病人：不知道。

醫生：你躺下。我給你檢查一下。

▲▲▲▲▲▲▲▲▲▲▲▲▲▲▲▲▲▲▲▲▲▲

醫生：你是吃壞肚子了。 *You are __diagnosis.__*

病人：要不要打針？

醫生：不用打針，吃這種藥就可以。一天
三次，一次兩片。

病人：好！是飯前(1)吃還是飯後吃？

醫生：飯前吃。不過，你最好二十四小時
不吃飯。

Review Dialogue I and put the above pictures in the correct order by numbering them.

病人：那我不是要餓死了嗎？這個辦法不
　　　好！

Notes

▲1▲ About 飯前 (fàn qián, before meals) and 飯後 (fàn hòu, after meals): Here, 前 (qián, before) and 後 (hòu, after) are the shortened forms for 以前 (yǐqián, before) and 以後 (yǐhòu, after) respectively. Thus one can abbreviate 晚飯以前 (wǎnfàn yǐqián, before dinner) to 晚飯前 (wǎnfàn qián), and 吃飯以前 (chī fàn yǐqián, before eating) to 吃飯前 (chī fàn qián). Also, 開會以前 (kāi huì yǐqián, before the meeting) can be abbreviated to 開會前 (kāi huì qián) and 跳舞以後 (tiào wǔ yǐhòu, after the dance) to 跳舞後 (tiào wǔ hòu). However, if 以前 (yǐqián, before) or 以後 (yǐhòu, after) follows a monosyllabic "time marker," the shortened form 前 (qián, before) or 後 (hòu, after) is preferred. Thus one usually says 飯前 (fàn qián, before meals) rather than 飯以前 (fàn yǐqián), and 會後 (huì hòu, after the meeting) rather than 會以後 (huì yǐhòu).

Culture Notes ▲

1▾ Before Western medicine (西醫 Xīyī) was first introduced to China during the seventeenth century by European missionaries, the Chinese had relied exclusively on traditional Chinese medicine (中醫 Zhōngyī). Even now, some Chinese still prefer their indigenous ways of medical treatment. Although by no means omnipotent, traditional Chinese medicine can be surprisingly effective. Many of the reasons for the effectiveness of therapies such as acupuncture and cupping remain unexplained by modern science.

2▾ While injections (打針 dǎ zhēn) are seldom used in American hospitals for outpatients, they are a much more common treatment for outpatients in Chinese hospitals, clinics and doctors' offices, even for common ailments like a cold.

3▾ An outpatient in China usually picks up prescribed medicine from the pharmacy within the hospital itself. However, there are also pharmacies unaffiliated with any hospitals.

Dialogue II: Allergies

VOCABULARY

1.	想家	xiǎng jiā	vo	to miss home; to be homesick
2.	身體	shēntǐ	n	body; health
3.	流	liú	v	to flow; to shed (blood, tears, sweat)
4.	眼#淚	yǎnlèi	n	tear
5.	#癢	yǎng	v/adj	to itch; itchy
6.	對...過#敏	duì...guòmǐn		to be allergic to...
	過敏	guòmǐn	v/n	to have an allergy; allergy

流眼淚　　　liú yǎnlèi　　　　v　　　　to cry

7.	藥店	yàodiàn	n	pharmacy, drug store
8.	拿	ná	v	to take; to get
9.	趕快	gǎnkuài	adv	right away; quickly; hurriedly
10.	要不然	yàoburán	conj	otherwise
11.	越來越...	yuè lái yuè...	conj	more and more
12.	重	zhòng	adj	serious (base meaning is 'heavy')
13.	花錢	huā qián	vo	to spend money; to cost money
14.	花時間	huā shíjiān	vo	to take up time; to spend time
15.	試	shì	v	to try
16.	再說	zàishuō	conj	(coll.) moreover *anyway*
17.	生病	shēng bìng	vo	to get sick
18.	#健#康保險	jiànkāng bǎoxiǎn	np	health insurance
	健康	jiànkāng	adj/n	healthy; health
	保險	bǎoxiǎn	n	insurance

▼▼▼▼▼▼▼▼▼▼▼▼▼▼▼▼▼▼▼▼▼▼▼▼▼▼▼▼▼▼▼▼

19.	猜	cāi	v	to guess

Proper Noun

20.	馬	mǎ	n/pn	horse; a surname

DIALOGUE II

馬：小謝，你怎麼了[F]？怎麼眼睛紅紅的，
　　是不是想家了？

謝：不是想家。我也不知道為什麼，最近
　　這幾天身體很不舒服。一直流眼淚。
　　眼睛又紅又癢。

馬：你一定是對[G3]什麼過敏了。

謝：我想也是。所以我去藥店買回來[G4]一
　　些藥。已經吃過四、五種了，都沒有
　　用。

馬：把你買的藥拿出來給我看看。

謝：這些就是。

馬：這些藥沒有用。你得趕快去看醫生[1]。
　　要不然病會越來越重。

謝：我這個學期功課很多。看醫生不但花
　　錢，而且得花很多時間。我想再吃點

兒別的藥試試。再說(G5)我上次生病，

沒去看醫生，最後也好了。

馬：你一定是沒買健康保險，對不對(G6)？

謝：你猜對了。

Notes

▲1▲ The two phrases, 看醫生 (kàn yīshēng) and 看病 (kàn bìng), are interchangeable, although in northern China 看病 (kàn bìng) is much more common than 看醫生 (kàn yīshēng).

FUNCTIONAL EXPRESSIONS

怎麼了 zěnme le (What's the matter?)

A: 你怎麼了？你怎麼這麼不高興？

(What's the matter? Why are you so unhappy?)

Nǐ zěnme le? Nǐ zěnme zhème bù gāoxìng?

B: 我的女朋友不喜歡我了。

(My girlfriend no longer loves me.)

Wǒde nǚpéngyou bù xǐhuan wǒ le.

A: 怎麼了？眼睛怎麼這麼紅？

(What's wrong? Why are your eyes so red?)

Zěnme le? Yǎnjīng zěnme zhème hóng?

B: 我想家了。 (I feel homesick.)

Wǒ xiǎng jiā le.

SUPPLEMENTARY VOCABULARY

1.	頭疼	tóuténg	v	to have a headache
	頭	tóu	n	head

▼▼▼

2.	咳嗽	késòu	v	to cough
3.	打噴嚏	dǎ pēnti	vo	to sneeze
4.	發燒	fā shāo	vo	to run a fever
5.	感冒	gǎnmào	n/v	cold; to have a cold
6.	生氣	shēng qì	vo	to be angry
7.	搬	bān	v	to move
8.	對...有興趣	duì...yǒu xìngqu		to be interested in...
	興趣	xìngqu	n	interest

Grammar

1. 死 (sǐ) Indicating Extreme Degree

死 (sǐ) can be used as an adjective complement to indicate an extreme degree of the condition named by the adjective.

For example:

(1) 疼死了。

Téng sǐ le.

(It's extremely painful.)

(2) 我餓死了。

Wǒ è sǐ le.

(I'm starving.)

(3) 今天熱死了。

Jīntiān rè sǐ le.

(It's awfully hot today.)

2. Measure Word 次 (cì) for Actions

When used as a measure word for actions, 次 (cì) follows the verb.

For example:

(1) 上午我打了兩次電話。

Shàngwǔ wǒ dǎle liǎng cì diànhuà.

(I made two phone calls this morning.)

(2) 昨天我吃了三次藥。

Zuótiān wǒ chīle sān cì yào.

(I took the medicine three times yesterday.)

If the object is a regular noun, 次 (cì) should be placed between the verb and the object; if the object represents a person or a place, 次 (cì) can go either between the verb and the object or after the object.

(3) A: 去年我去了一次中國。

Qùnián wǒ qùle yí cì Zhōngguó.

(Last year I went to China once.)

B: 去年我去了中國兩次。

Qùnián wǒ qùle Zhōngguó liǎng cì.

(Last year I went to China twice.)

(4) A: 昨天我找了三次王老師。

Zuótiān wǒ zhǎole sān cì Wáng Lǎoshī.

(I looked for Teacher Wang three times yesterday.)

B: 昨天我找了王老師三次。

Zuótiān wǒ zhǎole Wáng Lǎoshī sān cì.

(I looked for Teacher Wang three times yesterday.)

If the object is a personal pronoun, however, 次 (cì) must follow the object.

For example:

(5) 我昨天找了他兩次，他都不在。

Wǒ zuótiān zhǎole tā liǎng cì, tā dōu bú zài.

(Yesterday I looked for him twice, but he was not in either time.)

3. The Preposition 對 (duì)

The preposition 對 (duì) introduces the person or thing that is the object of a certain effect. Note that it will translate as one or another English preposition depending on the various expressions involved in the translation.

For example:

(1) 這本書對你很有用。

Zhè běn shū duì nǐ hěn yǒuyòng.

(This book is very useful to you.)

(2) 他的電腦對他很有幫助。

Tā de diànnǎo duì tā hěn yǒu bāngzhù.

(His computer is a big help to him.)

(3) 我對打球沒有興趣。

Wǒ duì dǎ qiú méiyǒu xìngqu.

(I'm not interested in playing ball.)

(4) 你一定對什麼東西過敏。

Nǐ yídìng duì shénme dōngxi guòmǐn.

(You must be allergic to something.)

4. Directional Complements (II)

A directional verb such as 上、下、進、出、回、過、起、開、到、來 or 去 (shàng, xià, jìn, chū, huí, guò, qǐ, kāi, dào, lái or qù) can be placed after another verb to become what is known as a "simple directional complement." When 上、下、進、出、回、過、起、開 or 到 (shàng, xià, jìn, chū, huí, guò, qǐ, kāi or dào) is combined with 來 or 去 (lái or qù), we have what is called a "compound directional complement." Directional complements indicate the direction in which a person or object moves.

An example of a "simple directional complement":

(1) 他走進飯館 。

Tā zǒu jìn fànguǎn.

(He walked into the restaurant.) [He walked, and he entered the restaurant.]

An example of a "compound directional complement":

(2) 我拿出一本書來。(我拿，書出來)

Wǒ ná chū yì běn shū lái.

(I took out a book.) [I took the book, and the book was out as a result.]

In the following we will discuss some sentence patterns where directional complements are used. In the pattern formulas we will use C to represent a "simple directional complement," and in a "compound directional complement," we will use C1 for 上、下、進、出、回、起、開 or 到 (shàng, xià, jìn, chū, huí, guò, qǐ, kāi or dào), and C2 for 來 or 去 (lái or qù).

Pattern I: Subject + Verb + Place Word + Complement

(3) 他下樓來。

Tā xià lóu lái.

(He is coming downstairs.)

(4) 我上樓去。

Wǒ shàng lóu qù.

(I am going upstairs.)

▼▼▼▼▼▼▼▼▼▼▼▼▼▼▼▼▼▼▼▼▼▼▼▼▼▼▼▼▼▼▼▼▼▼▼▼

Pattern II: **a. Subject + Verb + Noun + Complement or**

b. Subject + Verb + Complement + Noun

(5) 請你買一些水果來。

Qǐng nǐ mǎi yìxiē shuǐguǒ lái.

(Please get some fruit [and bring it] here.)

(6) 他買來了一些水果。

Tā mǎi láile yìxiē shuǐguǒ.

(He bought some fruit [and brought it here] for us.)

Pattern III: **Subject + Verb + Complement 1 + Place Word +**

Complement 2

(7) 她走下樓來。

Tā zǒu xià lóu lái.

(She is walking [coming] downstairs.)

(8) 你們快回家去吧。

Nǐmen kuài huí jiā qù ba.

(You'd better go back home right away.)

Pattern IV:

a. Subject + Verb + Complement 1 + Complement 2 + Noun

b. Subject + Verb + Complement 1 + Noun + Complement 2

(9) 他買回來了一些水果。

Tā mǎi huíláile yìxiē shuǐguǒ.

(He bought some fruit and brought it back here.)

(10) 你買回一些水果來。

Nǐ mǎi huí yìxiē shuǐguǒ lái.

(Buy some fruit and bring it back here.)

Where a simple directional complement is used, the object can be placed after the verb and the directional complement, particularly when the object is a location word as in the case of (1). When 來 (lái) or 去 (qù) is the directional complement as in (3) and (4), the object must be placed between the verb and the complement. In a sentence where a compound directional complement is involved, the object can be placed, as in (7) and (8), between the verb and the complement. When the object involved is a location word, it must be placed between the verb and the complement.

The meanings of the directional complements are as follows:

來 (lái) indicates movement towards the speaker.

(11) 你去給我買幾瓶啤酒來。

Nǐ qù gěi wǒ mǎi jǐ píng píjiǔ lái.

(Go and buy me a few bottles of beer.)

去 (qù) signifies movement away from the speaker.

(12) 你給他送一點吃的東西去。

Nǐ gěi tā sòng yìdiǎn chī de dōngxi qù.

(Take some food to him.)

上 (shàng) signifies movement from a lower position to a higher position.

(13) 我走上樓。

Wǒ zǒu shàng lóu.

(I am going upstairs.)

下 (xià) signifies downward movement.

(14) 他走下樓。

Tā zǒu xià lóu.

(He is walking downstairs.)

進 (jìn) signifies movement from outside to inside.

(15) 老師走進教室。

Lǎoshī zǒu jìn jiàoshì.

(The teacher is walking into the classroom.)

出 (chū) signifies movement from inside to outside.

(16) 他拿出一本書。

Tā ná chū yì běn shū.

(He is taking out a book.)

回 (huí) signifies returning to an original position, such as one's home, homeland, hometown, etc.

(17) 快把車開回家。

Kuài bǎ chē kāi huí jiā.

(Drive the car back home immediately.)

過 (guò) signifies passage through a particular point.

(18) 汽車從我旁邊開過。

Qìchē cóng wǒ pángbiān kāi guò.

(The car is being driven (right) past me.)

起 (qǐ) signifies movement from a lower point to a higher point.

(19) 我拿起一本書，又放下了。

Wǒ ná qǐ yì běn shū, yòu fàng xià le.

(I picked up a book and then put it down.)

The difference between 上 (shàng) and 起 (qǐ) is that 上 (shàng) is followed by a location word that indicates the end point of a movement, while 起 (qǐ) cannot precede a location word.

(20) 走上樓

zǒu shàng lóu

(to go upstairs)

*走起樓

*zǒu qǐ lóu

開 (kāi) signifies departure from a point.

(21) 你走開！

Nǐ zǒu kāi!

(Go away!)

到 (dào) signifies arrival at a point.

(22) 我八點才回到家。

Wǒ bā diǎn cái huí dào jiā.

(I didn't get back home until three o'clock.)

The examples above are sentences constructed with simple directional complements. The meanings of the compound directional complements correspond to those of the simple directional complements. The only difference between them is the addition of a reference point of movement to the compound complements:

(23) 上來: 他走上樓來。

shàng lái: Tā zǒu shàng lóu lái.

(He came upstairs.) [The speaker is upstairs.]

(24) 上去: 他走上樓去。

shàng qù: Tā zǒu shàng lóu qù.

(He went upstairs.) [The speaker is downstairs.]

(25) 下來: 他走下樓來。

xià lái: Tā zǒu xià lóu lái.

(He came downstairs.) [The speaker is downstairs.]

(26) 下去: 他走下樓去。

xià qù: Tā zǒu xià lóu qù.

(He went downstairs.) [The speaker is upstairs.]

(27) 進來: 老師走進教室來。

jìn lái: Lǎoshī zǒu jìn jiàoshì lái.

(The teacher came into the classroom.) [The speaker is inside.]

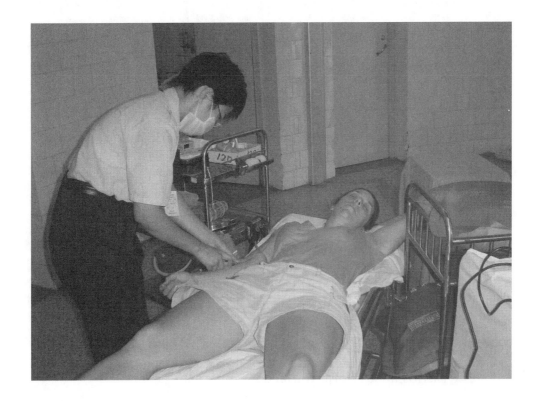

(28) 進去: 老師走進教室去。

jìn qù: Lǎoshī zǒu jìn jiàoshì qù.

(The teacher went into the classroom.) [The speaker is outside.]

(29) 出來: 他從宿舍拿出一個電腦來。

chū lái: Tā cóng sùshè ná chū yí ge diànnǎo lái.

(He brought out a computer from the dorm.) [The speaker is outside.]

(30) 出去: 他從家裏搬出去一張桌子。

chū qù: Tā cóng jiāli bān chū qù yì zhāng zhuōzi.

(He took a table out of the room.) [The speaker is inside.]

(31) 回來: 快把車開回家來。

huí lái: Kuài bǎ chē kāi huí jiā lái.

(Bring the car back home right away.) [The speaker is home.]

(32) 回去: 快把車開回家去。

huí qù: Kuài bǎ chē kāi huí jiā qù.

(Take the car home right away.)[The speaker is not at home.]

過來 (guòlai) signifies movement towards the speaker.

(33) 請你走過來。

Qǐng nǐ zǒu guòlai.

(Please come over here.) [The other person is asked to walk towards the speaker.]

過去 (guòqu) signifies movement away from the speaker.

(34) 他往她那兒走過去。

Tā wàng tā nàr zǒu guòqu.

(He walked towards her.)

(35) 起來: 我把書拿起來，又放下了。

qǐlai: Wǒ bǎ shū ná qǐlai, yòu fàng xià le.

(I picked up a book and then put it down.)

Note: 起來 (qǐlai) is the same as 起 (qǐ). 起 (qǐ), however, does not go with 去 (qù).

(36) 到…來: 我回到宿舍來。

dào…lái: Wǒ huí dào sùshè lái.

(I came back to the dormitory.) [The speaker is in the dormitory.]

(37) 到…去: 我回到學校去。

Dào…qù: Wǒ huí dào xuéxiào qù.

(I went back to the school.) [The speaker is not in the school.]

A location word is always necessary between 到 (dào) and 來 (lái) or 去 (qù).

5. 再說 (zàishuō)

The expression 再說 (zàishuō) appears before the sentence and provides additional reason or reasons for an action taken or decision made. It is different from 再 + 說, (zài + shuō, to say it again).

For example:

(1) A: 你為什麼不去中國？

Nǐ wèishénme bú qù Zhōngguó?

(Why aren't you going to China?)

B: 我沒有時間，再說，也沒有錢。

Wǒ méiyǒu shíjiān, zàishuō, yě méiyǒu qián.

(I don't have the time or the money.)

(2) 我不喜歡這個電影，沒有意思，再說也太長。

Wǒ bù xǐhuan zhège diànyǐng, méiyǒu yìsi, zàishuō yě tài cháng.

(I don't like the movie. It's too dull. Besides, it is too long.)

Like 再說 (zàishuō), 而且 (érqiě, moreover; in addition) also conveys the idea of "furthermore, additionally," etc., but the clause that follows it may or may not be explanatory in nature. Compare the following sentences:

(3) A: 你為什麼不去中國？

Nǐ wèishénme bú qù Zhōngguó?

(Why are you not going to China?)

B: 我沒有時間，而且，也沒有錢。

Wǒ méiyǒu shíjiān, érqiě, yě méiyǒu qián.

(I don't have the time. Besides, I don't have the money.)

(4) 這是王先生，他不但是我的老師，而且是我的朋友。

Zhè shì Wáng Xiānsheng, tā búdàn shì wǒ de lǎoshī, érqiě shì wǒ de péngyou.

(This is Mr. Wang. He is not only my teacher but also my friend.)

Note: In (4) 而且 (érqiě) cannot be replaced with 再說 (zàishuō):

(4a) * 這是王先生，他不但是我的老師，再
說是我的朋友。

　　* Zhè shì Wáng Xiānsheng, tā búdàn shì wǒ de lǎoshī, zàishuō shì wǒ de
péngyou.

6. Questions with 是不是/對不對 (shì bu shì / duì bu duì)

是不是/對不對 (shì bu shì / duì bu duì) can be used to form a question. 是不是 (shì bu shì) may appear at the beginning, middle or end of a sentence. When it appears at the beginning or in the middle of a sentence, whatever comes after it is being questioned. When it comes at the end of a sentence, what comes before it is being questioned.

For example:

(1) 飛機票是不是你的？

　　Fēijīpiào shì bu shì nǐ de?

　　(Is the plane ticket yours?)

What is the surname of the woman in the picture?

(2) 是不是你哥哥明天要去中國？

Shì bu shì nǐ gēge míngtiān yào qù Zhōngguó?

(Is your older brother going to China tomorrow?)

(3) 你感冒了，是不是？

Nǐ gǎnmào le, shì bu shì?

(You've caught a cold, haven't you?)

A short pause often precedes the phrase 是不是 (shì bu shì) when it appears at the end of the sentence.

Unlike 是不是 (shì bu shì), which can be placed at different positions, 對不對 (duì bu duì) appears only at the end of a sentence:

For example:

(1) A: 今天是星期一， 對不對？

Jīntiān shì xīngqīyī, duì bu duì?

(It's Monday today, isn't it?)

B: 對/是， 今天是星期一。

Duì/shì, jīntiān shì xīngqīyī.

(Yes, it's Monday today.)

(2) A: 他是你的哥哥，對不對？

Tā shì nǐ de gēge, duì bu duì?

(He's your older brother, isn't he?)

B: 對/是。

Duì/shì.

(Yes.)

Health Care in China ▲

Until the 1980s, employees in all state-owned enterprises and institutions in China were offered free medical care, which became a huge financial burden for the government. That practice was discontinued in the 1990s. The cities in China are currently in a transitional

▼▼▼▼▼▼▼▼▼▼▼▼▼▼▼▼▼▼▼▼▼▼▼▼▼▼▼▼▼▼▼▼▼▼▼▼▼

period toward a better-regulated system of medical insurance, while most people in the rural areas are still without any insurance coverage for their health care.

PATTERN DRILLS

A. 死 (sǐ) as a Complement

EXAMPLE: 我沒有吃早飯，現在　　餓　　死了。

Wǒ méiyǒu chī zǎofàn, xiànzài　　è　　sǐ le.

1.	昨天的天氣	熱
2.	一件襯衫五十塊，	貴
3.	這篇課文	難
4.	小張吃了剩菜，他的肚子	疼
5.	她不喜歡打針，她說打針	疼

1.	Zuótiān de tiānqì,	rè
2.	Yí jiàn chènshān wǔshí kuài,	guì
3.	Zhè piān kèwén,	nán
4.	Xiǎo Zhāng chīle shèng cài, tā de dùzi	téng
5.	Tā bù xǐhuan dǎ zhēn, tā shuō dǎ zhēn	téng

B. 對 (duì) as a Preposition

EXAMPLE: 我　　對　　這種藥　　過敏。

Wǒ　　duì　　zhè zhǒng yào　　guòmǐn.

1.	他	中文	很有興趣。
2.	他妹妹	啤酒	過敏。
3.	這本書	我	很有用。

▼▼▼▼▼▼▼▼▼▼▼▼▼▼▼▼▼▼▼▼▼▼▼▼▼▼▼▼▼▼▼▼▼

4. 念課文	發音	有幫助。
5. 她姐姐	打球	沒有興趣。
6. 他的朋友	她	很好。
7. 寫日記	學中文	有幫助。
8. 打針	這種病	沒有用。

1.	Tā	Zhōngwén	hěn yǒu xìngqu.
2.	Tā mèimei	píjiǔ	guòmǐn.
3.	Zhè běn shū	wǒ	hěn yǒuyòng.
4.	Niàn kèwén	fāyīn	yǒu bāngzhù.
5.	Tā jiějie	dǎ qiú	méiyǒu xìngqu.
6.	Tā de péngyǒu	tā	hěn hǎo.
7.	Xiě rìjì	xué Zhōngwén	yǒu bāngzhù.
8.	Dǎ zhēn	zhè zhǒng bìng	méiyǒu yòng.

C. Directional Complements

EXAMPLE: 他　走　教室　出
→ 他走出教室。

Tā　zǒu　jiàoshì　chū
→ Tā zǒu chū jiàoshì.

C.1:

1. 他	拿	一本書	來。
2. 你弟弟		一張照片	出。
3. 我		一枝筆	起。
4. 她媽媽		一條褲子	去。

5. 哥哥		一些錢	回。
6. 姐姐		一張信用卡	來。
7. 你妹妹	搬	一張桌子	進。

C.1:

1. Tā	ná	yì běn shū	lái.
2. Nǐ dìdi		yì zhāng zhàopiàn	chū.
3. Wǒ		yì zhī bǐ	qǐ.
4. Tā māma		yì tiáo kùzi	qù.
5. Gēge		yìxiē qián	huí.
6. Jiějie		yì zhāng xìnyòngkǎ	lái.
7. Nǐ mèimei	bān	yì zhāng zhuōzi	jìn.

C.2:

1. 你	站	起來。
2. 你們	走	進去。
3. 你們	跳	下去。
4. 我	坐	過去。
5. 你	走	下來。
6. 你	走	出去。

C.2:

1. Nǐ	zhàn	qǐlai.
2. Nǐmen	zǒu	jìnqu.
3. Nǐmen	tiào	xiàqu.
4. Wǒ	zuò	guòqu.
5. Nǐ	zǒu	xiàlai.
6. Nǐ	zǒu	chūqu.

C.3:

1. 她	走	進	教室	去。
2. 老師	走	進	教室	來。
3. 妹妹	走	上	樓	去。
4. 王朋	走	出	宿舍	去。
5. 高老師	走	回	辦公室	來。

C.3:

1. Tā	zǒu	jìn	jiàoshì	qù.
2. Lǎoshī	zǒu	jìn	jiàoshì	lái.
3. Mèimei	zǒu	shàng	lóu	qù.
4. Wáng Péng	zǒu	chū	sùshè	qù.
5. Gāo Lǎoshī	zǒu	huí	bàngōngshì	lái.

D. 要不然 (yàoburán)

EXAMPLE: 你得多寫漢字，　要不然　寫不好。

Nǐ děi duō xiě Hànzì,   yàoburán   xiě bu hǎo.

1. 你得去看醫生，	病會越來越重。
2. 我們最好早一點兒走，	就晚了。
3. 快給女朋友打電話，	她要不高興了。
4. 我得預習課文，	明天上課聽不懂。
5. 我們得多聽錄音，	說不好中文。
6. 你得常常運動，	身體會越來越壞。
7. 你應該吃早飯，	上課的時候會餓

▼▼▼▼▼▼▼▼▼▼▼▼▼▼▼▼▼▼▼▼▼▼▼▼▼▼▼▼▼▼▼▼▼▼▼▼

1. Nǐ děi qù kàn yīshēng,　　　　　bìng huì yuè lái yuè zhòng.

2. Wǒmen zuìhǎo zǎo yìdiǎnr zǒu,　　jiù wǎn le.

3. Kuài gěi nǚpéngyǒu dǎ diànhuà,　tā yào bù gāoxìng le.

4. Wǒ děi yùxí kèwén,　　　　　　　míngtiān shàngkè tīng bu dǒng.

5. Wǒmen děi duō tīng lùyīn,　　　shuō bu hǎo Zhōngwén.

6. Nǐ děi chángcháng yùndòng,　　shēntǐ huì yuè lái yuè huài.

7. Nǐ yīnggāi chī zǎofàn,　　　　　shàngkè de shíhòu huì è.

E. 越來越.... (yuè lái yuè …)

EXAMPLE: 弟弟長得　　越來越　高了。

　　　　Dìdi zhǎng de　　yuè lái yuè　gāo le.

1. 功課　　　　　　　　　　　　　　容易了。

2. 我認識的中國字　　　　　　　　多了。

3. 他的中文　　　　　　　　　　　好了。

4. 我要考試了，最近我　　　　　　忙了。

5. 他昨天吃了一些剩飯，現在肚子　不舒服了。

6. 最近菜　　　　　　　　　　　　貴了。

1. Gōngkè　　　　　　　　　　　róngyì le.

2. Wǒ rènshi de Zhōngguózì　　　duō le.

3. Tā de Zhōngwén　　　　　　　hǎo le.

4. Wǒ yào kǎoshì le, zuìjìn wǒ　　máng le.

5. Tā zuótiān chī le yìxiē shèng fàn, xiànzài dùzi　　bù shūfu le.

6. Zuìjìn cài　　　　　　　　　　guì le.

Li You is chatting with her Chinese friends. Review the sentences in the Pattern Drills to see if you can find the sentence that describes this picture.

F. 再說 (zàishuō)

EXAMPLE: (我不買這件衣服， 太貴， 也不好看)

→ 我不買這件衣服， <u>因為</u>太貴， <u>再說</u>也不好看。

(wǒ bù mǎi zhè jiàn yīfu, tài guì, yě bù hǎokàn)

→ Wǒ bù mǎi zhè jiàn yīfu, <u>yīnwèi</u> tài guì, <u>zàishuō</u> yě bù hǎokàn.

1.	我沒有去打球，	不喜歡打球，	也沒有時間。
2.	他的中文進步得很快，	他的老師很好，	他常常練習。
3.	他不想去看醫生，	他的病不重，	他沒有保險。
4.	我想吃糖醋魚，	糖醋魚好吃極了，	也不貴。

5. 她喜歡在圖書館 　　圖書館很舒服， 　　書也很多。
　　看書，

6. 我常常跟中國朋 　　可以練習中文， 　　也很有意思。
　　友聊天，

1. Wǒ méiyǒu qù dǎ qiú,   bù xǐhuan dǎqiú,   yě méiyǒu shíjiān.

2. Tā de Zhōngwén jìnbù de hěn kuài,   tā de lǎoshī hěn hǎo,   tā chángchang liànxí.

3. Tā bù xiǎng qù kàn yīshēng,   tā de bìng bú zhòng,   tā méiyǒu bǎoxiǎn.

4. Wǒ xiǎng chī tángcùyú,   tángcùyú hǎochī jíle,   yě bú guì.

5. Tā xǐhuan zài túshūguǎn kànshū,   túshūguǎn hěn shūfu,   shū yě hěn duō.

6. Wǒ chángchang gēn Zhōngguó péngyǒu liáotiān,   kěyǐ liànxí Zhōngwén,   yě hěn yǒu yìsì.

G. Questions with 是不是 (shí bu shì) at Various Positions

Ask questions using the clues provided.

EXAMPLE: (他感冒了)

　　→ 是不是他感冒了？

　　→ 他是不是感冒了？

　　→ 他感冒了，是不是？

(Tā gǎnmào le)

　→ Shì bu shì tā gǎnmào le?

　→ Tā shì bu shì gǎnmào le?

　→ Tā gǎnmào le, shì bu shì?

1. (今天你　　　　　　　　要練習中文)

2. (你哥哥　　　　　　　　會法文)

3. (你的朋友　　　　　　　明年去上海)

▼▼▼▼▼▼▼▼▼▼▼▼▼▼▼▼▼▼▼▼▼▼▼▼▼▼▼

4. (他   想去跳舞)

5. (你的姐姐   說日文說得很好)

1. (Jīntiān nǐ   yào liànxí Zhōngwén)

2. (Nǐ gēge   huì Fǎwén)

3. (Nǐ de péngyou   míngnián qù Shànghǎi)

4. (Tā   xiǎng qù tiàowǔ)

5. (Nǐ de jiějie   shuō Rìwén shuō de hěn hǎo)

H. Questions with 是不是/對不對 (shí bu shì / duì bu duì)

EXAMPLE: 她喜歡聽音樂， 是不是/對不對？

        Tā xǐhuan tīng yīnyuè,   shì bu shì / duì bu duì?

1. 你的朋友要去中國，

2. 明天是他的生日，

3. 這篇課文很難，

4. 那雙鞋有點兒小，

1. Nǐ de péngyou yào qù Zhōngguó,

2. Míngtiān shì tā de shēngrì,

3. Zhè piān kèwén hěn nán,

4. Nà shuāng xié yǒu diǎnr xiǎo,

Find and underline the sentence on this page that corresponds to this picture.

Pinyin Texts

DIALOGUE I

(Kàn bìng)

Bìngrén: Yīshēng, wǒ dùzi téng sǐ[G1] le.

Yīshēng: Nǐ zuótiān chī shénme dōngxi le?

Find and underline the sentence on this page that corresponds to this picture.

Bìngrén: Wǒ zuótiān méi shíjiān zuò fàn, chīle yìxiē shèng cài. Yì tiān shàngle hǎo jǐ cì ^(G2)cèsuǒ.

Yīshēng: Cài fàngle jǐ tiān le?

Bìngrén: Bù zhīdao.

Yīshēng: Nǐ tǎng xià. Wǒ gěi nǐ jiǎnchá yí xià.

▲▲▲▲▲▲▲▲▲▲▲▲▲▲▲▲▲▲▲▲▲▲▲▲▲▲▲▲

Yīshēng: Nǐ shì chī huài dùzi le.

Bìngrén: Yào bu yào dǎ zhēn?

Yīshēng: Bú yòng dǎ zhēn, chī zhè zhǒng yào jiù kěyǐ. Yì tiān sān cì, yí cì liǎng piàn.

Bìngrén: Hǎo! Shì fàn qián ⁽¹⁾ chī háishi fàn hòu chī?

Yīshēng: Fàn qián chī. Búguò, nǐ zuìhǎo èrshísì xiǎoshí bù chī fàn.

Bìngrén: Nà wǒ bú shì yào è sǐ le ma? Zhège bànfǎ bù hǎo.

DIALOGUE II

Mǎ: Xiǎo Xiè, nǐ zěnme le ^(F)? Zěnme yǎnjing hónghóng de, shì bu shì xiǎng jiā le?

Xiè: Bú shì xiǎng jiā. Wǒ yě bù zhīdao wèishénme. Zuìjìn zhè jǐ tiān shēntǐ hěn bù shūfu. Yìzhí liú yǎnlèi. Yǎnjing yòu hóng yòu yǎng.

Mǎ: Nǐ yídìng shì duì ^(G3) shénme guòmǐn le.

Xiè: Wǒ xiǎng yě shì. Suǒyǐ wǒ qù yàodiàn mǎi huílai^(G4) yìxiē yào. Yǐjīng chīguo sì, wǔ zhǒng le, dōu méiyǒu yòng.

Mǎ: Bǎ nǐ mǎide yào ná chulai gěi wǒ kànkan.

Xiè: Zhèxiē jiù shì.

Mǎ: Zhèxiē yào méiyǒu yòng. Nǐ děi gǎnkuài qù kàn yīshēng⁽¹⁾. Yàoburán bìng huì yuè lái yuè zhòng.

Xiè: Wǒ zhège xuéqī gōngkè hěn duō. Kàn yīshēng búdàn huā qián, érqiě děi huā hěn duō shíjiān. Wǒ xiǎng zài chī diǎnr biéde yào shìshi. Zàishuō ^(G5) wǒ shàng cì shēng bìng, méi qù kàn yīshēng, zuìhòu yě hǎo le.

Mǎ: Nǐ yídìng shì méi mǎi jiànkāng bǎoxiǎn, duì bu duì ^(G6)?

Xiè: Nǐ cāi duì le.

English Texts

DIALOGUE I

(Seeing a Doctor)

Patient: Doctor, my stomach really hurts.

Doctor: What did you eat yesterday?

Find and underline the sentence on this page that corresponds to this picture.

Patient: I didn't have time to cook yesterday, so I had some leftovers. I had to go to the restroom many times.

Doctor: How many days had the food been there?

Patient: I don't know.

Doctor: Lie down. I'll have a look at you.

▲▲▲▲▲▲▲▲▲▲▲▲▲▲▲▲▲▲▲▲▲▲▲▲▲▲▲▲▲▲▲▲▲

Doctor: You ate spoiled food.

Patient: Will I need shots?

Doctor: That won't be necessary. You can just take this medicine. Three times a day, two pills at a time.

Patient: All right. Shall I take them before or after meals?

Doctor: Before meals, but you'd better not eat anything for twenty-four hours.

Patient: Then won't I starve to death? That's not a good way to handle it.

DIALOGUE II

Ma: Little Xie, what's the matter with you? How come your eyes are so red? Are you homesick?

Review Dialogue II and put these pictures in the correct order by numbering them.

Xie: No, I'm not homesick. I don't know why, but recently I haven't been feeling well. My eyes are watery all the time, and they are red and itchy.

Ma: You must be allergic to something.

Xie.   That's what I thought. So I went to a drugstore and got some medicine. I've already taken four or five different kinds. They've all been useless.

Ma: Show me the medicine that you bought.

Xie: Here they are.

Ma: These medications are all useless. You should hurry and see a doctor. Otherwise the illness will get more and more serious.

Xie: I've got a lot of school work. It not only costs money but also takes time to see a doctor. I'd like to try some more medicine. Besides, last time when I got sick, I didn't go to see a doctor, and eventually I got well.

Ma: I'll bet you don't have health insurance. [It must be that you didn't buy health insurance.] Is that right?

Xie: You guessed it.

LESSON 17 ▲ Dating
第十七課 ▲ 約會
Dì shíqī kè ▲ *Yuēhuì*

Dialogue I: Seeing a Chinese Movie

VOCABULARY

1.	同	tóng	adj	same; alike
2.	學習	xuéxí	v	to study; to learn
3.	參加	cānjiā	v	to take part in (participate)
4.	印#象	yìnxiàng	n	impression 印象
5.	成	chéng	v	to become
6.	演	yǎn	v	to show (a film); to perform (to play as in act)
7.	《活著》	Huózhe		*To Live* (name of a movie)

	活	huó	v	to live; to be alive
8.	費	fèi	v	to spend; to take (effort)
9.	力氣	lìqi	n	strength
10.	才	cái	adv	(used in the second clause of a compound sentence to indicate that what is stated in the first clause is a necessary condition for the result or conclusion stated in the second clause)
11.	早就	zǎojiù	adv	long since; long ago
12.	別人	biérén	pr	others; other people
13.	就	jiù	adv	just; only (indicating a small number)
14.	#倆	liǎ	m	([coll] two [people])
15.	後天	hòutiān	t	the day after tomorrow
16.	一言為定	yì yán wéi dìng	ce	that settles it; that's settled; it's decided

DIALOGUE I

王朋跟李友在同一個學校學習，他們認識已經快三個月了。王朋常常幫助李友練習說中文。上個星期他們參加小林的生日舞會，玩兒得(G1)很高興。李友對王朋的印象(1)很好，王朋也很喜歡李友，他們成了好朋友。

▲▲▲▲▲▲▲▲▲▲▲▲▲▲▲▲▲▲▲▲▲▲▲▲▲▲

王朋：這個週末學校演(2)新電影，我們一起去看，好嗎？

李友：什麼電影？

王朋：中國電影《活著》。

李友：好啊！不過，聽說看電影的人很
多，買得到(G2)票嗎？

王朋：票已經買了，我費了很大的力氣才
買到。

李友：好極了！我早就想看這個電影了。
還有別人跟我們一起去嗎？

王朋：沒有，就(G3)我們倆。

李友：好啊。什麼時候？

王朋：後天晚上八點。

李友：看電影以前，我請你吃晚飯。

王朋：好，一言為定(3)(F)。

Notes

▲**1**▲ For the use of the word 印象 (yìnxiàng, impression), compare these two sentences:

a) 李友對王朋的印象很好。

(Li You has a very good impression of Wang Peng.)

Lǐ Yǒu duì Wáng Péng de yìnxiàng hěn hǎo.

b) 李友給王朋的印象很好。

(Li You made a good impression on Wang Peng.)

Lǐ Yǒu gěi Wáng Péng de yìnxiàng hěn hǎo.

▲**2**▲ The phrase 演電影 (yǎn diànyǐng, to show a film) in our text is interchangeable with 放電影 (fàng diànyǐng), but the former expression has another meaning that the latter does not: to play an acting role in a film.

▲**3**▲ 一言為定 (yì yán wéi dìng), which literally means, "achieving certainty with one word," is one of the numerous four-character idioms that have their origins in classical Chinese but continue to be on the lips of almost every native speaker of the language.

FUNCTIONAL EXPRESSIONS

一言為定 yì yán wéi dìng (**that settles it; that's settled; it's decided**)

1. A: 明年我們去中國，怎麼樣？

(Let's go to China next year, shall we?)

Míngnián wǒmen qù Zhōngguó, zěnmeyàng?

B: 好啊！(That's great!)

Hǎo a!

A: 一言為定。 (That settles it.)

Yì yán wéi dìng.

2. A: 考完試我們開個晚會慶祝慶祝，好嗎？

(After the exam let's have a party to celebrate. What do you think?)

Kǎo wán shì wǒmen kāi ge wǎnhuì qìngzhu qìngzhu, hǎoma?

B: 太好了。在你家？ (Wonderful! At your place?)

Tài hǎo le. Zài nǐ jiā?

A: 沒問題。 (No problem.)

Méi wèntí.

B: 一言為定。 (It's decided then.)

Yì yán wéi dìng.

A: 一言為定。 (That settles it.)

Yì yán wéi dìng.

Culture Notes ▲

1 ▾ In the past, marriages were almost invariably arranged by the parents. Intimate contact between unmarried young men and women was strictly prohibited. Traditionally, the Chinese shied away from any public displays of affection. Even as recent as the 1980s one seldom saw a couple walking on the street hand-in-hand, but today people do not make much fuss about couples hugging and kissing each other in public.

2▾ Valentine's Day, a Western holiday, is becoming popular in China now, especially among the young people in the cities.

3▾ Seeing movies is still a big part of the nightlife in Chinese cities, especially for those who are out on dates. Meanwhile, Peking (Beijing) opera (京劇 jīngjù), a traditional form of nightly entertainment, is quickly losing ground in the competition with film and TV.

Dialogue II: Refusing an Invitation

VOCABULARY

1.	記得	jìde	v	to remember *jì (off the bat)*
2.	最後	zuìhòu	adv	the last; final
3.	想起來	xiǎng qilai	vc	to remember; to recall *memory brought back (after thinking)*
4.	號#碼	hàomǎ	n	number 號碼
5.	歌#劇	gējù	n	opera *(musical yinyuejù)*
6.	好好兒	hǎohāor	ce	(coll.) all out; to one's heart's content *thoroughly (carefully) (advb before verb)*
7.	#慶祝	qìngzhù	v	to celebrate
8.	打#掃	dǎsǎo	v	to clean up (a room, apartment or house)
	掃	sǎo	v	to sweep
9.	房子	fángzi	n	house
10.	整理	zhěnglǐ	v	to put in order *(yīfú, gōngjù etc guānxi)*
11.	房間	fángjiān	n	room
12.	#旅行	lǚxíng	v	to travel 去中國旅行
13.	沒關係	méi guānxi	ce	It doesn't matter.

▼▼▼▼▼▼▼▼▼▼▼▼▼▼▼▼▼▼▼▼▼▼▼▼▼▼▼▼▼▼▼▼▼▼▼▼▼

Proper Nouns

| 14. | 白健明 | Bái Jiànmíng | pn | a personal name |
| 15. | #紐約 | Niǔyuē | pn | New York |

"Saving Face" ▲

The Chinese are very concerned about "saving face," not only for themselves but for other people as well. That is the reason a Chinese person usually tries to find excuses when turning down a request or an offer, instead of rejecting it bluntly. In that sense, it may be said that Li You, in our text, declines the invitation the Chinese way.

DIALOGUE II

白健明： 喂，請問李友小姐在嗎？

李友： 我就是。請問你是哪一位？

白健明： 我是白健明，你還記得我嗎？

李友： 白健明？

白健明： 你還記得上個星期小林的生日舞
會嗎？我就是最後請你跳舞的那
個人。你想起來了嗎？

李友： 對不起，我想不起來。你怎麼知
道我的電話號碼？

白健明： 是小林告訴我的。

李友： 白先生，你有什麼事嗎？

白健明： 我想請你看歌劇，這個週末你有
　　　　空兒嗎？

李友： 　這個週末不行，下個星期我有三
　　　　個考試。

白健明： 那下個週末怎麼樣？你考完試，
　　　　我們好好兒慶祝慶祝(G4)。

李友： 　下個週末也不行，我得幫我媽媽
　　　　打掃房子，整理房間。

白健明： 你看(1)下下個週末，好不好？

李友： 　對不起，下下個週末更不行了，
　　　　我要跟我的男朋友去紐約旅行。

白健明： 沒關係，那就算了吧。

Notes

▲1▲ The word 看 (kàn, to see) is used here in a figurative sense, meaning "as you see it" or "in your view." Some more examples include: 你看他會不會來？ (Nǐ kàn tā huì bu huì lái? Do you think he will come or not?) and 我看你買不到電影票 (Wǒ kàn nǐ mǎi bu dào diànyǐng piào; I don't think you can get the movie tickets).

SUPPLEMENTARY VOCABULARY

1.	記不住	jì bu zhù	vc	unable to remember
2.	累	lèi	adj	tired
3.	對象	duìxiàng	n	boyfriend or girlfriend; fiancé or fiancée

▼▼

| 4. | 年紀 | niánjì | n | age |
| 5. | 結婚 | jié hūn | vo | to get married |

▲▲▲ *Exercise* ▲▲▲

Examine this picture and answer the questions below. Please give reasons to support your answers.

他們在看電影還是在看歌劇？

(Tāmen zài kàn diànyǐng háishi zài kàn gējù?)

他們結婚了嗎？

(Tāmen jié hūn le ma?)

Grammar

1. Descriptive Complements (II)

Semantically, a complement following 得 (de) may describe the subject.

(1) 我們玩得很高興。

Wǒmen wán de hěn gāoxìng.

(We had a very good time.)

(2) 孩子笑得很可愛。

Háizi xiào de hěn kě'ài.

(The child has a very cute smile.)

(3) 他走得很累。

Tā zǒu de hěn lèi.

(He is worn out from walking.)

(4) 他高興得跳了起來。

Tā gāoxìng de tiàole qǐlai.

(He jumped up with joy.)

In the sentences above, the verbs 玩, 笑, 走 (wán, xiào, zǒu) and the adjective 高興 (gāoxìng) in (4) give the cause, while the complements 高興, 可愛, 累 (gāoxìng, kě'ài, lèi) and 跳了起來 (tiàole qǐlai) describe the effect on the subject. A complement describing the subject seldom appears in the negative.

(3a) *他走得不累。

*Tā zǒu de bú lèi.

(4a) *他高興得沒有跳起來。

*Tā gāoxìng de méiyǒu tiào qǐlai.

2. Potential Complements

得 (de) or 不 (bu) is placed between a verb and a resultative or directional complement to indicate whether a certain result will be realized or not.

(1) A: 這封中文信你看得懂嗎？

Zhè fēng Zhōngwén xìn nǐ kàn de dǒng ma?

(Can you understand this Chinese letter [or not]?)

B: 我看得懂。

Wǒ kàn de dǒng.

(I can understand it.)

(2) 這個字太難了，我記不住。

Zhège zì tài nán le, wǒ jì bu zhù.

(This character is too difficult. I cannot remember it.)

(3) A: 你去請白小姐來吃晚飯好嗎？

Nǐ qù qǐng Bái Xiǎojiě lái chī wǎnfàn hǎo ma?

(Would you please go and ask Miss Bai to come for dinner?)

B: 我請她請不來，你去請她，她一定會來。

Wǒ qǐng tā qǐng bu lái, nǐ qù qǐng tā, tā yídìng huì lái.

(She won't come if I ask her. If you invite her, she will definitely come.)

(4) 跳舞太難，我學不會。

Tiào wǔ tài nán, wǒ xué bu huì.

(Dancing is too difficult. I will not be able to learn it.)

(5) 這本書我今天看不完。

Zhè běn shū wǒ jīntiān kàn bu wán.

(I can't finish reading this book today.)

(6) 那個字怎麼寫，我想不起來了。

Nàge zì zěnme xiě, wǒ xiǎng bu qǐlai le.

(I can't remember how to write that character.)

Note: Potential complements appear primarily in negative sentences. They appear in affirmative sentences much less often, mostly in answering questions that contain a potential complement, as in (1).

The affirmative form and the negative form of a potential complement can be put together to form a question.

(7) 這本書你借得到借不到？

Zhè běn shū nǐ jiè de dào jiè bu dào?

(Will you be able to borrow this book [or not]?)

Note: Potential complements are an important feature of Chinese. They are often the only way to convey the idea that the absence of certain conditions prevents a result from being achieved. Potential complements have a unique function that cannot be fulfilled by the "不能 (bùnéng) + Verb + Resultative/Directional Complement" construction. For example, 做不完 (zuò bu wán) means "not being able to finish," while 不能做完 (bù néng zuò wán) conveys the idea of "not being allowed to finish."

(8)   老師說得太快，我聽不清楚。

Lǎoshī shuō de tài kuài, wǒ tīng bu qīngchu.

(The teacher speaks too fast. I can't hear [him] clearly.)

(8a) *老師說得太快，我不能聽清楚。

*Lǎoshī shuō de tài kuài, wǒ bù néng tīng qīngchu.

(9)   今天的功課太多，我做不完。

Jīntiān de gōngkè tài duō, wǒ zuò bu wán.

(There is too much homework today. I can't finish it.)

(9a) *今天的功課太多，我不能做完。

*Jīntiān de gōngkè tài duō, wǒ bù néng zuò wán.

Note: A potential complement cannot be used in a 把 sentence, either.

(9b) *我把今天的功課做不完。

*Wǒ bǎ jīntiān de gōngkè zuò bu wán.

3. 就 (jiù)

就 (jiù) before a noun means "only."

(1)   我們班人很少，就七個學生。

Wǒmen bān rén hěn shǎo, jiù qī ge xuésheng.

(Our class is small. There are only seven students.)

(2)   我們都不會日文，就他一個人會。

Wǒmen dōu bú huì Rìwén, jiù tā yí ge rén huì.

(None of us know Japanese, except him.)

▼▼▼▼▼▼▼▼▼▼▼▼▼▼▼▼▼▼▼▼▼▼▼▼▼▼▼▼▼▼▼▼▼▼

(3) 三本書我看完了兩本，就一本書沒看了。

Sān běn shū wǒ kàn wánle liǎng běn, jiù yì běn shū méi kàn le.

(I have read two of the three books. There's only one left that I haven't finished reading.)

(4) 我就認識五個漢字。

Wǒ jiù rènshi wǔ ge Hànzì.

(I only know five Chinese characters.)

4. Reduplication of Verbs

Like adjectives [see L.12 G3], verbs can also be used in reduplication. Reduplication of a verb usually refers to an anticipated or requested action, and it makes the tone of the request milder and more polite:

(1) 老師，您再說說什麼時候用 " 了 " ，好嗎？

Lǎoshī, nín zài shuōshuo shénme shíhou yòng "le", hǎo ma?

(Teacher, would you say something more about the use of "le", please?)

(2) 媽，你看看，我這樣寫對不對。

Mā, nǐ kànkan, wǒ zhèyàng xiě duì bu duì?

(Mom, take a look and see whether I wrote it right.)

(3) 我看看你的電腦可以嗎？

Wǒ kànkan nǐ de diànnǎo kěyǐ ma?

(Can I have a look at your computer?)

(4) 我的中文書找不到了，你幫我找找可以嗎？

Wǒ de Zhōngwén shū zhǎo bu dào le, nǐ bāng wǒ zhǎozhao kěyǐ ma?

(I can't find my Chinese book. Can you help me look for it?)

(5) 你考完試，我們好好兒慶祝慶祝。

Nǐ kǎo wán shì, wǒmen hǎohāor qìngzhu qìngzhu.

(After your exam, we'll have a proper celebration.)

If a sentence has both an auxiliary verb and an action verb in it, only the latter can be reduplicated.

For example:

(6) 她想看看我買的新襯衫。

Tā xiǎng kànkan wǒ mǎi de xīn chènshān.

(She wants to take a look at the new shirt that I bought.)

(7) *她想想看我買的新襯衫。

*Tā xiǎngxiang kàn wǒ mǎi de xīn chènshān.

PATTERN DRILLS

A. Descriptive Complements (II)

EXAMPLE: 我們   玩   得   很高興。

Wǒmen   wán   de   hěn gāoxìng.

1.	那個孩子	睡	很舒服。
2.	我弟弟	走	很累。
3.	他	活	很快樂。
4.	我	餓	肚子疼。
5.	大家	笑	肚子疼。
6.	她妹妹	高興	跳起來。
7.	我的朋友	渴	不想說話。
8.	我媽媽	累	不想吃飯。
9.	他哥哥	熱	不能睡覺。

1.	Nàge háizi	shuì	hěn shūfu.
2.	Wǒ dìdi	zǒu	hěn lèi.

▼ ▼

3.	Tā	huó	hěn kuàilè.
4.	Wǒ	è	dùzi téng.
5.	Dàjiā	xiào	dùzi téng.
6.	Tā mèimei	gāoxìng	tiào qilai.
7.	Wǒ de péngyou	kě	bù xiǎng shuō huà.
8.	Wǒ māma	lèi	bù xiǎng chī fàn.
9.	Tā gēge	rè	bù néng shuì jiào.

B. Potential Complements

EXAMPLE: (買，到，電影票)

→ A.你買得到電影票嗎？

→ B.我買得到電影票。

→ C.我買不到電影票。

(mǎi, dào, diànyǐngpiào)

→ a. Nǐ mǎi de dào diànyǐngpiào ma?

→ b. Wǒ mǎi de dào diànyìngpiào.

→ c. Wǒ mǎi bu dào diànyǐngpiaò.

1.	買	到	咖啡色的襯衫
2.	看	見	老師寫的字
3.	聽	見	他說的話
4.	找	到	我要的書
5.	聽	懂	他的中文
6.	看	懂	你昨天借的書
7.	聽	清楚	老師說的話
8.	看	清楚	那張照片

▼▼▼▼▼▼▼▼▼▼▼▼▼▼▼▼▼▼▼▼▼▼▼▼▼▼▼▼▼▼▼▼▼▼▼▼▼▼

1. mǎi   dào   kāfēi sè de chènshān
2. kàn   jiàn   lǎoshī xiě de zì
3. tīng   jiàn   tā shuō de huà
4. zhǎo   dào   wǒ yào de shū
5. tīng   dǒng   tā de Zhōngwén
6. kàn   dǒng   nǐ zuótiān jiè de shū
7. tīng   qīngchu   lǎoshī shuō de huà
8. kàn   qīngchu   nà zhāng zhàopiàn

C. Topic-Comment Sentences

EXAMPLE: 我已經買到了電影票。

     → 電影票我已經買到了。

     Wǒ yǐjīng mǎi dào le diànyǐngpiào.

     → Diànyǐngpiào wǒ yǐjīng mǎi dào le.

1. 你們懂今天的語法嗎？

2. 你要看今天的報嗎？

3. 你找到我要的書了嗎？

4. 你看了我寫的中文日記了嗎？

5. 你們都預習第八課了嗎？

6. 我看了我媽媽給我的信。

7. 我們昨天去中國城了。

8. 他們不會說日文。

9. 我們都不喜歡餐廳裏的菜。

10. 我今天得把那本書還給圖書館。

▼▼▼▼▼▼▼▼▼▼▼▼▼▼▼▼▼▼▼▼▼▼▼▼▼▼▼▼▼▼▼▼

1. Nǐmen dǒng jīntiān de yǔfǎ ma?

2. Nǐ yào kàn jīntiān de bào ma?

3. Nǐ zhǎo dào wǒ yào de shū le ma?

4. Nǐ kànle wǒ xiě de Zhōngwén rìjì le ma?

5. Nǐmen dōu yùxí dì bā kè le ma?

6. Wǒ kànle wǒ māma gěi wǒ de xìn.

7. Wǒmen zuótiān qù Zhōngguóchéng le.

8. Tāmen bú huì shuō Rìwén.

9. Wǒmen dōu bù xǐhuan cāntīng li de cài.

10. Wǒ jīntiān děi bǎ nà běn shū huán gěi túshūguǎn.

D. 早就 (zǎo jiù)

EXAMPLE: 你想看那個電影嗎？

→ 我早就想看那個電影了。

Nǐ xiǎng kàn nàge diànyǐng ma?

→ Wǒ zǎo jiù xiǎng kàn nàge diànyǐng le.

1. 你想去中國城嗎？

2. 你看過這本書嗎？

3. 你學過這個字嗎？

4. 你會用中文寫信嗎？

5. 他給王老師打電話了嗎？

6. 他請他的朋友吃飯了嗎？

7. 你們預習第十八課了嗎？

8. 王朋想到小高家去玩嗎？

9. 王朋知道明天有英文考試嗎？

10. 李友想請王朋教她寫漢字嗎？

1. Nǐ xiǎng qù Zhōngguóchéng ma?

2. Nǐ kànguo zhè běn shū ma?

3. Nǐ xuéguo zhège zì ma?

4. Nǐ huì yòng Zhōngwén xiě xìn ma?

5. Nǐ gěi Wáng Lǎoshī dǎ diànhuà le ma?

6. Tā qǐng tā de péngyou chī fàn le ma?

7. Nǐmen yùxí dì shíbā kè le ma?

8. Wáng Péng xiǎng dào Xiǎo Gāo jiā qù wán ma?

9. Wáng Péng zhīdao míngtiān yǒu Yīngwén kǎoshì ma?

10. Lǐ Yǒu xiǎng qǐng Wáng Péng jiāo tā xiě Hànzì ma?

E. 就 (jiù)

EXAMPLE: 別人都不想去看電影，李友

     → 別人都不想去看電影，<u>就</u>李友想去。

       Bié rén dōu bù xiǎng qù kàn diànyǐng, Lǐ Yǒu

       → Bié rén dōu bù xiǎng qù kàn diànyǐng, <u>jiù</u> Lǐ Yǒu xiǎng qù.

1. 別人考試都考得不好，   王朋

2. 別人都不喜歡吃日本飯，   小高

3. 別人都沒去過中國，   我弟弟

4. 別人都買了黃色的襯衫，   我姐姐，紅色

5. 別人週末都不去圖書館，   小李跟他的女朋友

1. Bié rén kǎoshì dōu kǎo de bù hǎo,   Wáng Péng

2. Bié rén dōu bù xǐhuan chī Rìběn fàn,   Xiǎo Gāo

3. Bié rén dōu méi qùguo Zhōngguó,   wǒ dìdi

▼▼

4.   Bié rén dōu mǎi huángsè de chènshān,   wǒ jiějie, hóngsè

5.   Bié rén zhōumò dōu bú qù túshūguǎn,   Xiǎo Lǐ gēn tā de nǚpéngyou

F. 好好兒 (hǎohāor)

EXAMPLE: 我們 好好兒 慶祝你的生日

→ A:我們好好兒慶祝慶祝你的生日。

→ B:對，我們好好兒慶祝一下。

Wǒmen   hǎohāor   qìngzhù nǐ de shēngrì

→ A: Wǒmen hǎohāor qìngzhù qìngzhù nǐ de shēngri.

→ B: Duì, wǒmen hǎohāor qìngzhù yí xià.

1.   你們要   復習第十課。

2.   你們   吃飯，別說話。

3.   你   聽老師的話。

4.   你   看爸爸的信。

5.   我要到中國去   學習中文。

1.   Nǐmen yào   fùxí dì shí kè.

2.   Nǐmen   chī fàn, bié shuō huà

3.   Nǐ   tīng lǎoshī de huà.

4.   Nǐ   kàn bāba de xìn.

5.   Wǒ yào dào Zhōngguó qù   xuéxí Zhōngwén.

G. Reduplication of Verbs

EXAMPLE: (你　看　這本書)
→ 你看看這本書。

(Nǐ　kàn　zhè běn shū)
⟶ Nǐ kànkan zhè běn shū.

1. (這個週末，你　　　　　　　聽　　　這課的錄音)
2. (老師，請您再　　　　　　　說　　　"了"怎麼用)
3. (他的發音不好，請你　　　　幫　　　他)
4. (請你　　　　　　　　　　　看　　　我寫的中文日記)
5. (請你　　　　　　　　　　　聽　　　她唱的歌)

1. (Zhè ge zhōumò, nǐ　　　　　　　tīng　　　zhè kè de lùyīn)
2. (Lǎoshī, qǐng nín zài　　　　　　shuō　　　"le" zěnme yòng)
3. (Tā de fāyīn bù hǎo, qǐng nǐ　　　bāng　　　tā)
4. (Qǐng nǐ　　　　　　　　　　　kàn　　　wǒ xiě de Zhōngwén rìjì)
5. (Qǐng nǐ　　　　　　　　　　　tīng　　　tā chàng de gē)

Use what you have learned from Dialogue I to describe these three pictures.

▲▲▲ *Exercise* ▲▲▲

Scan the Grammar section to find the sentence that corresponds to this picture.
Copy the sentence here:

_____

Pinyin Texts

DIALOGUE I

Wáng Péng gēn Lǐ Yǒu zài tóng yí ge xuéxiào xuéxí, tāmen rènshi yǐjing kuài sān ge
yuè le. Wáng Péng chángcháng bāngzhù Lǐ Yǒu liànxí shuō Zhōngwén. Shàngge
xīngqī tāmen cānjiā Xiǎo Lín de shēngrì wǔhuì , wánr de[(G1)] *hěn gāoxìng. Lǐ Yǒu duì*
Wáng Péng de yìnxiàng[(1)] *hěn hǎo, Wáng Péng yě hěn xǐhuan Lǐ Yǒu, tāmen chéngle*
hǎo péngyou.

▲▲▲▲▲▲▲▲▲▲▲▲▲▲▲▲▲▲▲▲▲▲▲▲▲▲▲▲

Wáng Péng: Zhège zhōumò xuéxiào yǎn[(2)] xīn diànyǐng, wǒmen yìqǐ qù kàn hǎo
             ma?

Lǐ Yǒu: Shénme diànyǐng?

Wáng Péng: Zhōngguó diànyǐng <<Huózhe>>.

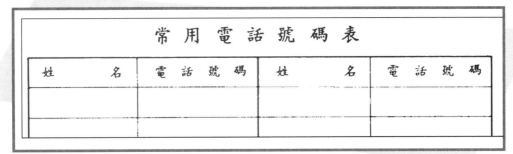

Do you know what this is for?

Lǐ Yǒu:	Hǎo a! Búguò, tīngshuō kàn diànyǐng de rén hěn duō, mǎi de dào^(G2) piào ma?
Wáng Péng:	Piào yǐjing mǎi le. Wǒ fèile hěn dà de lìqi cái mǎi dào.
Lǐ Yǒu:	Hǎojí le! Wǒ zǎo jiù xiǎng kàn zhège diànyǐng le. Hái yǒu biérén gēn wǒmen yìqǐ qù ma?
Wáng Péng:	Méiyǒu, jiù^(G3) wǒmen liǎ.
Lǐ Yǒu:	Hǎo a. Shénme shíhou?
Wáng Péng:	Hòutiān wǎnshang bā diǎn.
Lǐ Yǒu:	Kàn diànyǐng yǐqián, wǒ qǐng nǐ chī wǎnfàn.
Wáng Péng:	Hǎo, yì yán wéi dìng^{(3)(F)}.

DIALOGUE II

Bái Jiànmíng:	Wèi, qǐng wèn Lǐ Yǒu Xiǎojie zài ma?
Lǐ Yǒu:	Wǒ jiù shì. Qǐng wèn nǐ shì nǎ yí wèi?
Bái Jiànmíng:	Wǒ shì Bái Jiànmíng, nǐ hái jìde wǒ ma?
Lǐ Yǒu:	Bái Jiànmíng?
Bái Jiànmíng:	Nǐ hái jìde shàngge xīngqī Xiǎo Lín de shēngrì wǔhuì ma? Wǒ jiù shì zuìhòu qǐng nǐ tiào wǔ de nàge rén. Nǐ xiǎng qilai le ma?
Lǐ Yǒu:	Duìbuqǐ, wǒ xiǎng bu qilai. Nǐ zěnme zhīdao wǒ de diànhuà hàomǎ?
Bái Jiànmíng:	Shì Xiǎo Lín gàosu wǒ de.
Lǐ Yǒu:	Bái Xiānsheng, nǐ yǒu shénme shì ma?
Bái Jiànmíng:	Wǒ xiǎng qǐng nǐ kàn gējù, zhège zhōumò nǐ yǒu kòngr ma?
Lǐ Yǒu:	Zhège zhōumò bùxíng, xiàge xīngqī wǒ yǒu sān ge kǎoshì.
Bái Jiànmíng:	Nà xiàge zhōumò zěnmeyàng? Nǐ kǎowán shì, wǒmen hǎohāor qìngzhù qìngzhù^(G4).
Lǐ Yǒu:	Xiàge zhōumò yě bùxíng, wǒ děi bāng wǒ māma dǎsǎo fángzi, zhěnglǐ fángjiān.
Bái Jiànmíng:	Nǐ kàn⁽¹⁾ xiàxià ge zhōumò, hǎo bu hǎo?

Lǐ Yǒu: Duìbuqǐ, xiàxià ge zhōumò gèng bùxíng le, wǒ yào gēn wǒ de
             nánpéngyou qù Niǔyuē lǚxíng.

Bái Jiànmíng: Méi guānxi, nà jiù suànle ba.

English Texts

DIALOGUE I

Wang Peng and Li You go to the same school. They have known each other for about three months now. Wang Peng often helps Li You practice speaking Chinese. Last week they went to Little Lin's birthday party and had a good time. Li You has a very good impression of Wang Peng. Wang Peng likes Li You very much, too. They have become good friends.

▲▲▲▲▲▲▲▲▲▲▲▲▲▲▲▲▲▲▲▲▲▲▲▲▲▲▲▲▲▲▲

Wang Peng: This weekend they are showing a new movie at school. Shall
             we go and see it together?

Li You: What movie?

Wang Peng: A Chinese movie, *To Live*.

Li You: Great, but I've heard that many people are going to see it. Will we be able to get tickets?

Wang Peng: I've already got the tickets. It took me a lot of trouble to get them.

Li You: Fantastic. I've wanted to see the movie for a long time. Will anyone else be going with us?

Wang Peng: No, just the two of us.

Li You: All right. When?

Wang Peng: 8:00 p.m. the day after tomorrow.

Describe this picture in detail. What is the name of the movie?

Li You: I'll take you to dinner before the movie.

Wang Peng: Great. It's a deal.

DIALOGUE II

Bai Jianming: Hello, is Miss Li You there?

Li You: This is she. Who's this, please?

Bai Jianming: I'm Bai Jianming. Do you remember me?

Li You: Bai Jianming?

Bai Jianming: Do you remember Little Lin's birthday party last week? I was the last one who asked you for a dance. Do you remember now?

Li You: I'm sorry. I don't remember. How did you get my number?

Bai Jianming: I got it from Little Lin.

Li You: What can I do for you, Mr. Bai?

Bai Jianming: I'd like to invite you to go and see an opera with me. Will you be free this coming weekend?

Li You: No, not this weekend. I have three exams next week.

Bai Jianming: How about next weekend? After your exam, we can have a good celebration.

Li You: Next weekend won't do, either. I have to help my mom clean the house and tidy up the rooms.

Bai Jianming: How about two weekends from now?

Li You: I'm sorry, two weekends from now is even worse. I'm traveling to New York with my boyfriend.

Bai Jianming: It doesn't matter. Forget it, then.

我 吃不下五十个饺子。

LESSON 18 ▲ Renting an Apartment
第十八課 ▲ 租房子
Dì shíbā kè ▲ *Zū fángzi*

Narrative: Finding a Better Place

VOCABULARY

1.	吵	chǎo	adj	noisy
2.	連	lián	prep	even
3.	放不下	fàng bu xià	vc	not enough room to put something
4.	準備	zhǔnbèi	av/v	to prepare; to plan
5.	#搬出去	bān chuqu	vc	to move out of
	搬	bān	v	to move
	出去	chuqu		(complement after a verb, indicating an outward movement)

6.	多	duō	nu	(used after a numeral to indicate an approximate number, meaning "more than" the specific numeral given)
7.	報紙	bàozhǐ	n	newspaper
	紙	zhǐ	n	paper
8.	廣告	guǎnggào	n	advertisement
9.	#附近	fùjìn	n	vicinity; neighborhood; nearby area
10.	公#寓	gōngyù	n	apartment
11.	英里	yīnglǐ	m/n	(mile)
12.	套	tào	m	(suite; set)
13.	#臥室	wòshì	n	bedroom
14.	#廚房	chúfáng	n	kitchen
15.	洗澡間	xǐzǎojiān	n	bathroom
16.	客廳	kètīng	n	living room
17.	帶	dài	v	come with
18.	#傢#俱	jiājù	n	furniture

(handwritten annotations: "(sheets of)", "mw = zhāng for bàozhǐ ? zhǐ", "(can leave out mw)")

Notes

While 洗澡間 (xǐzǎojiān) is often used in Taiwan to refer to a bathroom (with a toilet and shower/bathtub), 衛生間 (wèishēngjiān) is the most frequently used term for bathrooms in China. In public places 衛生間 (wèishēngjiān) simply means "restroom" (without bathing facilities).

Other Chinese terms for "bathroom" and "restroom" include:

浴室 (yùshì): bathroom, usually without toilet

廁所 (cèsuǒ): toilet (no bathing facilities)

盥洗室 (guànxǐshì): restroom or bathroom

▼▼▼▼▼▼▼▼▼▼▼▼▼▼▼▼▼▼▼▼▼▼▼▼▼▼▼▼▼▼▼▼

化状室 (huàzhuāngshì): restroom (Taiwan)

洗手間 (xǐshǒujiān): restroom

NARRATIVE

王朋在學校的宿舍住了一個學期了(G1)。他覺得宿舍太吵，睡不好覺。房間太小，連電腦都(G2)放不下(G3)，再說也沒有地方可以做飯，很不方便，所以準備下個學期搬出去住。他找房子找了一個多(G4)星期了，可是還沒有找到。今天早上他在報紙上看到一個廣告，說學校附近有一個公寓出租，離學校只有一英里，很方便。那套公寓有一個臥室，一個廚房，一個洗澡間，一個客廳，還帶傢俱。王朋覺得那套公寓可能對他很合適。

她在哪兒？她在做什麼？

Tā zài nǎr? Tā zài zuò shénme?

Culture Notes ▲

Until a few years ago, college students in China were all required to live in dorms on campus, with six or seven of them sharing a room and possibly dozens sharing a bathroom. Because there was no place to cook in the dorms, everyone ate in the students' dining hall (學生餐廳 xuéshēng cāntīng) on campus. Since the early 1980s, foreign students have generally been segregated into designated dormitories, typically two of them sharing a room. Living conditions for Chinese students, meanwhile, have improved substantially since the late 1990s. At some colleges, students now have the option of renting apartments off campus, if they can afford it.

Dialogue: Calling About an Apartment for Rent

VOCABULARY

1.	房東	fángdōng	n	landlord
2.	一房一廳	yì fáng yì tīng		one bedroom and one living room
3.	沙發	shāfā	n	sofa
4.	飯桌	fànzhuō	n	dining table

▼▼▼▼▼▼▼▼▼▼▼▼▼▼▼▼▼▼▼▼▼▼▼▼▼▼▼▼▼▼▼▼▼

5.	把	bǎ	m	(measure word for chairs)	*, umbrella knife 刀*
6.	椅子	yǐzi	n	chair	
7.	單人床	dānrénchuáng	n	single bed	
8.	書桌	*shuāng* shūzhuō	n	desk	*mw zhang 一張书桌*
9.	書架	shūjià	n	bookshelf	*mw 个*
10.	那裏	nàli	n	there	
11.	安靜	ānjìng	adj	quiet	
12.	非常	fēicháng	adv	very; extraordinarily	
13.	房租	fángzū	n	rent	*to rent out 出租*
	租	zū	v/n	to rent; rent	
14.	元	yuán		yuan (unit of Chinese currency)	*元*
15.	水電	shuǐdiàn		water and electricity	*kuai = dollar, any currency can say meiyuan*
16.	費	fèi	n	fee; expense	

→ utilities bill 水电费，房费，押金

A modern apartment in Shanghai.

17.	押金	yājīn	n	security deposit	押金
18.	當	dāng	v	to serve as; to be	我想當一医
19.	還有	háiyǒu	conj	furthermore; in addition	
20.	許	xǔ	v	to allow; to be allowed	不许 only for allowed 允许 yǔn
21.	養	yǎng	v	to raise	
22.	動物	dòngwù	n	animal	moving object 小动物
23.	什麼...都	shénme...dōu		all; any (an inclusive pattern)	什九 都

动物

DIALOGUE

王朋：喂，請問你們是不是有公寓出租？

房東：是啊，一房一廳⁽¹⁾，還帶傢俱。

王朋：有什麼傢俱？

房東：客廳裏有一套沙發、一張飯桌跟四把椅子。臥室裏有一張單人床、一張書桌和一個書架。

王朋：你們那裏安靜不安靜？

房東：非常安靜。

王朋：每個月房租多少錢？

房東：四百五十元。

王朋：水電費多少錢？

房東：水電費不用付。

王朋：要不要付押金？

房東：要多付一個月的房租當押金，搬出去的時候還給你。還有，我們公寓不許[2]養小動物。

王朋：我什麼動物都[G5]不養。

房東：那太好了。你今天下午來看看吧。

王朋：好。

Notes

▲1▲ Instead of 一房一廳 (yì fáng yì tīng), one can also say 一室一廳 (yí shì yì tīng). Both expressions refer to an apartment with one bedroom and one living room. By the same token, one may refer to a two-bedroom apartment with a living room as 兩房一廳 (liǎng fáng yì tīng) or 兩室一廳 (liǎng shì yì tīng).

▲2▲ 許 (xǔ), in the sense of "to allow," is usually used in the negative, following the "negative" 不 (bù), e.g., 我們公寓不許養小動物 (Wǒmen gōngyù bù xǔ yǎng xiǎo dòngwù; No pets are allowed in our apartment building) When it is in the affirmative, the disyllabic compound 允許 (yǔnxǔ, to allow) is

你知道這些都是什麼動物嗎？

Nǐ zhīdao zhè xiē dōu shì shénme dòngwù ma?

more often used than the monosyllabic 許 (xǔ), e.g., 我們公寓允許養小動物 (Wǒmen gōngyù yǔnxǔ yǎng xiǎo dòngwù; Pets are allowed in our apartment building).

SUPPLEMENTARY VOCABULARY

1.	一個人	yí ge rén		alone; by oneself
2.	小說	xiǎoshuō	n	fiction; novel
3.	杯子	bēizi	n	cup
4.	休息	xiūxi	v	to rest
5.	乾淨	gānjìng	adj	clean
6.	公裏	gōnglǐ	m	(kilometer)
7.	交	jiāo	v	to pay (rent, tuition, etc.)

Grammar

1. Verb + 了 (le) + Numeral + Measure Word + 了 (le)

The sentence 王朋在學校住了一個學期了 (Wáng Péng zài xuéxiào zhùle yí ge xuéqī le) denotes that Wang Peng has been living on-campus for one semester up to this moment. Standing alone, the sentence usually implies that the action has been continuing for some time and will last into the future.

(1) A: 你學中文學了幾年了？

Nǐ xué Zhōngwén xuéle jǐ nián le?

(How many years have you been studying Chinese?) [It is assumed that you will continue studying.]

B: 三年了。

Sān nián le.

(For three years.)

▼▼▼

(2) 他們打球打了一個鐘頭了，還要打半
個鐘頭。

Tāmen dǎ qiú dǎle yí ge zhōngtóu le, hái yào dǎ bàn ge zhōngtóu.

(They have been playing ball for an hour. They will play for another half hour.)

Therefore, the following two sentences are different in meaning:

(3) 他學了三年中文了。

Tā xuéle sān nián Zhōngwén le.

(He has been studying Chinese for three years.) [The learning process has been continuing for three years and most likely will go on.)

(4) 他學了三年中文。

Tā xuéle sān nián Zhōngwén.

(He studied Chinese for three years.) [The learning process stopped after three years.]

If, however, a clause in this pattern is followed by another clause, it may suggest that the action has come to an end.

(5) 我看書看了一上午了，想休息一會兒。

Wǒ kàn shū kànle yí shàngwǔ le, xiǎng xiūxi yíhuìr.

(I've been reading all morning. I'd like to take a break.)

This structure is not limited to temporal expressions. It can also be used to indicate quantity:

(6) 衣服我已經買了三件了，再買一件就
可以了。

Yīfu wǒ yǐjīng mǎile sān jiàn le, zài mǎi yí jiàn jiù kěyǐ le.

(I have already bought three jackets. I need to buy just one more.)

(7) 這本書我已經看了兩次了，不想再看了。

Zhè běn shū wǒ yǐjīng kànle liǎng cì le, bù xiǎng zài kàn le.

(I've read this book twice already and do not want to read it again.)

2. 連...都/也 (lián...dōu/yě)

連 (lián) is an intensifier that is always used in conjunction with 都/也/還 (dōu/yě/hái).

(1) 我姐姐的孩子很聰明，連日本話都會說。

   Wǒ jiějie de háizi hěn cōngming, lián Rìběnhuà dōu huì shuō.

   (My sister's child is really smart. She can even speak Japanese.)

(2) 你怎麼連上課都忘了？

   Nǐ zěnme lián shàng kè dōu wàng le?

   (How could you forget something like going to classes?)

(3) 他學中文學了一年了，可是連"天"字都不會寫。

   Tā xué Zhōngwén xuéle yì nián le, kěshì lián "tiān" zì dōu bú huì xiě.

   (He's been studying Chinese for a year, but can't even write the character 天.)

(4) 昨天學的生詞我連一個都不記得了。

   Zuótiān xué de shēngcí wǒ lián yí ge dōu bú jìde le.

   (I can't even recall a single word we learned yesterday.)

What follows 連 (lián) usually represents an extreme case: the biggest or smallest; the best or worst; the most difficult or easiest, etc., so as to stress a point. (1), for instance, implies that Japanese is very difficult. If a child can speak such a difficult language as Japanese, then the child must be very intelligent. Similarly, 天 (tiān) is considered one of the easiest Chinese characters. If the student in sentence (3) does not know how to write 天 (tiān), it goes without saying that he can't write other more difficult characters.

3. Potential Complements with Verb + 不下 (bú xià)

The V + 不下 (bú xià) structure suggests that the location or container involved does not have the capacity to hold something.

A kitchen in a farm house in rural China.

(1) 這個房間太小，坐不下二十個人。

Zhège fángjiān tài xiǎo, zuò bu xià èrshí ge rén.

(This room is too small to seat twenty people.)

(2) 這張紙寫不下八百個字。

Zhè zhāng zhǐ xiě bu xià bābǎi ge zì.

(This piece of paper is too small. You can't write 800 characters on it.)

(3) 這張飯桌放不下這麼多杯子。

Zhè zhāng fànzhuō fàng bu xià zhème duō bēizi.

(This dining table is too small. You can't put so many cups on it.)

4. 多 (duō) Indicating an Approximate Number

多 (duō) can be placed after a number. The combination indicates not an exact number but a numeric range, e.g., 十多個 (shí duō ge) means more than ten but fewer than twenty; it could be eleven, twelve, thirteen, etc. If the concept represented by the noun is indivisible into smaller units, and the last digit of the number is zero, 多 (duō) precedes the measure word, e.g., 二十多個人 (èrshí duō ge rén; more than twenty people), 三十多個學生 (sānshí duō ge xuésheng; more than thirty students), 一百多本書 (yì bǎi duō běn shū; over one hundred books). However, if the concept represented by the noun can be divided into smaller units, e.g., 一塊錢 = 十毛，一個星期 = 七天 (yí kuài qián = shí máo, yí ge xīngqī = qī tiān), there are two possibilities. If the number does not end with zero on the last digit, 多 (duō) should be used after the measure word, e.g., 七塊多錢 (qī kuài duō qián; more than seven dollars but less than eight), 一個多星期 (yí ge duō xīngqī; more than one week but less than two). If the last digit of the number is zero, 多 can be used either before the measure word. e.g., 十多塊錢 (shí duō kuài qián; more than ten dollars but less than twenty), or after the measure word, e.g., 十塊多錢 (shí kuài duō qián; more than ten dollars but less than eleven), but they represent different numeric ranges.

(1) 這本書才一塊多錢。

Zhè běn shū cái yí kuài duō qián.

(This book is just over one dollar.) [The price is more than one dollar but less than two.]

(2) 我們班有十多個學生。

Wǒmen bān yǒu shí duō ge xuésheng.

(There are over ten students in our class.) [There are more than ten students but fewer than twenty.]

(3) 他昨天買了四十多本書。

Tā zuótiān mǎile sìshí duō běn shū.

(He bought over forty books yesterday.) [The number is between forty and fifty.]

(4) 他昨天買東西花了一百多塊錢。

Tā zuótiān mǎi dōngxi huāle yìbǎi duō kuài qián.

(He bought over one hundred dollars' worth of stuff yesterday.) [He spent more than one hundred dollars but less than two hundred.]

(5) A: 這本書十多塊錢。

Zhè běn shū shí duō kuài qián.

(The book is over ten dollars.) [The price is over ten dollars but less than twenty.]

B: 這本書十塊多錢。

Zhè běn shū shí kuài duō qián.

(The book is over ten dollars.) [The price is over ten dollars but less than eleven.]

(6) A: 他們認識十多年了。

Tāmen rènshi shí duō nián le.

(They have known each other for over ten years.) [The length of time is longer than ten years but shorter than twenty.]

B: 他們認識十年多了。

Tāmen rènshi shí nián duō le.

(They have known each other for over ten years.) [The length of time is longer than ten years but shorter than eleven.]

5. Interrogative Pronouns with 都/也 (dōu/yě)

Interrogative pronouns do not always appear in questions. When they take 都/也 (dōu/yě) after them, they mean "any."

(1) 售貨員：小姐，您買點什麼？

Shòuhuòyuán: Xiǎojie, nín mǎi diǎn shénme?

(Salesperson: What would you like, Miss?)

小姐：我只是看看，什麼都不買。

Xiǎojie: Wǒ zhǐshì kànkan, shénme dōu bù mǎi.

(Young Lady: I'm just taking a look. I'm not buying anything.)

(2) 這些房子我哪個都不喜歡。

Zhèxiē fángzi wǒ nǎge dōu bù xǐhuan.

(I don't like any of these houses.)

A foreign student dorm at Yunnan Normal University.

(3) 中國我什麼地方也沒去過。

Zhōngguó wǒ shénme dìfang yě méi qùguo.

(I haven't been to any place in China.)

(4) 我什麼動物都不養。

Wǒ shénme dòngwù dōu bù yǎng.

(I don't keep any animals.)

(5) 學校裏哪兒都找不到他。

Xuéxiào li nǎr dōu zhǎo bu dào tā.

He can't be found anywhere in the school.

(6) 明天你什麼時間來找我都可以。

Míngtiān nǐ shénme shíjiān lái zhǎo wǒ dōu kěyǐ.

(You can come to see me any time tomorrow.)

(7) A: 這裏的人你認識誰？

Zhèli de rén nǐ rènshi shéi?

(Of the people here, whom do you know?)

▼▼▼▼▼▼▼▼▼▼▼▼▼▼▼▼▼▼▼▼▼▼▼▼▼▼▼▼▼▼▼▼▼▼▼▼▼▼▼

B: 我誰也不認識。

Wǒ shéi yě bú rènshi.

(I don't know anybody here.)

PATTERN DRILLS

A. Time Duration with... 了 ... 了　(...le...le)

EXAMPLE: 小王兩年前開始學中文；小王現在還在學中文。

→ 小王學中文學了兩年了。/小王學了兩年中文了。

Xiǎo Wáng liǎng nián qián kāishǐ xué Zhōngwén; Xiǎo Wáng xiànzài hái zài xué Zhōngwén.

→ Xiǎo Wáng xué Zhōngwén xuéle liǎng nián le. / Xiǎo Wáng xuéle liǎng nián Zhōngwén le.

1. 他八點開始吃早飯；現在十點，他還在吃早飯。

2. 李友五點開始聽錄音；現在六點半，她還在聽錄音。

3. 王朋兩年前開始住宿舍；現在他還住宿舍。

4. 小高七月五號搬到學校外頭去住；今天九月五號，他還在校外住。

5. 白小姐九點鐘去看紅葉；現在下午三點，她還在看紅葉。

6. 老李昨天晚上十點睡覺；現在上午十點，他還在睡覺。

7. 我五歲的時候開始學鋼琴；我今年二十歲，還在學鋼琴。

8. 小張上午十點去打球；現在是下午兩點，他還在打球。

9. 小林晚上七點開始做功課；現在是半夜，她還在做功課。

10. 她星期一開始用中文寫日記；今天星期六，她還在用中文寫日記。

1. Tā bā diǎn kāishǐ chī zǎofàn; xiànzài shí diǎn, tā hái zài chī zǎofàn.

2. Lǐ Yǒu wǔ diǎn kāishǐ tīng lùyīn; xiànzài liù diǎn bàn, tā hái zài tīng lùyīn.

3. Wáng Péng liǎng nián qián kāishǐ zhù sùshè; xiànzài tā hái zhù sùshè.

4. Xiǎo Gāo qīyuè wǔhào bān dào xuéxiào wàitou qù zhù; jīntiān jiǔyuè wǔhào, tā hái zài xiàowài zhù.

5. Bái Xiǎojie jiǔdiǎnzhōng qù kàn hóngyè; xiànzài xiàwǔ sāndiǎn, tā hái zài kàn hóngyè.

6. Lǎo Lǐ zuótiān wǎnshang shí diǎn shuì jiào; xiànzài shàngwǔ shídiǎn, tā hái zài shuì jiào.

7. Wǒ wǔ suì de shíhou kāishǐ xué gāngqín; wǒ jīnnián èrshí suì, hái zài xué gāngqín.

8. Xiǎo Zhāng shàngwǔ shí diǎn qù dǎ qiú; xiànzài shì xiàwǔ liǎng diǎn, tā hái zài dǎ qiú.

9. Xiǎo Lín wǎnshang qī diǎn kāishǐ zuò gōngkè; xiànzài shì bàn yè, tā hái zài zuò gōngkè.

10. Tā xīngqīyī kāishǐ yòng Zhōngwén xiě rìjì; jīntiān xīngqīliù, tā hái zài yòng Zhōngwén xiě rìjì.

B. 連...都/也 (lián...dōu/yě)

EXAMPLE: 我的房間放不下電腦。

    → 我的房間連電腦都放不下。

Wǒ de fángjiān fàng bu xià diànnǎo.

  → Wǒ de fángjiān lián diànnǎo dōu fàng bu xià.

1. 我的房間裏沒有桌子。

2. 他上課沒帶書。

3. 小張的公寓沒有廚房。

4. 小白忘了女朋友的電話號碼。

5. 小林不知道老師姓什麼。

6. 李友星期天在圖書館做功課。

7. 李老師今天沒有吃午飯的時間。

▼▼▼▼▼▼▼▼▼▼▼▼▼▼▼▼▼▼▼▼▼▼▼▼▼▼▼▼▼▼▼▼

8. 他的美國朋友會說韓文。

9. 那個學生找不到學校的圖書館。

10. 學校圖書館裏沒有英文字典。

11. 老師不認識那個字。

1. Wǒ de fángjiān li méiyǒu zhuōzi.

2. Tā shàngkè méi dài shū.

3. Xiǎo Zhāng de gōngyù méiyǒu chúfáng.

4. Xiǎo Bái wàngle nǚpéngyǒu de diànhuà hàomǎ.

5. Xiǎo Lín bù zhīdao lǎoshī xìng shénme.

6. Lǐ Yǒu xīngqítiān zài túshūguǎn zuò gōngkè.

7. Lǐ Lǎoshī jīntiān méiyǒu chī wǔfàn de shíjiān.

8. Tā de Měiguó péngyou huì shuō Hánwén.

9. Nàge xuésheng zhǎo bu dào xuéxiào de túshūguǎn.

10. Xuéxiào túshūguǎn li méiyǒu Yīngwén zìdiǎn.

11. Lǎoshī bú rènshi nàge zì.

C. Verb + 得下/不下 (Verb + de xià/ bú xià)

EXAMPLE: 這個房間　坐　三十個人

　　→ A:這個房間坐得下三十個人嗎？

　　→ B:這個房間坐不下三十個人。

Zhège fángjiān　zuò　sānshí ge rén

→ A: Zhège fángjiān zuò de xià sānshí ge rén ma?

→ B: Zhège fángjiān zuò bu xià sānshí ge rén.

1. 這張桌子　　　放　　　三個電腦

2. 小林　　　　　吃　　　兩碗飯

3. 那張紙　　　　寫　　　兩百個字

4.	這個教室	放	二十張桌子
5.	這張床	睡	兩個人
6.	這個宿舍	住	二十個人

1.	Zhè zhāng zhuōzi	fàng	sān ge diànnǎo
2.	Xiǎo Lín	chī	liǎng wǎn fàn
3.	Nà zhāng zhǐ	xiě	liǎngbǎi ge zì
4.	Zhège jiàoshì	fàng	èrshí zhāng zhuōzi
5.	Zhè zhāng chuáng	shuì	liǎng ge rén
6.	Zhège sùshè	zhù	èrshí ge rén

D. Interrogative Pronouns with 都/也 (dōu/yě)

EXAMPLE: 我不養動物。

→ 我什麼動物都不養。

Wǒ bù yǎng dòngwù.

→ Wǒ shénme dòngwù dōu bù yǎng.

1. 這個公寓裏沒有傢俱。

2. 我不喜歡看書。

3. 今天早上我沒吃東西。

4. 這裏的人我不認識。(誰)

5. 我昨天沒有買衣服。

6. 他上個週末沒有出去。(什麼地方)

7. 我不喝啤酒，不喝咖啡，不喝茶，不喝可樂，
   也不喝…。

8. 明天上午你可以八點，九點，十點，或者十一點…來找我。

9. 我們可以今天，明天，或者後天…去看電影。

10. 我們在教室，在宿舍，在圖書館，在餐廳…都可以說中文。

1. Zhège gōngyù li méiyǒu jiājù.

2. Wǒ bù xǐhuan kàn shū.

3. Jīntiān zǎoshang wǒ méi chī dōngxi.

4. Zhèlǐ de rén wǒ bú rènshi.

5. Wǒ zuótiān méiyǒu mǎi yīfu.

6. Tā shàngge zhōumò méiyǒu chūqu.

7. Wǒ bù hē píjiǔ, bù hē kāfēi, bù hē chá, bù hē kělè, yě bù hē …

8. Míngtiān shàngwǔ nǐ kěyǐ bādiǎn, jiǔdiǎn, shídiǎn, huòzhě shíyīdiǎn…lái zhǎo wǒ.

9. Wǒmen kěyǐ jīntiān, míngtiān, huòzhě hòutiān…qù kàn diànyǐng.

10. Wǒmen zài jiàoshì, zài sùshè, zǎi túshūguǎn, zài cāntīng…dōu kěyǐ shuō Zhōngwén.

Pinyin Texts

NARRATIVE

Wáng Péng zài xuéxiào de sùshè zhùle yí ge xuéqī le[G1]. Tā juéde sùshè tài chǎo, shuì bu hǎo jiào. Fángjiān tài xiǎo, lián diànnǎo dōu[G2] fàng bu xià[G3], zàishuō yě méiyǒu dìfang kěyǐ zuò fàn, hěn bù fāngbiàn, suǒyǐ zhǔnbèi xiàge xuéqī bān chuqu zhù. Tā zhǎo fángzi zhǎole yí ge duō[G4] xīngqī le, kěshì hái méiyǒu zhǎo dào. Jīntiān zǎoshang tā zài bàozhǐ shang kàn dào yí ge guǎnggào, shuō xuéxiào fùjìn yǒu yí ge gōngyù chūzū, lí xuéxiào zhǐ yǒu yì yīnglǐ, hěn fāngbiàn. Nà tào gōngyù yǒu yí ge wòshì, yí ge chúfáng, yí ge xǐzǎojiān, yí ge kètīng, hái dài jiājù. Wáng Péng juéde nà tào gōngyù kěnéng duì tā hěn héshì.

▲▲▲ *Exercise* ▲▲▲

Study the picture and answer the following questions.

1. Does sentence D.1 accurately describe this picture? Please explain.

2. Describe the picture in detail. Include the objects on the table in your description.

DIALOGUE

Wáng Péng:	Wèi, qǐng wèn nǐmen shì bu shì yǒu gōngyù chūzū?
Fángdōng:	Shì a, yì fáng yì tīng[1], hái dài jiājù.
Wáng Péng:	Yǒu shénme jiājù?
Fángdōng:	Kètīng li yǒu yí tào shāfā, yì zhāng fànzhuō gēn sì bǎ yǐzi. Wòshì li yǒu yì zhāng dānrénchuáng, yì zhāng shūzhuō hé yí ge shūjià.
Wáng Péng:	Nǐmen nàli ānjìng bu ānjìng?
Fángdōng:	Fēicháng ānjìng.
Wáng Péng:	Měi ge yuè fángzū duōshǎo qián?
Fángdōng:	Sìbǎi wǔshí yuán.
Wáng Péng:	Shuǐdiànfèi duōshǎo qián?
Fángdōng:	Shuǐdiànfèi bú yòng fù.
Wáng Péng:	Yào bu yào fù yājīn?
Fángdōng:	Yào duō fù yí ge yuè de fángzū dāng yājīn, bān chuqu de shíhou huán gěi nǐ. Háiyǒu, wǒmen gōngyù bù xǔ[2] yǎng xiǎo dòngwù.

▼ ▼

Wáng Péng:　　Wǒ shénme dòngwù dōu[G5] bù yǎng.

Fángdōng:　　Nà tài hǎo le. Nǐ jīntiān xiàwǔ lái kànkan ba.

Wáng Péng:　　Hǎo.

▲ ▲ ▲ *Exercise* ▲ ▲ ▲

Review the Grammar section and find the sentence that corresponds to this scene. Copy it below:

_____

_____

_____

English Texts

NARRATIVE

Wang Peng has been living in the dorm for one semester so far. He feels that the dorm is too noisy, and he cannot sleep well. The room is too small. There is not even room for a computer. Nor is there a place for him to cook. He feels that the dorm is very inconvenient, so he plans to move out next semester. He has been looking for a place for over a week, but has not found anything yet. This morning he saw an ad in the newspaper which says that there is an apartment near the school for rent. It is very convenient, only about one mile from school. The apartment has a bedroom, a kitchen, a bathroom, a living room, and also comes furnished. Wang Peng feels that that place probably will suit him fine.

DIALOGUE

Wang Peng:　　Hello, you have a room for rent, right?

Landlord:　　Yes. A bedroom with a living room, furnished.

Wang Peng:　　What kind of furniture?

Landlord:　　There's a set of sofas, and a dining table with four chairs in the living room. There's a single bed, a desk and a bookshelf in the bedroom.

Wang Peng:	Is it quiet where you are?
Landlord:	Very quiet.
Wang Peng:	How much is the monthly rent?
Landlord:	Four hundred and fifty dollars.
Wang Peng:	How much are the water and electric bills?
Landlord:	You wouldn't have to pay for water or electricity.
Wang Peng:	Would I have to put down a deposit?
Landlord:	Yes, you'd have to pay an additional month's rent as deposit, which will be returned to you when you move out. Oh, and pets are not allowed in the apartment.
Wang Peng:	I don't keep any pets.
Landlord:	That's great. Why don't you come and take a look this afternoon?
Wang Peng:	All right.

Dialogue I: Mailing a Letter

🔊 **VOCABULARY**

1.	#郵#局	yóujú	n	post office 邮局
2.	留學生	liúxuéshēng	n	student studying abroad 留学
3.	#寄	jì	v	to send by mail
4.	要	yào	v	to need; to cost 要多少钱 / 要多 uhai sh
5.	#營業員	yíngyèyuán	n	clerk 营业员
6.	平信	píngxìn	n	letter sent by regular mail 平
7.	快信	kuàixìn	n	letter sent by express mail

8.	越...越...	yuè...yuè...		the more...the more...	*double subject*
9.	#貼	tiē	v	to paste; to stick on	贴
10.	郵票	yóupiào	n	stamp	邮票
11.	重要	zhòngyào	adj	important	
12.	掛號	guàhào	v	to register	挂号
	掛	guà	v	to hang	可以加钱 or 时间
13.	加	jiā	v	to add	
14.	另外	lìngwài	conj	in addition	
15.	明信片	míngxìnpiàn	n	postcard	张

is clear

Proper Nouns

16. 台南   Táinán   pn   Tainan (a city in Taiwan)

The Format of the Envelope in China ▲

For Chinese domestic mail, the sender of the letter puts the recipient's address in the upper part and the recipient's name at the center of the envelope. The sender's own address and name (often the surname only) appear in the lower right corner of the envelope. For instance, if Li You sends a letter from Shanghai to Wang Peng in Beijing, she will write Wang Peng's address first on the upper part of the envelope, starting with the name of the city (Beijing), then the name of the street (College Road), and finally the street number (3). Wang Peng's name will appear in larger characters at the center of the envelope below his address. Finally, Li You will put her own address in Shanghai and her name at the bottom of the envelope, in smaller size characters.

北 京 學 院 路 三 號

王　朋　先　生

上海南京東路五號 李

Běijīng xuéyuàn lù sān hào

Wáng Péng xiānsheng

Shànghǎi Nánjīng dōng lù wǔ hào, Lǐ

Notice the word order. One proceeds from the general to the specific when writing an address.

DIALOGUE I

(在台灣的郵局(1))

留學生：先生，從台北寄一封信到台南要
　　　　幾天？

營業員：平信三、四(G1)天，快信只要一
　　　　天。

留學生：我希望越快越好(G2)，那就(G3)寄快
　　　　信吧。要貼多少錢的郵票？

營業員：十二塊錢。

留學生：這封信很重要。可以掛號嗎？

營業員：可以。如果掛號，還要再加十四
　　　　塊。

留學生：好，那就寄掛號快信。另外，我
　　　　還要買明信片，一張多少錢？

營業員：三塊錢。

留學生：好，我買五張。除了明信片以
　　　　外，我還(G4)要買郵票，一張多少
　　　　錢？

營業員：一張十塊錢。

留學生：我要十張。

營業員：一共一百四十一塊。

▼▼

Notes

▲**1**▲ In mainland China, many of the 郵局 (yóujú, post office) are also called 郵電局 (yóudiànjú, post and telecommunication office), which provide both postal service and telephone service.

(handwritten annotation: →bureau)

(handwritten annotation: public security bureau = not good.)

Dialogue II: At a Post Office in Beijing

VOCABULARY

1.	老是	lǎoshi	adv	always; invariably
2.	首飾	shǒushi	n	jewelry
3.	新鮮	xīnxiān	adj	fresh; novel
4.	花	huā	n	flower
5.	束	shù	m	(a bunch [of flowers, etc.])
6.	服務	fúwù	n	service
7.	訂	dìng	v	to order
8.	收到	shōu dào	vc	to receive
	收	shōu	v	to receive
9.	這裏	zhèlǐ	pr	here
10.	存錢	cún qián	vo	to deposit money
	存	cún	v	to deposit
11.	剛	gāng	adv	just (indicating the immediate past)
12.	美元	Měiyuán	n	U. S. currency
13.	支票	zhīpiào	n	check
14.	它	tā	pr	it
15.	人民幣	Rénmínbì	n	Renminbi (RMB, Chinese currency)

▼▼▼▼▼▼▼▼▼▼▼▼▼▼▼▼▼▼▼▼▼▼▼▼▼▼▼▼▼▼▼▼▼▼▼

人民	rénmín	n	people
幣	bì	n	currency
16. 銀行	yínháng	n	bank

Proper Nouns

| 17. 北京 | Běijīng | pn | Beijing (capital of China) |
| 18. 中國銀行 | Zhōngguó Yínháng | pn | Bank of China |

Culture Notes ▲

1▾ The post offices in mainland China and Taiwan offer some services that U.S. post offices normally do not. One can even go to a post office to open a savings account. The post offices handle most of the parcel shipping as well, although in mainland China one can also ship parcels at a railroad station without having to travel by train oneself. But in China and Taiwan one does not go to the post office for a passport as people do in the U.S. In China, passports are issued by the "public security bureau" (公安局 gōng'ānjú).

2▾ China's central bank, equivalent to the U.S. Federal Reserve, is 中國人民銀行 (Zhōngguó Rénmín Yínháng), which means literally "The People's Bank of China."

DIALOGUE II

(在北京的郵局)

白：張意文下個月過生日，以前我老是送
　　首飾，這次我想送點兒新鮮的東西，
　　你說我應該送什麼？

王：花最“新鮮”，就送她一束花吧。

白：她住在上海，花不能寄，怎麼送啊？

王： 郵局有送花的服務，你在北京訂⁽¹⁾花，過兩、三天，她在上海就收到^(G5)了。

白： 那太方便了。

王： 這裏的郵局還可以存錢呢。

白： 真的啊？我爸爸剛從美國給我寄來一張美元支票，我可以把它存在郵局嗎？

王： 不行，不行，郵局除了人民幣以外，別的錢都^(G4)不能存。你還是到中國銀行去存吧。

Notes

▲**1**▲ 訂 (dìng) here means, "to order in advance," e.g., 訂飛機票 (dìng fēijīpiào, to book airplane tickets), 訂花 (dìng huā, to order flowers), 訂旅館 (dìng lǚguǎn, to make hotel reservations), etc.

SUPPLEMENTARY VOCABULARY

1.	旅行支票	lǚxíng zhīpiào	n	traveler's check
2.	現金	xiànjīn	n	cash
3.	新台幣	Xīn Táibì	n	NT (New Taiwan dollar)
4.	晚會	wǎnhuì	n	evening party
5.	離開	líkāi	v	to leave; to depart from
6.	美金	Měijīn	n	U.S. dollar

| 7. | 退 | tuì | v | to send back; to return |
| 8. | 丟 | diū | v | to lose; to throw |

Grammar

1. Combination of Two Adjacent Numbers as Expression of Approximation

A combination of two adjacent numbers can be used to denote a numeric approximation, e.g., 五十六、七歲 (wǔ shí liù, qī suì; fifty-six or fifty-seven years old), 十八、九塊錢 (shí bā, jiǔ kuài qián; eighteen or nineteen dollars), 三、四天 (sān, sì tiān; three or four days), 兩、三本書 (liǎng, sān běn shū; two or three books), 七、八兩 (qī, bā liǎng; seven or eight liang).

2. 越...越... (yuè...yuè...)

In this pattern, after each appearance of 越 (yuè) we can place an adjective or a verb (where the second verb stands for a feeling or emotion). Alternatively, we can place a verb after the first appearance of 越 and an adjective after the second appearance. The pattern suggests a corresponding relationship between two actions or states.

(1) 雨越下越大 。

Yǔ yuè xià yuè dà.

(The rain is becoming heavier and heavier.) [Literally: the more it rains, the heavier it becomes.)

(2) 我們越走越快 。

Wǒmen yuè zǒu yuè kuài.

(We walked faster and faster.) [Literally: the more we walked, the faster we went.)

(3) 明天我們有一個晚會，我希望來的人越多越好 。

Míngtiān wǒmen yǒu yí ge wǎnhuì. Wǒ xīwàng lái de rén yuè duō yuè hǎo.

(We are going to have a party tomorrow evening. The more people come, the better.)

(4) 我離開家越久越想爸爸媽媽。

Wǒ líkāi jiā yuè jiǔ yuè xiǎng bàba māma.

(The longer I've been away from home, the more I miss my parents.)

(5) 我們的中文課越學越有意思。

Wǒmen de Zhōngwén kè yuè xué yuè yǒu yìsi.

(The longer we study Chinese, the more interesting it's becoming.)

3. The Conjunction 就 (jiù)

就 (jiù) links two related clauses or sentences. As a rule, it appears in the second clause or sentence, following (never preceding) the subject.

(1) 你今天沒有空兒，那麼就明天再去
吧。

Nǐ jīntiān méiyǒu kòngr, nàme jiù míngtiān qù ba.

(Since you have no time today, let's go there tomorrow.)

(2) A: 我不喜歡吃美國飯。

Wǒ bù xǐhuan chī Měiguófàn.

(I don't like American food.)

B: 那就吃中國飯吧。

Nà jiù chī Zhōngguófàn ba.

(Let's have Chinese food then.)

(3) 如果你今天想早一點兒睡，那就快點
兒開始做功課。

Rúguǒ nǐ jīntiān xiǎng zǎo yì diǎnr shuì, nà jiù kuài diǎnr kāishǐ zuò gōngkè.

(If you want to go to bed early tonight, you'd better start doing your homework early.)

(4) 你要是四點來，我們就四點十分走。

Nǐ yàoshi sì diǎn lái, wǒmen jiù sì diǎn shí fēn zǒu.

(If you come at 4:00, we will leave at 4:10.)

(5) 要是明天天氣好，我們就去看紅葉吧。

Yàoshi míngtiān tiānqì hǎo, wǒmen jiù qù kàn hóngyè ba.

(If the weather is good tomorrow, let's go see the red leaves.)

(6) 我一到寒假就想家。

Wǒ yí dào hánjià jiù xiǎng jiā.

(I'm homesick whenever winter break rolls around.)

4. 除了...以外，...還/都 (chúle...yǐwài, hái/dōu...) [see also L.8, G8]

The pattern "除了...以外,還...," (chúle...yǐwài, hái/dōu...), which first appears in Lesson Eight, indicates applicability pertaining not only to what is mentioned in the clause led by 除了 (chúle), but also to what is mentioned in the clause led by 還 (hǎi). In this pattern, 除了 (chúle) means "in addition to" or "besides."

(1) 你除了喜歡聽音樂以外，還喜歡做什麼？

Nǐ chúle xǐhuan tīng yīnyuè yǐwài, hái xǐhuan zuò shénme?

(Besides listening to music, what else do you like to do?)

(2) 我週末除了看書以外，還常常看電視。

Wǒ zhōumò chúle kàn shū yǐwài, hái chángcháng kàn diànshì.

(Besides reading, I also often watch T.V. on the weekend.)

(3) 我除了學中文以外，還學法文。

Wǒ chúle xué Zhōngwén yǐwài, hái xué Fǎwén.

(In addition to Chinese, I also study French.)

"除了…以外，都…," (chúle…yǐwài, dōu…), in contrast, indicates exclusion of what is presented in the clause led by 除了 (chúle). When used together with 都 (dōu), 除了 (chúle) means "except for."

(4) 除了小白以外，我的朋友都學中文。

Chúle Xiǎo Lǐ yǐwài, wǒ de péngyou dōu xué Zhōngwén.

(Except for Little Bai, all my friends are studying Chinese.)

(5) 除了紅燒肉以外，別的中國菜我都喜歡吃。

Chúle hóngshāo ròu yǐwài, bié de Zhōngguó cài wǒ dōu xǐhuan.

(I like all Chinese dishes except pork cooked in soy sauce.)

5. Directional Complements Indicating Result

When used as complements, many directional verbs indicate not direction but result. For example, 存起來 (cún qǐlai) means "to store" or "to save;" 放不下 (fàng bu xià) means "there is not enough room for;" 收到 (shōu dào) means "to have received" and 想到 (xiǎng dào) means "to have thought

▼▼▼▼▼▼▼▼▼▼▼▼▼▼▼▼▼▼▼▼▼▼▼▼▼▼▼▼▼▼▼▼▼▼▼

of." The meaning of every directional complement used to indicate result is definite and is related in some way to its original directional meaning. However, the collocation of a verb and directional complement is usually not random but fixed. As a result, one has to remember the combinations one by one as individual words.

PATTERN DRILLS

A. 從...到 (cóng...dào)

EXAMPLE: 圖書館， 宿舍

→ 從圖書館到宿舍有多遠？

→ 從圖書館到宿舍走路五分鐘。

túshūguǎn, sù shè

⟶ Cóng túshūguǎn dào sùshè yǒu duō yuǎn?

⟶ Cóng túshūguǎn dào sùshè zǒu lù wǔ fēnzhōng.

1. 你家	體育館	
2. 教室	老師辦公室	
3. 餐廳	宿舍	
4. 電腦中心	書店	
5. 語言實驗室	教室	
6. 學生活動中心	圖書館	
7. 我家	中國餐館	(開車)
8. 中國城	小東京	(開車)
9. 學校	飛機場	(坐地鐵)
10. 日本	上海	(坐飛機)

▼▼▼▼▼▼▼▼▼▼▼▼▼▼▼▼▼▼▼▼▼▼▼▼▼▼▼▼▼▼▼▼▼▼▼▼▼▼▼

1. nǐ jiā   tǐyùguǎn

2. jiàoshì   lǎoshī bàngōngshì

3. cāntīng   sùshè

4. diàn nǎo zhōng xīn   shūdiàn

5. yǔyán shíyànshì   jiàoshì

6. xuéshēng huódòng zhōngxīn   túshūguǎn

7. wǒ jiā   Zhōngguó cānguǎn   (kāi chē)

8. Zhōngguóchéng   Xiǎo Dōngjīng   (kāi chē)

9. xuéxiào   fēijīchǎng   (zuò dìtiě)

10. Rìběn   Shànghǎi   (zuò fēijī)

B. 越...越... (yuè…yuè)

EXAMPLE: 我希望我的錢　多，　好

→ 我希望我的錢越多越好。

wǒ xīwàng wǒ de qián　duō　hǎo

→ Wǒ xīwàng wǒ de qián yuè duō yuè hǎo.

1. 我希望我的朋友	多	好。
2. 他希望功課	少	好。
3. 我希望我的宿舍離學校	近	好。
4. 我希望酸辣湯	辣	好。
5. 你明天來這兒	早	好。
6. 這種襯衫	大	便宜。
7. 這種鞋	小	貴。
8. 我弟弟	睡覺	覺得累。
9. 她	吃得多	覺得餓。
10. 李友	學中文	喜歡中文。

▼▼▼▼▼▼▼▼▼▼▼▼▼▼▼▼▼▼▼▼▼▼▼▼▼▼▼▼▼▼▼▼▼▼

1.	Wǒ xīwàng wǒ de péngyou	duō	hǎo.
2.	Tā xīwàng tā de gōngkè	shǎo	hǎo.
3.	Wǒ xīwàng wǒ de sùshè lí xuéxiào	jìn	hǎo.
4.	Wǒ xīwàng suānlàtāng	là	hǎo.
5.	Nǐ míngtiān lái zhèr	zǎo	hǎo.
6.	Zhè zhǒng chènshān	dà	hǎo.
7.	Zhè zhǒng xié	xiǎo	hǎo.
8.	Wǒ dìdi	shuì jiào	juéde lèi.
9.	Tā	chī de duō	juéde è.
10.	Lǐ Yǒu	xué Zhōngwén	xǐhuan Zhōngwén.

C. "一...多少錢？" (yī … duōshǎo qián?)

EXAMPLE: 中文書，本

→ A: 中文書一本多少錢？

→ B: 中文書一本二十塊錢。

Zhōngwén shū,   běn

→ A: Zhōngwén shū yì běn duōshǎo qián?

→ B: Zhōngwén shū yì běn èrshí kuài qián.

1.	咖啡	杯
2.	酸辣湯	碗
3.	黑褲子	條
4.	藍色的襯衫	件
5.	明天的電影票	張
6.	中國啤酒	瓶
7.	大號鞋	雙
8.	你昨天買的書	本

▼▼▼▼▼▼▼▼▼▼▼▼▼▼▼▼▼▼▼▼▼▼▼▼▼▼▼▼▼▼▼▼▼▼▼

9. 他上星期買的明信片   張

10. 你姐姐前天買的郵票   套

1.	Kāfēi	bēi
2.	Suānlàtāng	wǎn
3.	Hēi kùzi	tiáo
4.	Lánsè de chènshān	jiàn
5.	Míngtiān de diànyǐngpiào	zhāng
6.	Zhōngguó píjiǔ	píng
7.	Dàhào xié	shuāng
8.	Nǐ zuótiān mǎi de shū	běn
9.	Tā shàng xīngqī mǎi de míngxìnpiàn	zhāng
10.	Nǐ jiějie qiántiān mǎi de yóupiào	tào

D. 除了 …(以外)，…都… (chú le … [yǐ wài],…dōu)

EXAMPLE: 我們都喜歡吃中國飯，小李不喜歡吃中國飯

→ 除了小李以外，我們都喜歡吃中國飯。

Wǒmen dōu xǐhuan chī Zhōngguófàn, Xiǎo Lǐ bù xǐhuan chī Zhōngguófàn.

→ Chúle Xiǎo Lǐ yǐwài, wǒmen dōu xǐhuan chī Zhōngguófàn.

1. 他們都是學生，   李小姐不是學生

2. 我們都想去打球，   小白不想去打球

3. 我們都想去圖書館借書，   王朋不想去圖書館借書

4. 他們今天晚上都會來跳舞，   小明今天晚上不會來跳舞

5. 中國菜我都喜歡，   但是我不喜歡糖醋魚

6. 學過的漢字我都會寫   只有這個字我不會寫

7. 這兒的人我都認識   只有他哥哥我不認識

▲▲▲ *Exercise* ▲▲▲

郵票
正貼

縣市

路（街）

鄉鎮
市區

段巷弄號

縣市

路（街）

鄉鎮
市區

段巷弄號縅

This is a standard envelope used in Taiwan. Indicate by letter where to place the following items.

    a. recipient's name

    b. recipient's address

    c. sender's address

    d. stamp

1. Where do these stamps come from?

Answer: _____

2. Somewhere in this lesson is a picture of the currency you can use to buy one of these stamps. On which page is this picture?

Answer: _____

▼▼▼▼▼▼▼▼▼▼▼▼▼▼▼▼▼▼▼▼▼▼▼▼▼▼▼▼▼▼▼▼▼▼

8. 你要的書我都找到了　　　　只有第一本書沒有找到

9. 圖書館每天都開　　　　　　星期六不開

10. 他每天都有中文課　　　　　星期四沒有中文課

11. 別的錢都不能存　　　　　　只能存美元

12. 別的地方我都不想去　　　　我只想去紐約

13. 別人都復習功課了　　　　　小林沒有復習功課

14. 別人都沒有去看電影　　　　他和小王去看電影了

1. Tāmen dōu shì xuésheng,　　　　Lǐ Xiǎojiě bú shì xuésheng.

2. Wǒmen dōu xiǎng qù dǎ qiú,　　Xiǎo Bái bù xiǎng qù dǎ qiú.

3. Wǒmen dōu xiǎng qù túshūguǎn jiè shū,　　Wáng Péng bù xiǎng qù túshūguǎn jiè shū.

4. Tāmen jīntiān wǎnshang dōu huì lái tiào wǔ,　　Xiǎomíng bú huì lái tiào wǔ.

5. Zhōngguó cài wǒ dōu xǐhuan,　　dànshì wǒ bù xǐhuan tángcùyú.

6. Xuéguo de hànzì wǒ dōu huì xiě,　　zhíyǒu zhège zì wǒ bú huì xiě.

7. Zhèr de rén wǒ dōu rènshi,　　zhíyǒu tā gēge wǒ bú rènshi.

8. Nǐ yào de shū wǒ dōu jiè dào le,　　zhíyǒu dì yī běn shū méiyǒu zhǎo dào.

9. Túshūguǎn měitiān dōu kāi,　　xīngqīliù bù kāi.

10. Tā měitiān dōu yǒu Zhōngwén kè,　　xīngqīsì méiyǒu Zhōngwén kè.

11. Bié de qián dōu bù néng cún　　zhǐ néng cún Měiyuán.

12. Bié de dìfang wǒ dōu bù xiǎng qù,　　wǒ zhí xiǎng qù Niǔyuē.

13. Biérén dōu fùxí gōngkè le,　　Xiǎo Lín méiyǒu fùxí gōngkè.

14. Biérén dōu méiyǒu qù kàn diànyǐng　　tā hé Xiǎo Wáng qù kàn diànyíng le.

Pinyin Texts

DIALOGUE I

(Zài Táiwān de yóujú.[1]*)*

Liúxuéshēng: Xiānsheng, cóng Táiběi jì yì fēng xìn dào Táinán yào jǐ tiān?

Yínyèyuán: Píngxìn sān, sì tiān[G1], kuàixìn zhǐ yào yì tiān.

Liúxuéshēng:	Wǒ xīwàng yuè kuài yuè hǎo(G2), nà jiù(G3) jì kuàixìn ba. Yào tiē duōshǎo qián de yóupiào?
Yínyèyuán:	Shí'èr kuài qián.
Liúxuéshēng:	Zhè fēng xìn hěn zhòngyào. Kěyǐ guàhào ma?
Yínyèyuán:	Kěyǐ. Rúguǒ guàhào, hái yào zài jiā shísì kuài.
Liúxuéshēng:	Hǎo, nà jiù jì guàhào kuàixìn. Lìngwài, wǒ hái yào mǎi míngxìnpiàn, yì zhāng duōshǎo qián?
Yínyèyuán:	Sān kuài qián.
Liúxuéshēng:	Hǎo, wǒ mǎi wǔ zhāng. Chúle míngxìnpiàn yǐwài, wǒ hái(G4) yào mǎi yóupiào, yì zhāng duōshǎo qián?
Yínyèyuán:	Yì zhāng shí kuài qián.
Liúxuéshēng:	Wǒ yào shí zhāng.
Yínyèyuán:	Yígòng yìbǎi sìshíyī kuài.

DIALOGUE II

(Zài Běijīng de yóujú.)

Bái:	Zhāng Yìwén xiàge yuè guò shēngrì, yǐqián wǒ lǎoshi sòng shǒushi, zhè cì wǒ xiǎng sòng diǎnr xīnxiān de dōngxi, nǐ shuō wǒ yīnggāi sòng shénme?
Wáng:	Huā zuì "xīnxiān," jiù sòng tā yí shù huā ba.
Bái:	Tā zhù zài Shànghǎi, huā bùnéng jì, zěnme sòng a?
Wáng:	Yóujú yǒu sòng huā de fúwù, nǐ zài Běijīng dìng(1) huā, guò liǎng, sān tiān, tā zài Shànghǎi jiù shōudào(G5) le.

你知道這是什麼嗎？(Nǐ zhīdao zhè shì shénme ma?)

請猜猜 "壹仟圓" 是什麼意思。

(Qǐng cāicāi "yì qiān yuán" shì shénme yìsi.)

你知道這是什麼嗎？ (Nǐ zhīdao zhè shì shénme ma?)

請猜猜 "貳圓" 是什麼意思。 (Qǐng cāicāi "èr yuán" shì shénme yìsi.)

Bái: Nà tài fāngbiàn le.

Wáng: Zhèlǐ de yóujú hái kěyǐ cún qián ne.

Bái: Zhēn de a? Wǒ bàba gāng cóng Měiguó gěi wǒ jì lai yì zhāng Měiyuán zhīpiào, wǒ kěyǐ bǎ tā cún zài yóujú ma?

Wáng: Bùxíng, bùxíng, yóujú chúle Rénmínbì yǐwài, biéde qián dōu[G5] bùnéng cún. Nǐ háishi dào Zhōngguó Yínháng qù cún ba.

English Texts

DIALOGUE I

(At a post office in Taiwan.)

Student: Sir, how many days does it take to send a letter from Taipei to Tainan?

Clerk: Three or four days by regular mail, and only one day by express mail.

Student: I'd like it to get there as soon as possible. I'll send it by express mail then. How much postage do I need to put on it?

Clerk: Twelve dollars.**

Student: This letter is very important. Could I have it registered?

** The currency in Taiwan is called New Taiwan dollars (NT). On November 27, 2004, one U.S. dollar was equal to 32.14 NT.

Clerk:	Sure. But if you want to send it by registered mail, you'd have to add fourteen dollars more.
Student:	All right. I'll send it by registered express mail. Also I'd like to buy some postcards. How much does one cost?
Clerk:	Three dollars.
Student:	OK, I'll get five. Besides postcards, I'd also like to get some stamps. How much is a stamp?
Clerk:	Ten dollars.
Student:	I'll get ten of them.
Clerk:	One hundred forty-one dollars altogether.

DIALOGUE II

(At a post office in Beijing.)

Bai:	Zhang Yiwen's birthday is next month. In the past I always gave her jewelry. This time I'd like to give her something new and different. What do you think I should give her?
Wang:	Flowers would be new and different. Why don't you give her some flowers?
Bai:	She lives in Shanghai. You can't send her flowers by mail. How would I send them?
Wang:	The post office has flower delivery service. You could order the flowers in Beijing. In a couple of days, she would receive them in Shanghai.
Bai:	That's really convenient.
Wang:	You can also deposit money in the post office.
Bai:	Really? My dad just sent me a check (in American money) from the U.S. Could I deposit that at the post office?
Wang:	Oh no. You can only deposit RMB at the post office, nothing else. You'd better deposit the check at the Bank of China.

LESSON 20 ▲ Sports
第二十課 ▲ 運動
Dì èrshí kè ▲ *Yùndòng*

Dialogue I: Gaining Weight

VOCABULARY

1.	當然	dāngrán	adv	of course
2.	胖	pàng	adj	fat
3.	怕	pà	v	to be afraid of
4.	簡單	jiǎndān	adj	simple
5.	跑步	pǎo bù	vo	to jog
	跑	pǎo	v	to run
6.	難受	nánshòu	adj	hard to bear; uncomfortable

	受	shòu	v	to bear; to receive	
7.	#網球	wǎngqiú	n	tennis	
8.	拍	pāi	n	racket	✓→ to pat, or clap
9.	#籃球	lánqiú	n	basketball	
10.	游泳	yóu yǒng	vo	to swim	
11.	危險	wēixiǎn	adj	dangerous	
12.	多…哪	duō…na	qpr	how…	
	哪	na	p	(modification of sound of 啊)	
13.	#淹死	yān sǐ	vc	to drown ←	
14.	願意	yuànyì	av	to be willing	

Can you name this sport in Chinese?

▼▼▼▼▼▼▼▼▼▼▼▼▼▼▼▼▼▼▼▼▼▼▼▼▼▼▼▼▼▼▼▼▼▼▼▼▼

DIALOGUE I

老李： 你看，我的肚子越來越大了。

小林： 你平常吃得那麼多，又不運動，當
       然越來越胖了。

老李： 那怎麼辦呢？

小林： 如果怕胖，你一個星期運動兩、三
       次，每次半個小時，肚子就會小
       了。

老李： 我兩年沒運動了(G1)，做什麼運動呢？

小林： 最簡單的運動是跑步。

老李： 冬天那麼冷，夏天那麼熱，跑步多
       難受(G2)啊。

小林： 你打網球吧。

老李： 那我得買網球拍、網球鞋，太貴
       了！

小林： 找幾個人打籃球吧。買個籃球很便
       宜。

老李： 那每次都得打電話找人，麻煩死
       了。

小林： 你去游泳吧。不用找人，也不用花
       很多錢，什麼時候都可以去。

老李：游泳？多危險哪，淹死了怎麼辦？

小林：我也沒辦法了。你不願意運動，那
　　　就胖下去^(G3)吧。

→ continue

Culture Notes ▲

1 ▾ As living standards have improved in China in recent decades, the consumption of calorie-rich foods, especially meat, has been on the rise. Obesity has quietly become a problem for many people, especially children. That change has its sociolinguistic reflections. In the 1960s and 1970s one could say 你胖了 (Nǐ pàng le; You've put on weight) and it would be received as a compliment, but now one has to be really careful with that expression.

Dialogue II: Watching American Football

VOCABULARY

1.	上大學	shàng dàxué	vo	to attend college/university
2.	為了	wèile	conj	for the sake of
3.	提高	tígāo	v	to improve
4.	聽力	tīnglì	n	listening comprehension
5.	調	tiáo	v	to change; to adjust; to mix
6.	台	tái	n	(TV, radio) channel
7.	足球	zúqiú	n	soccer
8.	#賽	sài	n	game; match; competition
9.	圓	yuán	adj	round
10.	國際	guójì	adj	international
11.	美式	Měishì	adj	American style
12.	#腳	jiǎo	n	foot

game
=比賽

13.	#踢	tī	v	to kick *yang jiǎo tī*
14.	手	shǒu	n	hand
15.	抱	bào	v	to hold or carry in the arms *to hug*
16.	起來	qilai		complement indicating the beginning of an action
17.	被	bèi	prep	used in a passive sentence to introduce the agent of the action; by
18.	壓壞 压坏	yā huài	vc	to smash; to get hurt by being crushed
19.	#擔心	dānxīn	v	to worry → 妈妈 木
20.	#棒	bàng	adj	(coll) fantastic
21.	特別	tèbié	adj	special
22.	運動服	yùndòngfú	n	sportswear
23.	受傷	shòu shāng	vo	to get injured or wounded

zhu nǐ shengri kuaile

Can you name the above sports in Chinese?

受	shòu	v	to bear; to receive; to suffer
傷	shāng	n	injury; wound
24. 半天	bàntiān	n	half-day; a long time
25. 看不出(來)	kàn bu chū(lai)	vc	can't make out; to be unable to tell
出來	chūlai		complement indicating achievement of a result
26. #輸	shū	v	to lose (a game, etc.)
27. #贏	yíng	v	to win

Proper Nouns

平手　pingshou　v　to tie

| 28. 思文 | Sīwén | pn | a personal given name |

DIALOGUE II

(意文的弟弟思文剛從台灣來，要在美國
上大學，現在住在姐姐家裏學英文。為了
提高英文聽力，他每天都看兩個小時的
電視(G4)。)

▲▲▲▲▲▲▲▲▲▲▲▲▲▲▲▲▲▲▲▲▲▲▲▲

意文：思文，快調到第六台，足球(1)賽開
　　　始了。思文 快调到第六台，足球赛开始了

思文：是嗎？我也喜歡看足球賽。...這是
　　　什麼足球啊？怎麼不是圓的？
　　　我也喜欢看足球赛。这是什么足球啊？怎么不是圆的？

意文：這不是國際足球，這是美式足球。
　　　这不是国际足球，这是美式足球。

思文：足球應該用腳踢，為什麼那個人用

　　　手抱著跑起來(G5)了呢？
　　　足球应该用脚踢，为什么那个人用手抱

意文： 美式足球可以用手。

思文： 你看，你看，那麼多人都壓在一起，下面的人不是要被^(G6)壓壞了嗎？

意文： 別擔心，他們的身體都很棒，而且還穿著特別的運動服，不容易受傷。

思文： 我看了半天，也看不出誰輸了誰贏了。還是看別的吧。

意文： 你在美國住半年就會喜歡美式足球了。我有很多同學一看足球賽，就常常連飯都不吃了。

Notes

▲1▲ Although the term 足球 (zúqiú) literally means "football," it refers to soccer, rather than American football. To avoid confusion, American football is translated into Chinese as 美式足球 (Měishì zúqiú, American-style football).

▲2▲ In recent decades, China has consolidated its status as the leading sports power in Asia. In some of the events, such as table tennis and diving, China has enjoyed a dominant position in the world. By far the most popular sport in China, as in many other countries, is soccer, but ironically, China's national soccer team is second-rate even in Asia. What Chinese people call "football" in the Chinese language is actually soccer in English. American football, called 美式足球 (Měishì zúqiú) in China, is not played there. Actually, not many people in China would understand the frenzy and exhilaration of American fans watching what seems to be little more than a group scuffling on grass.

▲**3**▲ One of the most spectacular scenes in a Chinese city is in the early morning, when hundreds or even thousands of men and women, most of them old and retired, gather in the parks to do taiji boxing (太極拳 tàijíquán) and other forms of exercise.

SUPPLEMENTARY VOCABULARY

1.	減肥	jiǎn féi	vo	to lose weight (purposely)
2.	瘦	shòu	adj	thin; lean
3.	看見	kàn jiàn	vc	to see; to catch sight of
4.	同意	tóngyì	v	to agree
5.	風	fēng	n	wind
6.	吹	chuī	v	to blow
7.	隊	duì	n	team
8.	得到	dé dào	vc	to gain; to obtain
9.	世界	shìjiè	n	world
10.	冠軍	guànjūn	n	champion; first place
11.	時差	shíchā	n	time difference; jetlag
12.	起來	qǐlai	v	to get up
13.	白天	báitiān	n	daytime
14.	年輕人	niánqīngrén	n	young people
15.	乒乓球	pīngpāngqiú	n	table tennis
16.	個子	gèzi	n	size; height; stature
17.	不必	búbì		need not
18.	適合	shìhé	v	to suit; to fit

19.	太極拳	tàijíquán	n	Tai Chi (a kind of traditional Chinese shadow boxing)
20.	馬上	mǎshàng	adv	right away
21.	小學	xiǎoxué	n	elementary school
22.	中學	zhōngxué	n	middle school
23.	注意	zhùyì	v	to pay attention to
24.	談	tán	v	to talk; to chat

Grammar

1. Time Expression + 沒 (méi) + Verb + 了 (le)

This temporal expression is placed before the verb to indicate that an act has not been performed for a period of time.

(1) 他三天沒來上課了。

Tā sān tiān méi lái shàng kè le.

(He has missed classes for three days.)

(2) 我一年沒看見她了。

Wǒ yì nián méi kàn jiàn tā le.

(I haven't seen her for a year.)

(3) 妹妹病了，三天沒吃飯了。

Mèimei bìng le, sān tiān méi chī fàn le.

(My sister is sick; she hasn't eaten anything for three days.)

Please note the difference between this construction and the one that indicates the duration of an action in an affirmative sentence. Compare:

(4) A: 我學了兩年中文了。

Wǒ xuéle liǎng nián Zhōngwén le.

(I have studied Chinese for two years.)

B: 我兩年沒學中文了。

Wǒ liǎng nián méi xué Zhōngwén le.

(I haven't studied Chinese for two years.)

2. 好/難 (hǎo/nán) + Verb

Some verbs can be preceded by 好 or 難 (hǎo or nán), and the resulting compounds become adjectives. In this case, 好 (hǎo) usually means "easy" while 難 (nán) means its opposite, e.g.: 好受/難受 (hǎo shòu/nán shòu; comfortable/uncomfortable), 好寫/難寫 (hǎo xiě/nán xiě; easy to write/hard to write), 好走/難走 (hǎo zǒu/nán zǒu; easy to walk on/hard to walk on [a road]), 好說/難說 (hǎo shuō/nán shuō; easy to say/difficult to say), 好懂/難懂 (hǎo dǒng/nán dǒng; easy to understand/hard to understand), 好唱/難唱 (hǎo chàng/nán chàng; easy to sing/hard to sing). In some other compounds, however, 好 (hǎo) suggests that the action represented by the verb is pleasant, while 難 (nán) means the opposite, e.g., 好吃/難吃 (hǎo chī/nán chī; delicious/distasteful), 好看/難看 (hǎo kàn/nán kàn; pretty/ugly), etc.

3. 下去 (xiaqu) Indicating Continuation

下去 signifies the continuation of an action already in progress.

(1) 說下去。

Shuō xiaqu.

(Go on speaking.)

(2) 你再跑下去，要累死了。

Nǐ zài pǎo xiaqu, yào lèi sǐ le.

(You'll be exhausted if you go on running.)

(3) 你別念下去了，我一點也不喜歡聽。

Nǐ bié niàn xiaqu le, wǒ yì diǎn yě bù xǐhuan tīng.

(Please stop reading. I don't like to listen to this at all.)

4. Verb + Expression of Time Duration + Object

When a sentence contains both a time expression that indicates the duration of an action and an object, it takes one of the following two patterns.

A: Repetition of the verb

(1) 她每天聽錄音聽一個小時。

Tā měi tiān tīng lùyīn tīng yí ge xiǎoshí.

(She listens to the recording for an hour every day.)

(2) 他學中文學了三年了。

Tā xué Zhōngwén xuéle sān nián le.

(He has been studying Chinese for three years.)

(3) 她每天跳舞跳四十分鐘。

Tā měi tiān tiào wǔ tiào sìshí fēnzhōng.

(She dances for forty minutes every day.)

(4) 她每天看中文書看兩個小時，所以中文進步很快。

Tā měi tiān kàn Zhōngwén shū kàn liǎng ge xiǎoshí, suǒyǐ Zhōngwén jìnbù hěn kuài.

(She reads Chinese books for two hours every day. That's why her Chinese has improved rapidly.)

B: Time expression placed before the object, often with 的

(1) 她每天聽一個小時(的)錄音。

Tā měi tiān tīng yí ge xiǎoshí [de] lùyīn.

(She listens to the recording for an hour every day.)

(2) 他學了三年(的)中文了。

Tā xué le sān nián [de] Zhōngwén le.

(He has been studying Chinese for three years.)

(3) 她每天跳四十分鐘(的)舞。

Tā měi tiān tiào sìshí fēnzhōng [de] wǔ.

(She dances for forty minutes every day.)

(4) 她每天看兩個小時(的)中文書,所以中文進步很快。

Tā měi tiān kàn liǎng ge xiǎoshí [de] Zhōngwén shū, suǒyǐ Zhōngwén jìnbù hěn kuài.

(She reads Chinese books for two hours every day. That's why her Chinese has improved rapidly.)

5. 起來 (qilai) **Indicating the Beginning of an Action**

起來 (qilai) indicates the moment when something static becomes dynamic, that is, it signifies the beginning of an action or state.

(1) 我們一見面就談了起來。

Wǒmen yí jiàn miàn jiù tánle qilai.

(We began chatting as soon as we met.)

(2) 他一回家就寫起信來。

Tā yì huí jiā jiù xiě qi xìn lai.

(He began to write a letter as soon as he got home.)

(3) 下了課以後,學生們打起球來。

Xiàle kè yǐhòu, xuéshengmen dǎ qi qiú lai.

(The students started to play ball as soon as the class was over.)

Note that the object is placed between 起 (qi) and 來 (lai), rather than after 起來 (qilai).

6. 被 (bèi) in Passive-Voice Sentences

A sentence in the passive voice can be constructed with 被 (bèi). Its structure is as follows: Receiver of the action + 被 (bèi) + Agent of the action + Verb + Complement or other components.

(1) 我的帽子被風吹走了。

Wǒ de màozi bèi fēng chuī zǒu le.

(My hat was blown off by the wind.)

(2) 你借的那本書被你女朋友拿去了。

Nǐ jiè de nà běn shū bèi nǐ de nǚpéngyou ná qù le.

(The book that you borrowed was taken away by your girlfriend.)

被 (bèi) is not used as often as the passive voice is used in English. When it is used, it usually appears in situations that are unpleasant for the receiver of the action, or in situations where something is lost. In the passive voice, the receiver of the action is often placed in the position similar to that of the "topic" in a "topic-comment" sentence. Like in the 把 (bǎ) construction (see L. 13), the verb is usually followed by a complement or other elements.

In a passive-voice sentence with 被 (bèi), the agent of the action does not always have to be specified. If the agent of the action is someone that is not identifiable or need not be identified, it can be referred to as 人 (rén) or simply omitted from the sentence.

(3) 我的學生證被人拿走了。

Wǒ de xuéshēngzhèng bèi rén ná zǒu le.

(Someone took my student I.D.)

(4) 杯子被打破[pò, broken] 了。

Bēizi bèi dǎ pò le.

(The glass was broken.)

TV Stations in China ▲

In China all television stations are state-owned. Apart from the Chinese Central Television (CCTV), each province has its own TV stations. CCTV has a channel exclusively devoted to sports, where NBA games are regularly aired. It also offers an English channel, Channel 4, which can be received all over the world through satellite transmission.

▼▼

PATTERN DRILLS

A. Time Expression + 沒 (méi) + **Verb** + 了 (le)

EXAMPLE: 三天， 睡覺

→ 我三天沒睡覺了。

sān tiān,   shuì jiào

→ Wǒ sān tiān méi shuì jiào le.

1.	兩個月	看電影
2.	三個月	付房租
3.	兩年	買衣服
4.	兩天	做功課
5.	半年	買首飾
6.	兩個星期	跑步
7.	四個月	打網球
8.	好久	喝啤酒
9.	很長時間	吃中國飯
10.	好幾個星期	去電腦中心

1.	liǎng ge yuè	kàn diànyǐng
2.	sān ge yuè	fù fángzū
3.	liǎng nián	mǎi yīfu
4.	liǎng tiān	zuò gōngkè
5.	bàn nián	mǎi shǒushì
6.	liǎng ge xīngqī	pǎobù
7.	sì ge yuè	dǎ wǎngqiú
8.	hǎojiǔ	hē píjiǔ

9.　hěng cháng shí iān　　　　chī Zhōngguó fàn

10.　hǎo jǐ ge xīngqī　　　　qù diànnǎo zhōngxīn

B. 為了 (wèile)

EXAMPLE:　學英文，每天都看電視

　　　→ 為了學英文，他每天都看電視。

　　　xué Yīngwén, měitiān dōu kàn diànshì

　　　→ Wèile xué Yīngwén, tā měitiān dōu kàn diànshì.

1.　提高中文聽力　　　　每天都聽錄音

2.　考試考得好　　　　常常去圖書館看書

3.　練習中文　　　　開始用中文寫日記

4.　預習今天的功課　　　　昨天晚上沒睡覺

5.　明天早點兒起床　　　　今天晚上九點就睡覺了

6.　讓弟弟早一點兒收到信　　　　寄了快信

7.　肚子小一點兒　　　　天天去游泳

8.　打籃球　　　　每天打電話找人

9.　看足球賽　　　　買了一個新電視

10.　不受傷　　　　穿著特別的運動服

1.　tígāo Zhōngwén tīnglì,　　　　měitiān dōu tīng lùyīn

2.　kǎoshì kǎo de hǎo　　　　chángcháng qù túshūguǎn kàn shū

3.　liànxí Zhōngwén　　　　kāishǐ yòng Zhōngwén xiě rìjì

4.　yùxí jīntiān de gōngkè　　　　zuótiān wǎnshang méi shuì jiào

5.　míngtiān zǎo diǎnr qǐ chuáng　　　　jīntiān wǎnshang jiǔ diǎn jiù shuì jiào le.

6.　ràng dìdi zǎo yì diǎnr shōu dào xìn　　　　jìle kuàixìn

7.	dùzi xiǎo yì diǎnr	tiāntiān qù yóu yǒng
8.	dǎ lánqiú	měitiān dǎ diànhuà zhǎo rén
9.	kàn zúqiú sài	mǎile yí ge xīn diànshì
10.	bú shòushāng	chuān zhe tèbié de yùndòngfú

C. Verb + Time Expression + Object

EXAMPLE: 他昨天看報紙看了兩個鐘頭。

　　　　→ 他昨天看了兩個鐘頭的報紙。

Tā zuótiān kàn bàozhǐ kàn le liǎng ge zhōngtóu.

　　→ Tā zuótiān kànle liǎng ge zhōngtóu de bàozhǐ.

1. 我昨天晚上睡覺睡了七個鐘頭。

2. 我妹妹昨天看電視看了四個鐘頭。

3. 李友聽錄音聽了一個多小時。

4. 王朋剛才打電話打了三十多分鐘。

5. 我哥哥今天下午看錄像看了三個小時。

6. 他們上個週末打網球打了一個下午。

7. 他姐姐學日文學了兩年。

8. 我們練習發音練習了一個多星期。

1. Wǒ zuótiān wǎnshang shuì jiào shuìle qī ge zhōngtóu.

2. Wǒ mèimei zuótian kàn diànshì kànle sì ge zhōngtóu.

3. Lǐ Yǒu tīng lùyīn tīngle yí ge duō xiǎoshí.

4. Wáng Péng gāngcái dǎ diànhuà dǎle sānshí duō fēnzhōng.

5. Wǒ gēge jīntiān xiàwǔ kàn lùxiàng kànle sān ge xiǎoshí.

6. Tāmen shàngge zhōumò dǎ wǎngqiú dǎle yí ge xiàwǔ.

7. Tā jiějie xué Rìwén xuéle liǎng nián.

8. Wǒmen liànxí fāyīn liànxíle yí ge duō xīngqī.

D. 起來 (qilai)

EXAMPLE: 高興, 笑

　　→ 他高興得笑了起來。

　　gāoxìng, xiào

　　→ Tā gāoxìng de xiàole qilai.

1. 高興   跳

2. 疼   哭

3. 忙   跑

4. 累   睡覺

5. 高興   唱歌

6. 餓   吃剩菜

▼▼▼▼▼▼▼▼▼▼▼▼▼▼▼▼▼▼▼▼▼▼▼▼▼▼▼▼▼▼▼▼

1. gāoxìng   tiào
2. téng   kū
3. máng   pǎo
4. lèi   shuì jiào
5. gāoxìng   chàng gē
6. è   chī shèngcài

Review the Grammar section and find the sentence that best represents what the customer might be saying.

E. 被 (bèi)

EXAMPLE: 那本書，人，借去

→ 那本書被人借去了。

nà běn shū, rén, jiè qù
→ Nà běn shū bèi rén jiè qù le.

1. 他的學生證	他	忘在教室
2. 我的字典	我的同學	借去
3. 他的汽車	他的女朋友	開回家
4. 你的錄音機	你弟弟	拿到宿舍去
5. 我們的糖醋魚	你的妹妹	吃完
6. 她的錢	她的男朋友	花完
7. 我的支票	我媽媽	存到銀行去
8. 他買的花	他太太	送給她朋友
9. 我的書	人	拿去

10. 那件襯衫	人	買去
11. 我買的啤酒	人	喝完了
12. 這個錄音機		用壞了
13. 我去年買的襯衫		穿破

1. Tā de xuéshēngzhèng	tā	wàng zài jiàoshì
2. Wǒ de zìdiǎn	wǒ de tóngxué	jiè qù
3. Tā de qìchē	tā de nǚpéngyou	kāi huí jiā.
4. Nǐ de lùyīnjī	nǐ de dìdi	ná dào sùshè qù
5. Wǒmen de tángcùyú	nǐ de mèimei	chī wán
6. Tā de qián	tā de nánpéngyou	huā wán
7. Wǒ de zhīpiào	wǒ māma	cún dào yínháng qù
8. Tā mǎi de huā	tā tàitai	sòng gěi tā péngyou
9. Wǒ de shū	rén	ná qù
10. Nà jiàn chènshān	rén	mǎi qù
11. Wǒ mǎi de píjiǔ	rén	hē wán le
12. Zhège lùyīnjī		yòng huài le
13. Wǒ qùnián mǎi de chènshān		chuān pò

Pinyin Texts

DIALOGUE I

Lǎo Lǐ: Nǐ kàn, wǒ de dùzi yuè lái yuè dà le.

Xiǎo Lín: Nǐ píngcháng chī de nàme duō, yòu bú yùndòng, dāngrán yuè lái yuè pàng le.

Lǎo Lǐ: Nà zěnme bàn ne?

Xiǎo Lín: Yàoshi pà pàng, nǐ yí ge xīngqī yùndòng liǎng, sān cì, měi cì bàn ge xiǎoshí, dùzi jiù huì xiǎo le.

Lǎo Lǐ: Wǒ liǎng nián méi yùndòng le[G1], zuò shénme yùndòng ne?

Xiǎo Lín: Zuì jiǎndān de yùndòng shì pǎobù.

Lǎo Lǐ: Dōngtiān nàme lěng, xiàtiān nàme rè, pǎobù duō nánshòu[G2] a.

▼▼▼▼▼▼▼▼▼▼▼▼▼▼▼▼▼▼▼▼▼▼▼▼▼▼▼▼▼▼▼▼▼▼▼

Do you know the name of this sport? If you can say it in English,
you should be able to say it in Chinese as well. (See next page.)

Xiǎo Lín:	Nǐ dǎ wǎngqiú ba.
Lǎo Lǐ:	Nà wǒ děi mǎi wǎngqiúpāi, wǎngqiúxié, tài guì le!
Xiǎo Lín:	Zhǎo jǐ ge rén dǎ lánqiú ba. Mǎi ge lánqiú hěn piányi.
Lǎo Lǐ:	Nà měi cì dōu děi dǎ diànhuà zhǎo rén, máfan sǐ le.
Xiǎo Lín:	Nǐ qù yóu yǒng ba. Bú yòng zhǎo rén, yě bú yòng huā hěn duō qián, shénme shíhou dōu kěyǐ qù.
Lǎo Lǐ:	Yóu yǒng? Duō wēixiǎn na, yān sǐ le zěnme bàn?
Xiǎo Lín:	Wǒ yě méi bànfǎ le. Nǐ bú yuànyì yùndòng, nà jiù pàng xiaqu(G3) ba.

DIALOGUE II

(Yìwén de dìdi Sīwén gāng cóng Táiwān lái, yào zài Měiguó shàng dàxué, xiànzài zhù zài jiějie jiāli xué Yīngwén. Wèile tígāo Yīngwén tīnglì, tā měi tiān dōu kàn liǎng ge xiǎoshí de diànshì(G4).)

▲▲▲▲▲▲▲▲▲▲▲▲▲▲▲▲▲▲▲▲▲▲▲▲▲▲▲▲▲▲▲▲▲▲

Yìwén:	Sīwén, kuài tiáo dào dì-liù tái, zúqiú(1) sài kāishǐ le.
Sīwén:	Shì ma? Wǒ yě xǐhuan kàn zúqiú sài....Zhè shì shénme zúqiú a? Zěnme bú shì yuán de?
Yìwén:	Zhè bú shì guójì zúqiú, zhè shì Měishì zúqiú.
Sīwén:	Zúqiú yīnggāi yòng jiǎo tī, wèishénme nà ge rén yòng shǒu bàozhe pǎo qilai(G5) le ne?

Yìwén: Měishì zúqiú kěyǐ yòng shǒu.

Sīwén: Nǐ kàn, nǐ kàn, nàme duō rén dōu yā zài yìqǐ, xiàmian de rén bú shì yào bèi^(G6) yā huài le ma?

Yìwén: Bié dānxīn, tāmen de shēntǐ dōu hěn bàng, érqiě hái chuānzhe tèbié de yùndòngfú, bù róngyì shòu shāng.

Sīwén: Wǒ kànle bàntiān, yě kàn bu chū shéi shūle shéi yíng le. Háishi kàn biéde ba.

Yìwén: Nǐ zài Měiguó zhù bàn nián jiù huì xǐhuan Měishì zúqiú le. Wǒ yǒu hěn duō tóngxué yí kàn zúqiú sài, jiù chángcháng lián fàn dōu bù chī le.

Pīngpāngqiú 乒乓球

English Texts

DIALOGUE I

Old Li: Look, my belly is getting bigger and bigger.

Little Lin: You usually eat so much, and you never exercise. No wonder you are putting on more and more weight.

Old Li: What should I do?

Little Lin: If you're afraid of being overweight, you should exercise two or three times a week, for half an hour each time. Then your belly will get smaller.

Old Li: I haven't exercised for two years. What exercise should I do?

Little Lin: The simplest exercise is jogging.

Old Li: It's so cold in winter, and so hot in summer. How unbearable it would be to jog!

Little Lin: How about playing some tennis?

Old Li: Then I'd have to get a racket and tennis shoes. That'd be too expensive.

Little Lin: How about getting a few people together to play basketball (with you)? A basketball is very inexpensive (to buy).

Old Li: Every time (I wanted to play) I'd have to make phone calls to find people. Too much hassle.

Little Lin: Then how about swimming? There's no need to look for people (to swim with you), and it wouldn't cost much money. And you could do it any time.

▼ ▼

Old Li: Swimming? That's too dangerous. What if I drown?

Little Lin: There's nothing I can do [to help]. If you are unwilling to
               exercise, keep on adding pounds then.

DIALOGUE II

*(Yiwen's younger brother, Siwen, just came from Taiwan. He will be going
to college in the United States. Right now he is staying at his elder sister's
place, studying English. In order to improve his listening comprehension, he
watches two hours of TV every day.)*

▲ ▲

Yiwen: Siwen, quick, switch to Channel Six. The football game is about to
          start.

Siwen: Really? I like to watch football games too....What kind of football is
          this? How come it's not round?

Yiwen: This is not international football. This is American football.

Siwen: To play football you should kick (the ball) with your feet. Why is
          that guy running with the ball in his hands?

Can you talk about this sport in Chinese?

*Find the sentence in the Grammar section that
describes this picture. (Hint: Li You came too late.)*

Yiwen: You can use your hands in American football.

Siwen: Look! All those people are on top of one another. Won't the people underneath be crushed to pieces?

Yiwen: Don't worry. They are really strong. Besides, they wear special clothes (so that) they won't get injured so easily.

Siwen: I've been watching for a long time. I still don't know who is winning (and who is losing.) Let's watch something else.

Yiwen: You only have to live in America for six months (half a year) before you will begin to like American football. I have many friends who, as soon as they start watching a football game, won't even (stop to) eat.

LESSON 21 ▲ Travel
第二十一課 ▲ 旅行
Dì èrshíyī kè ▲ *Lǚxíng*

Dialogue I : Traveling to Taiwan

VOCABULARY

1.	放假	fàng jià	vo	to go on a holiday or vacation
	放	fàng	v	to let go; to set free 放寒/暑假
	假	jià	n	vacation; holiday
2.	計劃 计划	jìhuà *jìhuà*	n (v)	plan
3.	各地	gè dì	n	various places 地方
	各	gè	pr	each; every
4.	走	zǒu	v	to leave; to depart

各交朋友
位

5. 打算   dǎsuàn   v (n)   to plan

6. 護照 护照   hùzhào   n   passport

7. #簽證 签证   qiānzhèng   n   visa   nw = 本

8. 辦   bàn   v   to do; to handle (to apply for ppt/visa etc.)

9. 好   hǎo   adv   (used before certain verbs to indicate that something is easy) [see L.20, G2]

10. 機票   jīpiào 机票   n   plane ticket; airplane ticket

11. 訂 订   dìng   v   to reserve; to book (a ticket, a hotel room, etc.)
                                          order flowers, tickets etc.

12. 家   jiā   m   (measure word for companies, restaurants, etc.)

13. 航空公司   hángkōng gōngsī n   airline

    航空 航空   hángkōng   n   aviation

    公司   gōngsī   n   company

14. 減價 减价   jiǎn jià   vo   to reduce prices; to have a reduced price sale

    價   jià   n   price

15. 旅行社   lǚxíngshè   n   travel agency

16. 日程   rìchéng   n   schedule; itinerary   学生日程 etc.
                                          any kind of

17. 打折(扣)   dǎ zhé(kòu)   vo   to give a discount

18. 九折   jiǔzhé   10% off

打_折
60%
打半折
or 打對折
75% off
打二五折

Proper Nouns

19.	錢 钱	qián	n	money; a surname
20.	西北	Xīběi	pn	Northwest (Airlines)
21.	中華 中华	Zhōnghuá	pn	China (Airlines)

你 价钱 多小？

Air China → Mainland

涨 / 降 减

好想 什么时候走

Travel Season in China ▲

The busiest travel season in China is in January and February, when millions upon millions of people travel to join their families or friends for the Chinese New Year. The Chinese are also becoming increasingly interested in traveling abroad. Singapore, Malaysia, and Thailand have been among the most popular destinations, largely because a trip to Southeast Asia is relatively affordable, but many people have traveled to South Korea as well, especially since the 2002 World Cup.

DIALOGUE I

錢：小白，時間過得真快，還有一個月就
　　放假了，你有什麼計劃？
　　　　　　　　　　计划

白：我還沒有想好，你呢，老錢？

錢：我要到台灣去。

白：真的啊？你要到台灣做什麼？

錢：我想一邊教英文，一邊學中文，有空
　　的時候，到台灣各地去看看。

白：你以前去過台灣沒有[1]？

錢：沒有，這是第一次。

白： 什麼時候走？

錢： 我打算六月中走，我護照已經辦好了，可是我的簽證還沒辦。

白： 到台灣的簽證不難辦，可是六月的機票不好買，你得趕快訂機票。

錢： 昨天報紙上的廣告說西北、中華這兩家航空公司的機票都在大減價，可是我忙得沒有時間打電話。

白： 我哥哥在一家旅行社工作，你把你的旅行日程告訴我，我請他幫你辦。

錢： 好極了，機票能不能打折扣？

白： 這個…我請他給你打九折[2]，但是你得請我吃飯。

錢： 那沒問題。

白： 一言為定。

錢： 好，一言為定。

Notes

▲1▲ "你以前去過台灣沒有？" (Nǐ yǐqián qùguo Táiwān méiyǒu?) is a variant of "你以前去沒(有)去過台灣？" (Nǐ yǐqián qù méi[yǒu] qùguo Táiwān?). Similarly, the question "你昨天看沒看電影?" (Nǐ zuótiān kàn méi kàn diànyǐng? Did you see the movie yesterday?) can be rephrased as "你昨天看電影沒有？" (Nǐ zuótiān kàn diànyǐng méiyǒu?). And for "你吃沒吃過

飯？" (Nǐ chī méi chīguo fàn? Have you had your meal?) one can also say "你吃過飯沒有？" (Nǐ chīguo fàn méiyǒu?).

▲**2**▲ The approach to describing a discount in Chinese is different from that in English. In English, the emphasis is on the portion of the money that is not collected, e.g., 10 percent off, 20 percent off or 25 percent off, etc. In Chinese, however, the emphasis is on the amount of the money that is actually collected. Therefore, 九折 (jiǔ zhé) means that the price is 90 percent of the original price; 八折 (bā zhé) means 20 percent off; 七五折 (qī wǔ zhé) 25 percent off; and 對折 (duì zhé) 50 percent off.

Dialogue II: Traveling to Beijing

VOCABULARY

1.	初	chū	n	beginning
2.	單程	dānchéng	n	one-way trip
3.	來回	láihuí	n	round trip; back and forth
4.	有的	yǒude		some
5.	千	qiān	nu	thousand

6.	不到	bú dào		less than
7.	轉機 转机	zhuǎn jī	vo	to change planes
8.	直飛 直飞	zhí fēi		fly directly
9.	班機 班机	bānjī	n	scheduled flight
10.	內	nèi	n	within; inside
11.	#漲價 涨价	zhǎng jià	vo	to increase in price
12.	要是…就…	yàoshi…jiù…		if…then…

Proper Nouns

13.	#華#盛#頓	Huáshèngdùn	pn	Washington
14.	#韓國	Hánguó	pn	Korea
15.	#芝加哥	Zhījiāgē	pn	Chicago
16.	#洛#杉#磯	Luòshānjī	pn	Los Angeles
17.	漢城 汉城	Hànchéng	pn	Seoul (see note below)
18.	香#港	Xiānggǎng	pn	Hong Kong
19.	中國民航	Zhōngguó Mínháng	pn	Air China

Note: The Chinese word for Seoul was officially changed to 首爾 (Shǒuěr) on January 19, 2005.

DIALOGUE II

職員： 大中旅行社，你好。

王朋： 你好。小姐，請問六月初到北京的機票多少錢？

職員： 您要買單程票還是來回票？

王朋：我要買一張來回票。

職員：有的(G1)航空公司一千(G2)多塊錢，有的不到一千。你想買哪家航空公司的？

王朋：哪家的便宜，就買哪(G3)家的。

職員：你打算從哪兒走？

王朋：華盛頓。

職員：韓國航空公司的票最便宜。

王朋：韓航怎麼飛？

職員：先從華盛頓飛到芝加哥，在芝加哥轉機到洛杉磯，然後從洛杉磯直飛漢城，在那兒住一夜，然後再飛香港，從香港再飛北京。

王朋：這太麻煩了。有沒有從洛杉磯直飛北京的班機？

職員：有。西北、中國民航都有，但是都比韓航貴兩百多塊(G4)。

王朋：我現在訂，什麼時候必須付錢？

職員：一個星期內(1)。

王朋：好，我想想再給你打電話。

職員： 這個星期機票在減價，下個星期就
漲價了。要是你要訂就得快一點
兒。

Notes

▲**1**▲ 內 (nèi), just like its English equivalent "inside" or "within," can be used in relation to either time or space. However, unlike "inside" and "within," which are prepositions, 內 (nèi) has to follow the word or phrase that defines the temporal or spatial frame. Thus we say 一個星期內 (yí ge xīngqī nèi, within a week) rather than 內一個星期 (nèi yí ge xīngqī), and we say 室內 (shì nèi, in the room or indoors) rather than 內室 (nèi shì).

SUPPLEMENTARY VOCABULARY

1.	萬	wàn	nu	ten thousand
2.	億	yì	nu	hundred million
3.	加州	Jiāzhōu	n	(abbr) the state of California
4.	州	zhōu	n	state (U.S.)
5.	念書	niàn shū	vo	to study
6.	國家公園	guójiā gōngyuán	n	national park
7.	旅館	lǚguǎn	n	hotel
8.	多半	duōbàn	adv	mostly; the greater part
9.	露營	lùyíng	v	to camp (out)
10.	舊	jiù	adj	old; used
11.	長途	chángtú	n	long distance
12.	出問題	chū wèntí	vo	run into trouble
13.	工作證	gōngzuòzhèng	n	employee's card; I.D. card
14.	合法	héfǎ	adj	legal

▼▼

▲▲▲ *Exercise* ▲▲▲

Can you say and write the amount below in Chinese? (You will find help in the Grammar section.)

$356,478,109.00

Grammar

1. 有的 (yǒude) and 一些 (yìxiē) Compared

Both 有的 (yǒude) and 一些 (yìxiē) mean "some," but they are used differently. Denoting an indefinite sum or number, 一些 (yìxiē) often follows the verb and modifies the object of the sentence, although it can occasionally be used to modify the subject, and then it appears before the verb. 有的 (yǒude), on the other hand, can be used either to modify a noun, or as a pronoun. In either case, it is placed before the verb.

(1) 請你借我一些錢，好嗎？

Qǐng nǐ jiè wǒ yìxiē qián, hǎo ma?

(Can you lend me some money?)

(1a) *請你借我有的錢，好嗎？

*Qǐng nǐ jiè wǒ yǒude qián, hǎo ma?

(2) 有一些傢俱是我自己買的，有一些是房東的。

Yǒu yìxiē jiājù shì wǒ zìjǐ mǎi de, yǒu yìxiē shì fángdōng de.

(Some of the furniture was bought by myself, and some belongs to the landlord.)

(3) 航空公司的機票，有的貴，有的便宜。

Hángkōng gōngsī de jīpiào, yǒude guì, yǒude piányi.

(Airline tickets—some are expensive; some are inexpensive.)

(4) 有的人去華盛頓，有的人去洛杉磯。

Yǒude rén qù Huáshèngdùn, yǒude rén qù Luòshānjī.

(Some people will go to Washington, D.C. and some to Los Angeles.)

2. Numbers over One Thousand

Chinese numbers up to one thousand are counted the same way as in English.

Number	Chinese	Pinyin	English
1	一	yī	one
10	十	shí	ten
100	百	bǎi	hundred
1000	千	qiān	thousand

However, in Chinese the next larger unit after thousand is not *十千 (*shí qiān), but 萬 (wàn). While in English every three digits form a numbering cycle, in Chinese every four digits represent a numbering cycle. To master the Chinese numbering system, one should remember that every four digits form a unit and that a long number can be segmented at the interval of every fourth digit. When Arabic numbers are written or printed, they are normally divided into sets of three digits just as in the English system, but when these numbers are read out orally, the speaker mentally divides them into set of four digits and uses the terms 萬 (wàn) and 億 (yì) appropriately. In the examples below we have artificially indicated such division as an aid.

English	English system	Chinese system	Chinese	pinyin
thousand	1,000	1000	千	qiān
ten thousand	10,000	1'0000	萬	wàn
hundred thousand	100,000	10'0000	十萬	shíwàn
million	1,000,000	100'0000	百萬	bǎiwàn
ten million	10,000,000	1000'0000	千萬	qiānwàn
hundred million	100,000,000	1'0000'0000	萬萬/億	wànwàn/yì
billion	1,000,000.000	10'0000'0000	十億	shíyì

The numbering cycle after 萬 (wàn) is 億 (yì). "One billion" in Chinese is 十億 (shíyì).

Examples of large numbers:

12,345 (1'2345)	一萬二千三百四十五	yíwàn èrqiān sānbǎi sìshíwǔ
25,000 (2'5000)	兩萬五千	liǎngwàn wǔqiān
340,876 (34'0876)	三十四萬零八百七十六	sānshísì wàn líng bābǎi qīshíliù
1,000,900,000 (10'0090'0000)	十億零九十萬	shíyì líng jiǔshí wàn

3. Interrogative Pronouns as Indefinite References (Whoever, Whatever, etc.)

An interrogative pronoun repeated in two separate but related clauses of the same sentence forms the equivalent of the English "Interrogative Pronoun + -ever" expression. Its first occurrence refers to an indefinite person, object, time, place, etc. Its second occurrence then refers to that same person, object, time, place, etc.:

(1) 誰想去，誰就去。

Shéi xiǎng qù, shéi jiù qù.

(Whoever wants to go can go.)

(2) 你吃什麼，我就吃什麼。

Nǐ chī shénme, wǒ jiù chī shénme.

(I will have whatever you're having.)

(3) 哪家的便宜，就買哪家的。

Nǎ jiā de piányi, jiù mǎi nǎ jiā de.

(Shop wherever you can get the best deal.)

(4) 哪個辦法好，我就用那個辦法。

Nǎge bànfǎ hǎo, wǒ jiù yòng nǎge bànfǎ.

(I will use whichever method is the best.)

In this kind of sentence, the two occurrences of the interrogative pronoun sometimes play the same grammatical role, i.e, both are subjects, as in (1); or both are objects, as in (2). Sometimes, the two occurrences of the interrogative pronoun perform different grammatical functions. In (3), for example, the first "哪家" (nǎ jiā) is the subject whereas the second "哪家" (nǎ jiā) is the object. Note that the adverb 就 (jiù) often (but not always—see below) precedes the verb in the second clause.

(5) 什麼好吃，我吃什麼。

Shénme hǎochī, wǒ chī shénme.

(I'll eat whatever tastes good.)

(6) 誰聰明，他找誰幫忙。

Shéi cōngming, tā zhǎo shéi bāng máng.

(He goes to whoever is the smartest for help.)

4. More on 比 (bǐ) [see also L.10, G1]

In a sentence where 比 is used, a numeral + measure word combination can be placed after the adjective to indicate the disparity.

A + 比 (bǐ) + B + Adjective + Numeral + Measure Word + Noun

(1) 我們班比你們班多四個學生。

Wǒmen bān bǐ nǐmen bān duō sì ge xuésheng.

(There are four more students in our class than in yours.)

(2) 這雙鞋比那雙鞋貴二十塊錢。

Zhè shuāng xié bǐ nà shuāng xié guì èrshí kuài qián.

(This pair of shoes is twenty dollars more expensive than that pair.)

(3) 我的電腦比你的便宜五百塊。

Wǒ de diànnǎo bǐ nǐ de piányi wǔ bǎi kuài.

(My computer is five hundred dollars cheaper than yours.)

(4) 我弟弟比我小三歲。

Wǒ dìdi bǐ wǒ xiǎo sān suì.

(My brother is three years younger than I.)

▼▼▼▼▼▼▼▼▼▼▼▼▼▼▼▼▼▼▼▼▼▼▼▼▼▼▼▼▼▼▼▼▼

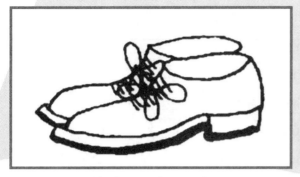

這雙鞋八十九塊。

Zhè shuāng xié bāshíjiǔ kuài.

那雙鞋六十九塊。

Nà shuāng xié liùshíjiǔ kuài.

▲▲▲ *Exercise* ▲▲▲

Make at least two statements comparing the shoes in the pictures.

PATTERN DRILLS

A. 打折 (dǎ zhé)

EXAMPLE: 這雙鞋五十塊，　　　八折，　　　____塊

→ 這雙鞋五十塊， 打八折是四十塊。

Zhè shuāng xié wǔshí kuài,　　　bā zhé,　　　_____kuài

→ Zhè shuāng xié wǔshí kuài,　dǎ bā zhé, shì sìshí kuài.

1. 這件衣服二十四塊，　　五折，　　____塊
2. 這條裙子六十塊，　　七折，　　____塊
3. 那本書十二塊，　　九折，　　____塊____
4. 那條褲子三十塊，　　八折，　　____塊
5. 這張床一百塊，　　七五折，　　____塊
6. 飛機票八百塊，　　七折，　　____塊
7. 這個電腦一千塊，　　八五折，　　____塊
8. 這本字典十五塊，　　九折，　　____塊____

▼▼▼▼▼▼▼▼▼▼▼▼▼▼▼▼▼▼▼▼▼▼▼▼▼▼▼▼▼▼▼▼▼▼▼▼▼▼▼

1. Zhè jiàn yīfu èrshísì kuài,   wǔ zhé,   _____kuài
2. Zhè tiáo qúnzi liùshí kuài,   qī zhé,   _____kuài
3. Nà běn shū shí'èr kuài,   jiǔ zhé,   _____kuài_____
4. Nà tiáo kùzi sānshí kuài,   bā zhé,   _____kuài
5. Zhè zhāng chuáng yì bǎi kuài,   qī wǔ zhé,   _____kuài
6. Fēijīpiào bā bǎi kuài,   qī zhé,   _____kuài
7. Zhè ge diànnǎo yì qiān kuài,   bā wǔ zhé,   _____kuài
8. Zhè běn zìdiǎn shíwǔ kuài,   jiǔ zhé,   _____kuài_____

B. 有的…有的… (yǒude…yǒude…)

EXAMPLE: 我的朋友 ，(是美國人 ， 是中國人)

→ 我的朋友有的是美國人，有的是中國人。

Wǒ de péngyou, (shì Měiguórén, shì Zhōngguórén)

⟶ Wǒ de péngyou yǒude shì Měiguórén, yǒude shì Zhōngguórén.

1. (會唱中國歌，會唱美國歌)

2. (喜歡打球，喜歡跳舞)

3. (在中國，在美國)

4. (要去中國旅行，要去台灣旅行)

5. (可以喝啤酒，不能喝啤酒)

6. (學中文，學日文)

7. (是從芝加哥來的，是從華盛頓來的)

8. (去過上海，沒有去過上海)

1. (huì chàng Zhōngguó gē,   huì chàng Měiguó gē)
2. (xǐhuan dǎ qiú,   xǐhuan tiào wǔ)
3. (zài Zhōngguó,   zài Měiguó)
4. (yào qù Zhōngguó lǚxíng,   yào qù Táiwān lǚxíng)

▼▼▼▼▼▼▼▼▼▼▼▼▼▼▼▼▼▼▼▼▼▼▼▼▼▼▼▼▼▼▼▼▼▼▼▼▼▼▼

5. (kěyǐ hē píjiǔ,   bù néng hē píjiǔ)

6. (xué Zhōngwén,   xué Rìwén)

7. (shì cóng Zhījiāgē lái de,   shì cóng Huáshèngdùn lái de)

8. (qùguo Shànghǎi,   méiyǒu qùguo Shànghǎi)

C. Numbers over One Thousand

EXAMPLE: 45,000

Step One: Convert the number to the Chinese system.

⟶ 4,5000

Step Two: Give the number in Chinese.

⟶ 四萬五千。 (sì wàn wǔ qiān)

1. 17,000

2. 80.945

3. 70,003

4. 607,000

5. 8,147,000

6. 92,000,000

7. 400,000,000

8. 1,234,567,890

D. Question Word + Predicate + Question Word

EXAMPLE: 買便宜的衣服

⟶ 哪件衣服便宜，就買哪件。

mǎi piányi de yīfu

⟶ Nǎ jiàn yīfu piányi, jiù mǎi nǎ jiàn.

1. 去有意思的地方

2. 吃好吃的飯

3. 你有空的時候來找我

4. 你方便的時候給我打電話

5. 他買貴的衣服

6. 他去好玩的地方

7. 我們聽好聽的音樂

8. 我們住安靜的宿舍

1. qù yǒu yìsi de dìfang

2. chī hǎochī de fàn

3. nǐ yǒu kòng de shíhou lái zhǎo wǒ

4. nǐ fāngbiàn de shíhou gěi wǒ dǎ diànhuà

5. tā mǎi guì de yīfu

6. tā qù hǎowán de dìfang

7. wǒmen tīng hǎotīng de yīnyuè

8. wǒmen zhù ānjìng de sùshè

E. 先...然後...(xiān...ránhòu...)

EXAMPLE: 聽錄音　學生詞

→ 你先聽錄音，然後學生詞。

tīng lùyīn,　xué shēngcí

→ Nǐ xiān tīng lùyīn, ránhòu xué shēngcí.

1. 去香港　　　去東京

2. 辦簽證　　　訂機票

3. 學中文　　　去中國

4. 吃飯　　　　付錢

5. 做功課　　　看電影

6.　睡覺　　　　工作

7.　打針　　　　吃藥

8.　唱歌　　　　吃生日蛋糕

1.　qù Xiānggǎng　　　qù Dōngjīng

2.　bàn qiānzhèng　　　dìng jīpiào

3.　xué Zhōngwén　　　qù Zhōngguó

4.　chī fàn　　　　　　fù qián

5.　zuò gōngkè　　　　kàn diànyǐng

6.　shuì jiào　　　　　gōngzuò

7.　dǎ zhēn　　　　　chī yào

8.　chàng gē　　　　　chī shēngrì dàngāo

F. 比...貴三百多塊 (bǐ...guì sān bǎi duō kuài)

EXAMPLE:　這件衣服七十五塊， 那件四十塊。

　　　→ 這件比那件貴三十五塊。

　　　→ 那件比這件便宜三十五塊。

Zhè jiàn yīfu qīshíwǔ kuài, Nà jiàn sìshí kuài.

→ A: Zhè jiàn bǐ nà jiàn guì sānshíwǔ kuài.

→ B: Nà jiàn bǐ zhè jiàn piányi sānshíwǔ kuài.

1.　這雙鞋八號，那雙七號。

2.　我的哥哥二十五歲，我二十三歲。

3.　西北航空公司的機票八百三十塊，聯合的七百八十塊。

4.　我學了半年中文，你學了一年中文。

5.　這個電腦一千塊，那個電腦一千二百塊。

1. Zhè shuāng xié bā hào, nà shuāng qī hào.

2. Wǒ de gēge èrshíwǔ suì, wǒ èrshísān suì.

3. Xīběi hángkōng gōngsī de jīpiào bābǎi sānshí kuài, Liánhé de qībǎi bāshí kuài.

4. Wǒ xuéle bàn nián Zhōngwén, nǐ xuéle yì nián Zhōngwén.

5. Zhège diànnǎo yìqiān kuài, nàge diànnǎo yìqiān èrbǎi kuài.

G. 要是/如果...就... (yàoshì/rúguǒ…jiù…)

EXAMPLE: 明天下雨　我們在家看電視

→ 要是明天下雨，我們就在家看電視。

Míngtiān xià yǔ,　wǒmen zài jiā kàn diànshì

→ Yàoshì míngtiān xià yǔ, wǒmen jiù zài jiā kàn diànshì.

1.	你有事	給我打電話
2.	你有問題	去問老師
3.	飛機票太貴	請父母給我寄支票
4.	你不喜歡吃美國飯	我請你吃中國飯
5.	你想學好中文	要每天聽錄音
6.	你身體不舒服	趕快看醫生
7.	你有時間	到我家來喝茶

1. Nǐ yǒu shì   gěi wǒ dǎ diànhuà

2. Nǐ yǒu wèntí   qù wèn lǎoshī

3. Fēijīpiào tài guì   qǐng fùmǔ gěi wǒ jì zhīpiào

4. Nǐ bù xǐhuan chī Měiguófàn   wǒ qǐng nǐ chī Zhōngguófàn

5. Nǐ xiǎng xué hǎo Zhōngwén   yào měitiān tīng lùyīn

6. Nǐ shēntǐ bù shūfu   gǎnkuài kàn yīshēng

7. Nǐ yǒu shíjiān   dào wǒ jiā lái hē chá

▼▼▼▼▼▼▼▼▼▼▼▼▼▼▼▼▼▼▼▼▼▼▼▼▼▼▼▼▼▼▼▼▼▼▼

Pinyin Texts

DIALOGUE I

Qián: Xiǎo Bái, shíjiān guò de zhēn kuài, hái yǒu yí ge yuè jiù fang jià le, nǐ yǒu shénme jìhuà?

Bái: Wǒ hái méiyǒu xiǎng hǎo, nǐ ne, Lǎo Qián?

Qián: Wǒ yào dào Táiwān qù.

Bái: Zhēn de a? Nǐ yào dào Táiwān zuò shénme?

Qián: Wǒ xiǎng yìbiān jiāo Yīngwén, yìbiān xué Zhōngwén, yǒu kòng de shíhou, dào Táiwān gè dì qù kànkan.

Bái: Nǐ yǐqián qùguo Táiwān méiyǒu[1]?

Qián: Méiyǒu, zhè shì dì yī cì.

Bái: Shénme shíhou zǒu?

Qián: Wǒ dǎsuàn liùyuè zhōng zǒu, wǒ hùzhào yǐjīng bàn hǎo le, kěshì wǒ de qiānzhèng hái méi bàn.

Bái: Dào Táiwān de qiānzhèng bù nán bàn, kěshì liùyuè de jīpiào bù hǎo mǎi, nǐ děi gǎnkuài dìng jīpiào.

Qián: Zuótiān bàozhǐ shàng de guǎnggào shuō Xīběi, Zhōnghuá zhè liǎng jiā hángkōng gōngsī de jīpiào dōu zài dà jiǎnjià, kěshì wǒ máng de méiyǒu shíjiān dǎ diànhuà.

Bái: Wǒ gēge zài yì jiā lǚxíngshè gōngzuò, nǐ bǎ nǐ de lǚxíng rìchéng gàosu wǒ, wǒ qǐng tā bāng nǐ bàn.

Qián: Hǎojí le. Jīpiào néng bu néng dǎ zhékòu?

Bái: Zhège... wǒ qǐng tā gěi nǐ dǎ jiǔzhé[2], dànshì nǐ děi qǐng wǒ chī fàn.

Qián: Nà méi wèntí.

Bái: Yì yán wéi dìng.

Qián: Hǎo, yì yán wéi dìng.

DIALOGUE II

Zhíyuán: Dàzhōng Lǚxíngshè, nǐ hǎo.

Wáng Péng: Nǐ hǎo. Xiǎojie, qǐng wèn liùyuè chū dào Běijīng de jīpiào duōshǎo qián?

Zhíyuán: Nín yào mǎi dānchéng piào háishì láihuí piào?

Wáng Péng: Wǒ yào mǎi yì zhāng láihuí piào.

Zhíyuán: Yǒude[G1] hángkōng gōngsī yìqiān[G2] duō kuài qián, yǒude bú dào yìqiān. Nǐ xiǎng mǎi nǎ jiā hángkōng gōngsī de?

Name all four forms of transportation shown in the picture.

Wáng Péng:	Nǎ jiā de piányi, jiù mǎi nǎ(G3) jiā de.
Zhíyuán:	Nǐ dǎsuàn cóng nǎr zǒu?
Wáng Péng:	Huáshèngdùn.
Zhíyuán:	Hánguó hángkōng gōngsī de piào zuì piányi.
Wáng Péng:	Hánháng zěnme fēi?
Zhíyuán:	Xiān cóng Huáshèngdùn fēi dào Zhījiāgē, zài Zhījiāgē zhuǎn jī dào Luòshānjī, ránhòu cóng Luòshānjī zhí fēi Hànchéng, zài nàr zhù yí yè, ránhòu zài fēi Xiānggǎng, cóng Xiānggǎng zài fēi Běijīng.
Wáng Péng:	Zhè tài máfan le. Yǒu méiyǒu cóng Luòshānjī zhí fēi Běijīng de bānjī?
Zhíyuán:	Yǒu. Xīběi, Zhōngguó Mínháng dōu yǒu, dànshì dōu bǐ Hánháng guì liǎngbǎi duō kuài(G4).
Wáng Péng:	Wǒ xiànzài dìng shénme shíhou bìxū fù qián?
Zhíyuán:	Yí ge xīngqī nèi(1).
Wáng Péng:	Hǎo, wǒ xiǎngxiang zài gěi nǐ dǎ diànhuà.
Zhíyuán:	Zhège xīngqī jīpiào zài jiǎnjià, xiàge xīngqī jiù zhǎngjià le. Yàoshi nǐ yào dìng jiù děi kuài yìdiǎnr.

English Texts

DIALOGUE I

Qian: Little Bai, how quickly time passes! School will be over in a month. Do you have any plans (for vacation)?

Bai: I haven't thought of anything yet. What about you, Old Qian?

▼▼▼

Qian: I'm going to Taiwan.

Bai: Really? What will you be doing in Taiwan?

Qian: I'd like to teach English and study Chinese at the same time. When I'm free, I'll travel to different places in Taiwan.

Bai: Have you been to Taiwan before?

Qian: No, this will be my first time.

Bai: When are you going?

Qian: I plan to go in mid-June. I've got my passport, but I haven't applied for a visa yet.

Bai: It isn't difficult to get a visa to go to Taiwan, but it's difficult to get a plane ticket in June. You'd better book your ticket right away.

Qian: There was an ad in yesterday's paper. Northwest and China Airlines are discounting their airfares. But I've been so busy that I haven't had the time to call.

Bai: My brother works at a travel agency. Give me your itinerary. I'll ask him to take care of it.

Qian: That'd be great. Can I get a discount?

Bai: Uh… I'll ask him to give you ten percent off, but you have to take me to dinner.

Qian: That's no problem.

Bai.   It's settled then.

Qian: OK, it's settled.

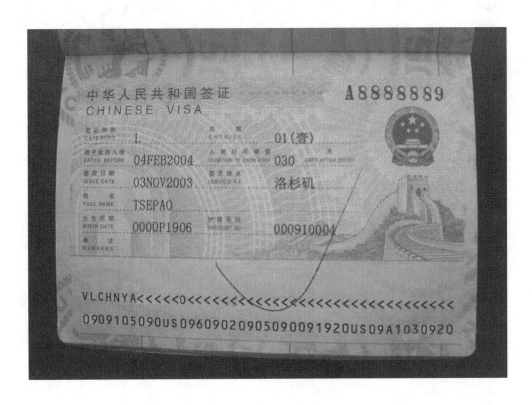

▼▼

DIALOGUE II

Agent: Hello, Dazhong Travel Agency.

Wang Peng: Hi, Miss, could you tell me how much a ticket to Beijing in early June is?

Agent: Would you like to get a one-way or round-trip ticket?

Wang Peng: I'd like to get a round-trip ticket.

Agent: With some airlines it's a little over a thousand dollars. With others it's less than a thousand. Which airline do you want?

Wang Peng: Whichever airline has the cheapest airfare.

Agent: Where do you plan to depart from?

Wang Peng: Washington.

Agent: Then Korean Airlines has the cheapest ticket.

Wang Peng: What's Korean Air's itinerary?

Agent: From Washington to Chicago first. You'd change planes in Chicago to go to Los Angeles. Then direct from Los Angeles to Seoul. You'd stay there overnight, and then fly to Hong Kong. Then it's from Hong Kong to Beijing.

Wang Peng: That's too much hassle. Are there direct flights from Los Angeles to Beijing?

Agent: Yes, both Northwest and Air China (fly from LA to Beijing), but their fares are two hundred dollars more.

Wang Peng: If I book a ticket now, when would I have to pay?

Agent: Within a week.

Wang Peng: All right. I'll think about it, then I'll give you a call.

Agent: There's a discount on airfares this week. Prices will go up next week. If you want to book a ticket, you have to act quickly.

▼▼

LESSON 22 ▲ Hometown
第二十二課 ▲ 家鄉
Dì èrshí'èr kè ▲ *Jiāxiāng*

Dialogue I: Describing One's Hometown

VOCABULARY

1.	對面 对面	duìmiàn	n	opposite side (of the street, hallway, river, etc.)
2.	春假	chūnjià	n	spring break
3.	父母	fùmǔ	n	parents; father and mother
	父親 父亲	fùqin	n	father
	母親 母亲	mǔqin	n	mother
4.	外公	wàigōng	n	maternal grandfather
5.	外#婆	wàipó	n	maternal grandmother

6.	阿#姨	āyí	n	aunt; mother's younger sister
7.	以為 以为	yǐwéi	v	to think (wrongly) [see G2]
8.	親#戚 亲戚	qīnqi	n	relative
9.	#伯伯	bóbo	n	uncle; father's elder brother
10.	一家	yìjiā		the whole family
11.	老家	lǎojiā	n	hometown; ancestral home 家乡 jiaxiang
12.	西邊	xībian	n	west; west side
	邊 边	biān	n	side
13.	城市	chéngshì	n	city
14.	鄉下 乡下	xiāngxià	n	countryside
15.	#鎮 镇	zhèn	n	town 小镇 small town (common phrase)
16.	人口	rénkǒu	n	population
17.	左邊 边	zuǒbian	n	left side
18.	座	zuò	m	(measure word for mountains, bridges, tall buildings, etc.)
19.	山	shān	n	mountain; hill MW=座 (also for larger buildings) yīa
20.	右邊 右边	yòubian	n	right side
21.	河	hé	n	river MW=tiao 条
22.	種 种	zhòng	v	to seed; to plant
23.	著 着 着	zhe	p	verb suffix indicating a static state or action in progress [see G4]
24.	樹 树	shù	n	tree 一棵树 kē
25.	開滿 开满	kāi mǎn	vc	to bloom abundantly
	滿 满	mǎn	adj	full

▼▼▼▼▼▼▼▼▼▼▼▼▼▼▼▼▼▼▼▼▼▼▼▼▼▼▼▼▼▼▼▼▼▼

26.	美	měi	adj	beautiful	
27.	風景 风景	fēngjǐng	n	scenery	
28.	聽起來 厅越	tīng qilai		to sound like	*begin has tower*
29.	#季	jì	n	season	
30.	比方説	bǐfang shuō		for example	
	比方	bǐfang	n	example	
31.	#滑雪 滑雪	huá xuě	vo	to (snow) ski	*滑水? 滑冰*
	滑	huá	v/adj	to slide; slippery	*→ ski/skate*
	雪 下雪	xuě	n	snow	*下雪 to snow*
32.	歡迎 欢迎	huānyíng	v	to welcome	

欢迎

中间 zhōng jiān in the middle   *国家 national*

Proper Nouns

33.	王德中	Wáng Dézhōng	pn	a personal name
	德 *same*	dé	n	virtue
34.	加#州	Jiāzhōu	pn	(abbr) (the state of) California
35.	舊金山	Jiùjīnshān	pn	San Francisco (lit. Old Gold Mountain)
	舊 旧 *旧金山*	jiù	adj	old
36.	麻州 麻州	Mázhōu	pn	(abbr) (the state of) Massachusetts

▲▲▲ *Exercise* ▲▲▲

王德中 (Wáng Dézhōng) *You have seen this name before. His business card can be found in Part 1 of the Workbook. Study his business card and answer the following questions.*

1. 王德中住在哪兒？ (Wáng Dézhōng zhù zài nǎr?)

_____

2. 他的電話號碼是什麼？

(Tā de diànhuà hàomǎ shì shénme?)

DIALOGUE I

(李友和住在她對面的王德中在談春假的計劃。王德中是中國來的留學生。)

王德中：　李友，你春假有什麼計劃？

李友：　　我要回家看我的父母(G1)。你呢？

王德中：　我要去加州看我的外公、外婆，還有阿姨。

李友：　　我以為(G2)你在美國沒有親戚呢。

王德中： 我的外公、外婆跟我阿姨住在舊
金山⁽¹¹⁾，伯伯一家住在洛杉磯。
你的老家在哪兒？

李友： 在麻州西邊。

王德中： 你家住在大城市嗎？

李友： 不是，是在鄉下的一個小鎮，人
口只有五千，左邊兒有⁽ᴳ³⁾幾座小
山，右邊兒是⁽ᴳ³⁾一條小河，小河
兩邊種著⁽ᴳ⁴⁾很多樹，春天的時
候，樹上開滿了花兒，美極了。

王德中： 聽起來風景很不錯。

李友： 是啊。我很喜歡那個地方，那兒
一年四季都很好。比方說，春天
可以看花兒，夏天可以游泳，秋
天可以看紅葉，冬天可以滑雪。

王德中： 真是一個好地方！

李友： 歡迎你來我家玩兒。

Notes

▲1▲ About Chinese names for Western places: some of the names were invented by early Chinese immigrants, e.g., 舊金山 (Jiùjīnshān, literally, Old Gold Mountain) for San Francisco. But the vast majority of such names are simply based on the transliteration of the names in the Western language. Massachusetts, for instance, is transliterated as 麻賽諸塞 (Másàizhūsè), which is in turn abbreviated as 麻州 (Mázhōu), with the character 州 (zhōu) meaning "state." Similarly, California is transliterated as 加利福尼亞 (Jiālìfúníyà), which is normally shortened to 加州 (Jiāzhōu).

厅起来
↳sounds like

Dialogue II: Talking about Beijing

VOCABULARY

1.	幾個月 *几个月*	jǐ ge yuè	n	several months
2.	生活	shēnghuó	n	life *活 to live (to be alive)*
3.	家鄉 *家乡*	jiāxiāng	n	hometown
4.	#啦	la	p	(the combination of the particle 了 [le] and the particle 啊 [a] in sound as well as in meaning)
5.	聽說 *听说*	tīngshuō		It is said that; (I) heard that
6.	首都	shǒudū	n	capital
7.	政治	zhèngzhì	n	politics *怎么样*
8.	經濟 *经济*	jīngjì	n	economy *中心 center*
9.	文化	wénhuà	n	culture
10.	氣候 *气候*	qìhòu	n	weather *general/seasonal climate* *天气→today's weather*
11.	部	bù	n	part; section *directionally of→ 西部 or 东部*
12.	差不多 *差不多*	chàbuduō	adj	more or less the same *(like yiyang) (almost)(adv)* *西方=western 东方=oriental*
13.	分明	fēnmíng	adj	distinct *separate/clear*
14.	#颱風 *刮风*	guā fēng	vo	to be windy *刮大风*
	颱 *刮*	guā	v	to blow
	風 *风*	fēng	n	wind
15.	如果...的話	rúguǒ...de huà		if... *end of sentence→colloq. casualties*
16.	導#遊 *导游*	dǎoyóu	n	tour guide

DIALOGUE II

小林： 王朋，你到美國已經幾個月了，你喜不喜歡現在的生活？

王朋： 美國好是好(G5)，但是我更喜歡我的家鄉。

小林： 是嗎？怎麼，你想家啦？

王朋： 是啊。

小林： 你的老家在哪兒？

王朋： 在北京。

小林： 北京怎麼樣？我常聽說北京很好，可是我還沒有去過呢。

王朋： 北京是中國的首都，也是中國的政治、經濟和文化的中心。

小林： 北京的氣候怎麼樣？

王朋： 北京在中國的北部，氣候跟這兒差不多。春、夏、秋、冬，四季分明。冬天冷，夏天熱，春天常常颳風，秋天最舒服。

小林： 你打算什麼時候回家看看？

王朋： 今年暑假。如果你跟小高要去北京旅行的話，我們可以一起走。

小林： 那太好了。你可以當我們的導遊。

Culture Notes ▲

1▼ While Beijing's status as China's political and cultural center is unchallengeable, in terms of economic importance it has to defer to Hong Kong and Shanghai. But of course, Wang Peng's pride as a Beijing native in our text is innocuous.

2▼ A big climatic and environmental problem in Beijing is caused by the "sand-and-dust storms" (沙塵暴 shāchénbào) in spring, when gusty winds blow the sand from the Gobi Desert and dump the dust on the streets of the capital.

3▼ Most of the travel agencies in China belong to three travel agency groups, which target different types of tourists: International Travel Agency (國際旅行社 Guójì Lǚxíngshè) or 國旅 (Guó Lǚ); China Travel Agency (中國旅行社 Zhōngguó Lǚxíngshè) or 中旅 (Zhōng Lǚ); and The Travel Agency of the Youth (青年旅行社 Qīngnián Lǚxíngshè) also known as 青旅 (Qīng Lǚ). While 國旅 (Guó Lǚ) and 中旅 (Zhōng Lǚ) serve mainly foreign tourists and overseas Chinese respectively, 青旅 (Qīng Lǚ) is primarily oriented toward Chinese citizens.

SUPPLEMENTARY VOCABULARY

1.	窗戶	chuānghu	n	window
2.	擺	bǎi	v	to place; to put
3.	畫	huà	n/v	painting; to paint
4.	山水	shānshuǐ	n	landscape
5.	衣櫃	yīguì	n	wardrobe; closet
6.	餐館(兒)	cānguǎn(r)	n	restaurant
7.	講課	jiǎng kè	vo	to lecture; to teach
8.	滑冰	huábīng	v	to skate
	冰	bīng	n	ice
9.	馬路	mǎlù	n	road; street
10.	到處	dàochù	adv	everywhere
11.	遊客	yóukè	n	visitor (to a park, etc.); tourist
12.	季節	jìjié	n	season
13.	香山	Xiāngshān	pn	name of a mountain near Beijing; lit. fragrant mountain
14.	高雄	Gāoxióng	n	Kaohsiung (the principal city in southern Taiwan)
15.	海港	hǎigǎng	n	harbor; seaport
16.	一百萬	yìbǎiwàn	nu	one million
17.	變化	biànhuà	n	change
18.	從來	cónglái	adv	always; at all times (forms emphatic affirmative or negative)
19.	颱風	táifēng	n	typhoon
20.	波士頓	Bōshìdùn	pn	Boston
21.	比較	bǐjiào	adv	relatively; fairly

Grammar

1. Kinship Terms

The system of kinship terms in Chinese is rather complicated, especially because the Chinese make a distinction between paternal and maternal relatives and between older and younger siblings, even among uncles and aunts, etc. The following is a list of the terms for the most important relatives. Please note that entries with a † next to them are formal terms.

A. Great grandparents:

曾祖父	(zēngzǔfù)	[paternal] great grandfather
曾祖母	(zēngzǔmǔ)	[paternal] great grandmother
曾外祖父	(zēngwàizǔfù)	[maternal] great grandfather
曾外祖母	(zēngwàizǔmǔ)	[maternal] great grandmother

B. Grandparents:

祖父	(zǔfù)	[paternal] grandfather†
or 爺爺	(yéye)	[paternal] grandfather
祖母	(zǔmǔ)	[paternal] grandmother†
or 奶奶	(nǎinai)	[paternal] grandmother
外祖父	(wàizǔfù)	[maternal] grandfather†
or 外公	(wàigōng)	[maternal] grandfather
or 姥爺	(lǎoye)	[maternal] grandfather
外祖母	(wàizǔmǔ)	[maternal] grandmother†
or 姥姥	(lǎolao)	[maternal] grandmother
or 外婆	(wàipó)	[maternal] grandmother

▼▼▼▼▼▼▼▼▼▼▼▼▼▼▼▼▼▼▼▼▼▼▼▼▼▼▼▼▼▼▼▼▼

C. Parents:

父親	(fùqin)	father†
or 爸爸	(bàba)	dad; father

母親	(mǔqin)	mother†
or 媽媽	(māma)	mom; mother

D. Uncles and aunts:

伯父	(bófù)	uncle [elder brother to 父親 (fùqin)]†
or 伯伯	(bóbo)	uncle [elder brother to 父親 (fùqin)]

伯母	(bómǔ)	aunt [wife to 伯父 (bófù)]†
or 大娘	(dàniáng)	aunt [wife to 伯父 (bófù)]
or 大媽	(dàmā)	aunt [wife to 伯父 (bófù)]

叔父	(shūfù)	uncle [younger brother to 父親 (fùqin)]†
or 叔叔	(shūshu)	uncle [younger brother to 父親 (fùqin)]

嬸母	(shěnmǔ)	aunt [wife to 叔父 (shūfù)]†
or 嬸兒	(shěnr)	aunt [wife to 叔父 (shūfù)]
or 嬸嬸	(shěnshen)	aunt [wife to 叔父 (shūfù)]

姑母	(gūmǔ)	aunt [sister to 父親 (fùqin)]†
or 姑姑	(gūgu)	aunt [sister to 父親 (fùqin)]
or 姑媽	(gūmā)	aunt [sister to 父親 (fùqin)]

姑父	(gūfù)	uncle [husband to 姑母 (gūmǔ)]†
or 姑丈	(gūzhàng)	uncle [husband to 姑母 (gūmǔ)]

舅父	(jiùfù)	uncle [brother to 母親 (mǔqin)]†
or 舅舅	(jiùjiu)	uncle [brother to 母親 (mǔqin)]

| 舅母 | (jiùmǔ) | aunt [wife to 舅舅 (jiùjiu)]† |
| *or* 舅媽 | (jiùmā) | aunt [wife to 舅舅 (jiùjiu)] |

姨母	(yímǔ)	aunt [sister to 母親 (mǔqin)]†
or 姨	(yí)	aunt [sister to 母親 (mǔqin)]
or 阿姨	(āyí)	aunt [sister to 母親 (mǔqin)]
or 姨媽	(yímā)	aunt [sister to 母親 (mǔqin)]

| 姨父 | (yífu) | uncle [husband to 姨母 (yímǔ)]† |
| *or* 姨丈 | (yízhàng) | uncle [husband to 姨母 (yímǔ)] |

E. Brothers, sisters and their spouses:

| 哥哥 | (gēge) | elder brother |

| 嫂子 | (sǎozi) | sister-in-law [wife to 哥哥 (gēge)] |
| *or* 嫂嫂 | (sǎosao) | sister-in-law [wife to 哥哥 (gēge)] |

| 姐姐 | (jiějie) | elder sister |

| 姐夫 | (jiěfu) | brother-in-law [husband to 姐姐 (jiějie)] |

| 弟弟 | (dìdi) | younger brother |

| 弟妹 | (dìmèi) | sister-in-law [wife to 弟弟 (dìdi)] |
| *or* 弟媳婦 | (dìxífu) | sister-in-law [wife to 弟弟 (dìdi)] |

| 妹妹 | (mèimei) | younger sister |

| 妹夫 | (mèifu) | brother-in-law [husband to 妹妹 (mèimei)] |

F. Cousins:

| 堂兄 | (tángxiōng) | elder male cousin [伯父 (bófù) or 叔叔 (shūshu)'s son |
| *or* 堂哥 | (tánggē) | older than oneself] |

▼▼▼▼▼▼▼▼▼▼▼▼▼▼▼▼▼▼▼▼▼▼▼▼▼▼▼▼▼▼▼▼▼▼▼▼▼▼

堂弟	(tángdì)	younger male cousin [伯父 (bófù) or 叔叔 (shūshu)'s son younger than oneself]
堂姊 or 堂姐	(tángzǐ) (tángjiě)	elder female cousin [伯父 (bófù) or 叔叔 (shūshu)'s daughter older than oneself]
堂妹	(tángmèi)	younger female cousin [伯父 (bófù) or 叔叔 (shūshu)'s daughter younger than oneself]
表哥	(biǎogē)	elder male cousin [姑母 (gūmǔ), 舅舅 (jiùjiu) or 姨母 (yímǔ)'s son older than oneself]
表嫂	(biǎosǎo)	sister-in-law [wife to 表哥 (biǎogē)]
表姐	(biǎojiě)	elder female cousin [姑母 (gūmǔ), 舅舅 (jiùjiu) or 姨母 (yímǔ)'s daughter older than oneself]
表姐夫	(biǎojiěfu)	brother-in-law [husband to 表姐 (biǎojiě)]
表弟	(biǎodì)	younger male cousin [姑母 (gūmǔ), 舅舅 (jiùjiu) or 姨母 (yímǔ)'s son younger than oneself]
表弟妹	(biǎodìmèi)	sister-in-law [wife to 表弟 (biǎodì)]
表妹	(biǎomèi)	younger female cousin [姑母 (gūmǔ), 舅舅 (jiùjiu) or 姨母 (yímǔ)'s daughter younger than oneself]
表妹夫	(biǎomèifu)	brother-in-law [husband to 表妹 (biǎomèi)]

G. Children and their spouses:

兒子	(érzi)	son
兒媳婦	(érxífu)	daughter-in-law
女兒	(nǚ'ér)	daughter

女婿	(nǚxu)	son-in-law

H. Nephews, nieces and their spouses:

侄子 *or* 侄兒	(zhízi) (zhí'ér)	nephew [哥哥 (gēge) or 弟弟 (dìdi)'s son]
侄媳婦	(zhíxífu)	niece [wife to 侄子 (zhízi)]
侄女	(zhínǚ)	niece [哥哥 (gēge) or 弟弟 (dìdi)'s daughter]
侄女婿	(zhínǚxu)	nephew [husband to 侄女 (zhínǚ)]
外甥	(wàisheng)	nephew [姐姐 (jiějie) or 妹妹 (mèimei)'s son]
外甥媳婦	(wàishengxífu)	niece [wife to 外甥 (wàisheng)]
外甥女	(wàishengnǚ)	niece [姐姐 (jiějie) or 妹妹 (mèimei)'s daughter]
外甥女婿	(wàishengnǚxu)	nephew [husband to 外甥女 (wàishengnǚ)]

I. Grandchildren and their spouses:

孫子	(sūnzi)	grandson [son's son]
孫媳婦	(sūnxífu)	granddaughter-in-law [son's son's wife]
外孫	(wàisūn)	grandson [daughter's son]
外孫媳婦	(wàisūnxífu)	granddaughter-in-law [daughter's son's wife]
孫女	(sūnnǚ)	granddaughter [son's daughter]
孫女婿	(sūnnǚxu)	grandson-in-law [son's daughter's husband]
外孫女	(wàisūnnǚ)	granddaughter [daughter's daughter]
外孫女婿	(wàisūnnǚxu)	grandson-in-law [daughter's daughter's husband]

▼▼

J. Great grandchildren and their spouses:

曾孫	(zēngsūn)	great grandson [son's son's son]
曾孫媳婦	(zēngsūnxífu)	great granddaughter-in-law [son's son's son's wife]
曾孫女	(zēngsūnnǚ)	great granddaughter [son's son's daughter]
曾孫女婿	(zēngsūnnǚxu)	great granddaughter-in-law [son's son's daughter's husband]

2. 以為 (yǐwéi)

以為 (yǐwéi) is often used to signify an understanding or judgment that is proven to be erroneous.

(1)　A: 小王，今天星期幾？

　　　Xiǎo Wáng, jīntiān xīngqī jǐ?

　　　(Little Wang, what day is today?)

　　　B: 星期四。

　　　B: Xīngqīsì.

　　　(Today is Thursday.)

　　　A: 我以為已經星期五了呢。

　　　Wǒ yǐwéi yǐjīng xīngqīwǔ le ne.

　　　(I thought it was already Friday.)

(2)　我以為你今天不來了呢。

　　　Wǒ yǐwéi nǐ jīntiān bù lái le ne.

　　　(I thought you wouldn't come today.)

(3)　我們都以為今天要考試，到了學校以後，才知道沒有考試。

　　　Wǒmen dōu yǐwéi jīntiān yào kǎoshì, dàole xuéxiào yǐhòu, cái zhīdao méiyǒu kǎoshì.

　　　(We had all thought that we would have a test today, and didn't realize that there was no test until we arrived at school.)

In very formal Chinese, 以為 (yǐwéi) is often interchangeable with 認為 (rènwéi), but the former is much more modest since it implies that one's view could be wrong.

3. Existential Sentences

Sentences indicating existence of certain things at certain locations follow a particular structure:

Place Word + Verb + Numeral + Measure Word + Noun

Three kinds of verbs can be used in an existential sentence: a) 有 (yǒu), b) 是 (shì), and c) regular verbs indicating bodily movements such as 站、坐、躺、放、掛、種 (zhàn, zuò, tǎng, fàng, guà, zhòng), etc. Following verbs in category c) either 著 or 了 (zhè or le) should be used [see G.4].

The function of an existential sentence is descriptive.

(1) 我的宿舍在一樓。一進房間就可以看見南邊有一個窗戶，窗戶前面放著一張桌子，桌子上擺著一個花瓶。靠右邊的牆上掛著一張中國畫，畫上畫著山水。畫的旁邊有一個衣櫃，裏邊掛著很多衣服。我的房間雖然不大，可是很舒服。

Wǒ de sùshè zài yī lóu. Yī jìn fángjiān jiù kěyǐ kàn jiàn nánbiān yǒu yí ge chuānghu, chuānghu qiánmiàn fàngzhe yì zhāng zhuōzi, zhuōzi shang bǎi zhe yí ge huāpíng. Kào yòubiān de qiáng shang guàzhe yì zhāng Zhōngguó huà, huà shang huàzhe shānshui. Huà de pángbiān yǒu yí ge yīguì, lǐbiān guàzhe hěn duō yīfu. Wǒ de fángjiān suīrán bú dà, kěshì hěn shūfu.

(I live on the first floor of the dorm. Entering my room, you will see the window on the south side. In front of the window there is a table. On the table is a vase. On the wall to the right hangs a Chinese landscape painting. Next to the painting is a closet. There are a lot of clothes hanging inside. My room is not big, but it is comfortable.)

(2) 我的家鄉在一個小鎮上。小鎮的後邊
有一座山，前面是一條河。河的對面
種著很多樹。春天和夏天，樹上開滿
了花，美極了。

Wǒ de jiāxiāng zài yí ge xiǎo zhèn shang. Xiǎo zhen de hòubiān yǒu yí zuò shān, qiánmiàn shì yì tiáo hé. Hé de duìmiàn zhòng zhe hěn duō shù. Chūntiān hé xiàtiān, shù shang kāi mǎn le huā, měi jíle.

(I'm from a small town. Behind the town there is a hill. There is a river in front of the town. Across the river there are a lot of trees. It's very pretty in spring and summer when the trees are in full bloom.)

When 有 (yǒu) is used to indicate existence, there can be more than one object in the place described. But if 是 (shì) is used instead of 有 (yǒu), there can only be one object occupying the place in question.

(3) 我家對面有一個公園和一家餐館。

Wǒ jiā duìmiàn yǒu yí ge gōngyuán hé yì jiā cānguǎn.

(There's a park and a restaurant across from my home.)

(4) 我家對面是一家餐館。

Wǒ jiā duìmiàn shì yì jiā cānguǎn.

(Across from my home is a restaurant.)

4. The Dynamic Particle 著 (zhe)

著 (zhe) signifies the continuation of an action or a state. Its function is descriptive. We have come across the following usages of 著 (zhe).

A. In existential sentences:

(1) 桌子上放著一本書。

Zhuōzi shang fàngzhe yì běn shū.

(There's a book on the table.)

(2) 門前種著一些樹。

Mén qián zhòngzhe yìxiē shù.

(There are some trees planted in front of the house.)

B. In sentences indicating a simultaneous action:

(3) 老師站著講課，學生坐著聽課。

Lǎoshī zhànzhe shàng kè, xuésheng zuòzhe tīng kè.

(The teacher stood lecturing while the students sat listening.)

(4) 我喜歡躺著看書。

Wǒ xǐhuan tǎngzhe kàn shū.

(I like to read while lying down.)

(5) 他常常開著門睡覺。

Tā chángcháng kāizhe mén shuì jiào.

(He often sleeps with the door open.)

著 (zhe) is normally used to indicate continuing state. 在 (zài) is normally used to indicate continuing action. These two forms are not mutually interchangeable.

(6) A: 學生們在做什麼呢？

Xuéshengmen zài zuò shénme ne?

(What are the students doing?)

B: 在上課。

Zài shàng kè.

(They are having a class.)

在 (zài) in (6) above cannot be replaced with 著 (zhe). Likewise, 著 (zhe) in (1) through (5) cannot be replaced with 在 (zài).

5. Adjective / Verb + 是 (shì) + Adjective/Verb, + 可是/但是... (kěshì/dànshì...)

Sentences in this pattern usually contain a semantic partial reversal or change of direction.

(1) A: 中文難不難？

Zhōngwén nán bu nán?

(Is Chinese difficult?)

B: 中文難是難，可是很有意思。

Zhōngwén nán shì nán, kěshì hěn yǒu yìsi.

(It is difficult, but it is very interesting.)

(2) A: 你昨天看的歌劇好嗎？

Nǐ zuótiān kàn de gējù hǎo ma?

(How was the opera you saw yesterday?)

B: 那個歌劇好是好，但是太長了。

Nàge gējù hǎo shì hǎo, dànshì tài cháng le.

(It was pretty good, but it was too long.)

(3) A: 紅燒肉好吃嗎？

Hóngshāoròu hǎochī ma?

(Is red-cooked pork tasty?)

B: 紅燒肉好吃是好吃，可是對健康不太好。

Hóngshāoròu hǎochī shì hǎochī, kěshì duì jiànkāng bú tài hǎo.

(It is tasty, but it's not very good for your health.)

(4) A: 明天小林過生日，你去參加她的生日晚會嗎？

Míngtiān Xiǎo Lín guò shēngrì, nǐ qù cānjiā tā de shēngrì wǎnhuì ma?

(Tomorrow is Little Lin's birthday. Will you go to her birthday party?)

B: 我去是去，可是會晚一點兒。

Wǒ qù shì qù, kěshì huì wǎn yì diǎnr.

(I'll go, but I will be a little bit late.)

(5) A: 你喜歡這張照片嗎？

Nǐ xǐhuan zhè zhāng zhàopiàn ma?

(Do you like this picture?)

B: 喜歡是喜歡，可是這張照片太小了。

Xǐhuan shì xǐhuan, kěshì zhè zhāng zhàopiàn tài xiǎo le.

(I like it, but it is too small.)

Note: This pattern can be used only when the adjective or verb in it has already been mentioned, e.g., 難 (nán) in (1), 好 (hǎo) in (2), 好吃 (hǎochī) in (3), 去 (qù) in (4), and 喜歡 (xǐhuan) in (5). In this regard, it is different from the pattern 雖然...可是/但是... (suīrán...kěshì/dànshì...).

PATTERN DRILLS

A. 以為 (yǐwéi)

EXAMPLE: 他是從南方來的。　　(從北方來的)

→ 我以為他是從北方來的。

Tā shì cóng nánfāng lái de.　　(cóng běifāng lái de)

→ Wǒ yǐwéi tā shì cóng běifāng lái de.

1. 他們會說中文。　　　　　　(不會說中文)

2. 這本書很有意思。　　　　　(一點意思也沒有)

3. 說中文不太難。　　　　　　(說中文很難)

4. 這個公寓很吵。　　　　　　(很安靜)

5. 你的行李不重。　　　　　　(很重)

6. 他很喜歡動物。　　　　　　(不喜歡動物)

7. 他的親戚住在加州。　　　　(住在紐約)

8. 打電話到中國貴極了。　　　(不太貴)

1.　Tāmen huì shuō Zhōngwén.　　　　　(bú huì shuō Zhōngwén)

2.　Zhè běn shū hěn yǒu yìsi.　　　　　(yì diǎn yìsi yě méiyǒu)

▼▼

3. Shuō Zhōngwén bú tài nán.   (shuō Zhōngwén hěn nán)

4. Zhège gōngyù hěn chǎo.   (hěn ānjìng)

5. Nǐ de xíngli bú zhòng.   (hěn zhòng)

6. Tā hěn xǐhuan dòngwù.   (bù xǐhuan dòngwù)

7. Tā de qīnqi zhù zài Jiāzhōu.   (zhù zài Niǔyuē)

8. Dǎ diànhuà dào Zhōngguó guì jí le.   (bú tài guì)

B. Existential Sentences with 有 (yǒu)

EXAMPLE: 桌子上， 一本書，一枝筆

→ 桌子上有一本書和一枝筆。

zhuōzishang,   yì běn shū,   yì zhī bǐ

⟶ Zhuōzi shang yǒu yì běn shū hé yì zhī bǐ.

1. 我家旁邊，   一個小學，一個醫院

2. 教室裏，   一個老師，十五個學生

3. 停車場上，   很多汽車

4. 我的宿舍裏，   中文書，英文書

5. 語言實驗室，   很多電腦和錄音帶

6. 我的宿舍旁邊，   一個學生活動中心

7. 這個小鎮的東邊，   幾座小山，一條小河

8. 北京，   很多好飯館

9. 牆上，   一張畫，一張照片

1. wǒ jiā pángbiān,   yí ge xiǎoxué, yí ge yīyuàn

2. jiàoshì li,   yí ge lǎoshī,   shíwǔ ge xuésheng

3. tíngchēchǎng shang,   hěn duō qìchē

4. wǒ de sùshè li,   Zhōngwén shū,   Yīngwén shū

5. yǔyán shíyànshì,   hěn duō diànnǎo hé lùyīndài

6. wǒ de sùshè pángbiān,   yí ge xuéshēng huódòng zhōngxīn

7. zhège xiǎo zhèn de dōngbian,   jǐ zuò xiǎo shān, yì tiáo xiǎo hé

8. Běijīng,   hěn duō hǎo fànguǎn

9. qiáng shang,   yì zhāng huà, yì zhāng zhàopiàn

C. Existential Sentences with 是 (shì)

EXAMPLE: 圖書館旁邊，　　電腦中心

→ 圖書館旁邊是電腦中心。

túshūguǎn pángbiān,   diànnǎo zhōngxīn

→ Túshūguǎn pángbiān shì diànnǎo zhōngxīn.

1. 這個小鎮的北邊，   電腦中心

2. 我們宿舍的西邊，   圖書館

3. 圖書館的東邊，   學生活動中心

4. 學生活動中心的後邊，   語言實驗室

5. 郵局的前邊，   銀行

6. 銀行和圖書館的中間，   公園

7. 高速公路的左邊，   飛機場

8. 小河的右邊，   停車場

9. 我家南邊，   一條小河

1. zhège xiǎo zhèn de běibiān,   diànnǎo zhōngxīn

2. wǒmen sùshè de xībiān,   túshūguǎn

3. túshūguǎn de dōngbiān,   xuéshēng huódòng zhōngxīn

4. xuéshēng huódòng zhōngxīn de hòubiān,   yǔyán shíyànshì

5. yóujú de qiánbiān,   yínháng

▼▼▼

6. yínháng hé túshūguǎn de zhōngjiān,   gōngyuán

7. gāosù gōnglù de zuǒbiān,   fēijīchǎng

8. xiǎo hé de yòubiān,   tíngchēchǎng

9. wǒ jiā nánbiān,   yì tiáo xiǎo hé

D. 著 (zhe)

EXAMPLE: 房子外頭， 停， 一輛汽車

→ 房子外頭停著一輛汽車。

Fángzi wàitou,　 tíng,　 yí liàng qìchē

→ Fángzi wàitou tíngzhe yí liàng qìche.

1.	我家的外頭	種	很多花
2.	床上	放	一張報紙
3.	沙發上	坐	兩個人
4.	教室外頭	站	一位老師
5.	我的宿舍旁邊	種	很多小樹
6.	客廳裏	放	幾把椅子
7.	他	穿	一件紅襯衫
8.	椅子上	放	一件衣服。

1.	wǒ jiā de wàitou	zhòng	hěn duō huā
2.	chuáng shang	fàng	yì zhāng bàozhǐ
3.	shāfā shang	zuò	liǎng ge rén
4.	jiàoshì wàitou	zhàn	yí wèi lǎoshī
5.	wǒ de sùshè pángbiān	zhòng	hěn duō xiǎo shù
6.	kètīng li	fàng	jǐ bǎ yǐzi
7.	tā	chuān	yí jiàn hóng chènshān
8.	yǐzi shang	fàng	yí jiàn yīfu

E. 聽起來 (tīng qilai)

EXAMPLE: 這幾天，我的功課很多。

→ 聽起來你最近很忙。

Zhè jǐ tiān, wǒ de gōngkè hěn duō.

→ Tīng qilai nǐ zuìjìn hěn máng.

1. 我覺得中文太有意思了。
2. 今天晚上的電影沒有意思。
3. 他明天要開三個會。
4. 我的老家有一座小山，山上開滿了花。
5. 舊金山的夏天不熱，冬天也不冷。

1. Wǒ juéde Zhōngwén tài yǒu yìsi le.

2. Jīntiān wǎnshang de diànyǐng méiyǒu yìsi.

3. Tā míngtiān yào kāi sān ge huì.

4. Wǒ de lǎojiā yǒu yí zuò xiǎo shān, shān shang kāi mǎn le huā.

5. Jiùjīnshān de xiàtiān bù rè, dōngtiān yě bú lěng.

F. 比方說 (bǐfang shuō)

EXAMPLE: (這個地方一年四季都很好，春天可以看花，秋天可以看紅葉。)

→ 這個地方一年四季都很好。比方說，春天可以看花，秋天可以看紅葉。

Zhège dìfang yì nián sì jì dōu hěn hǎo, chūntiān kěyǐ kàn huā, qiūtiān kěyǐ kàn hóngyè.

→ Zhège dìfang yì nián sì jì dōu hěn hǎo. Bǐfang shuō, chūntiān kěyǐ kàn huā, qiūtiān kěyǐ kàn hóngyè.

1. 這個地方一年四季都很好　　夏天可以游泳，冬天可以滑雪

2. 他會很多語言　　英文、中文、法文

3. 我的弟弟很喜歡玩兒　　打球、看電視、游泳

4. 中國飯很好吃　　糖醋魚、家常豆腐

5. 我每天都有很多事　　練習生詞，學語法，給朋友打電話

6. 學中文很有用　　可以用中文寫信，跟中國人聊天

7. 大城市很方便　　有很多飯館，還有地鐵，公共汽車

8. 這個大學什麼都有　　電腦中心，學生活動中心，運動場

1. Zhè ge dìfang yì nián sì jì dōu hěn hǎo — xiàtiān kěyǐ yóu yǒng, dōngtiān kěyǐ huá xuě

2. Tā huì hěn duō yǔyán — Yīngwén, Zhōngwén, Fǎwén

3. Wǒ de dìdi hěn xǐhuan wánr — dǎ qiú, kàn diànshì, yóu yǒng

4. Zhōngguó fàn hěn hǎochī — tángcùyú, jiācháng dòufǔ

5. Wǒ měitiān dōu yǒu hěn duō shì — liànxí shēngcí, xué yǔfǎ, gěi péngyou dǎ diànhuà

6. Xué Zhōngwén hěn yǒuyòng — kěyǐ yòng Zhōngwén xiě xìn, gēn Zhōngguórén liáotiān

7. Dà chéngshì hěn fāngbiàn — yǒu hěn duō fànguǎn, háiyǒu dìtiě, gōnggòng qìchē

8. Zhège dàxué shénme dōu yǒu — diànnǎo zhōngxīn, xuéshēng huódòng zhōngxīn, yùndòngchǎng

G. Adjective Verb 是 (shì) Adjective / Verb , 可是...(kěshì...)

EXAMPLE: 這兒的氣候好嗎？(冬天長)

→ 這兒的氣候好是好，可是冬天太長了。

Zhèr de qìhòu hǎo ma?   (dōngtiān cháng)

→ Zhèr de qìhòu hǎo shì hǎo, kěshì dōngtiān tài cháng le.

1.	這種花漂亮，	太小
2.	我的老家遠，	開車去很方便
3.	這種首飾貴，	女孩子很喜歡
4.	我現在餓，	不想吃飯
5.	足球有意思，	太危險
6.	跳舞我喜歡，	沒時間跳

1. Zhè zhǒng huā piàoliang,   tài xiǎo

2. Wǒ de lǎojiā yuǎn,   kāi chē qù hěn fāngbiàn

3. Zhè zhǒng shǒushi guì,   nǚháizi hěn xǐhuan

4. Wǒ xiànzài hěn è,   bù xiǎng chī fàn

5. Zúqiú yǒu yìsi,   tài wēixiǎn

6. Tiào wǔ wǒ xǐhuan,   méi shíjiān tiào

H. 差不多 (chàbuduō)

EXAMPLE: 我老家的天氣，   這兒

→ 我老家的天氣跟這兒差不多。

Wǒ lǎojiā de tiānqì,   zhèr

→ Wǒ lǎojiā de tiānqì gēn zhèr chàbuduō.

1. 他的襯衫   我的

2. 這裏的夏天   台北的

3. 美國菜   英國菜

4. 他說中文說得   中國人

5. 他寫字寫得   他哥哥

6. 這個電影   那個電影

7. 這雙鞋的大小   那雙鞋

1. Tā de chènshān   wǒ de

2. Zhèlǐ de xiàtiān   Táiběi de

3. Měiguó cài   Yīngguó cài

4. Tā shuō Zhōngwén shuō de   Zhōngguórén

5. Tā xiě zì xiě de   tā gēge

6. Zhège diànyǐng   nàge diànyǐng

7. Zhè shuāng xié de dàxiǎo   nà shuāng xié

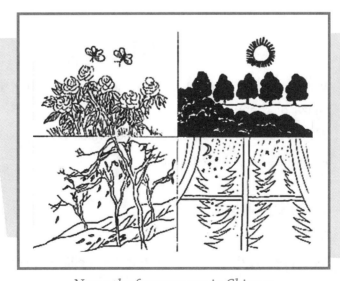

Name the four seasons in Chinese.

Pinyin Texts

DIALOGUE I

(Lǐ Yǒu hé zhù zài tā duìmian de Wáng Dézhōng zài tán chūnjià de jìhuà. Wáng Dézhōng shì Zhōngguó lái de liúxuéshēng.)

Wáng Dézhōng: Lǐ Yǒu, nǐ chūnjià yǒu shénme jìhuà?

Lǐ Yǒu: Wǒ yào huí jiā kàn wǒ de fùmǔ. Nǐ ne?

Wáng Dézhōng: Wǒ yào qù Jiāzhōu kàn wǒ de wàigōng, wàipó, háiyǒu āyí.

Lǐ Yǒu: Wǒ yǐwéi nǐ zài Měiguó méiyǒu qīnqi ne.

Wáng Dézhōng: Wǒ de wàigōng, wàipó gēn wǒ āyí zhù zài Jiùjīnshān, bóbo yì jiā zhù zài Luòshānjī. Nǐ de lǎojiā zài nǎr?

Lǐ Yǒu: Zài Mázhōu xībian.

Wáng Dézhōng: Nǐ jiā zhù zài dà chéngshì ma?

Lǐ Yǒu: Bú shì, shì zài xiāngxià de yí ge xiǎo zhèn, rénkǒu zhǐ yǒu wǔqiān, zuǒbianr yǒu jǐ zuò xiǎo shān, yòubianr shì yì tiáo xiǎo hé, xiǎo hé liǎngbiān zhòngzhe hěn duō shù, chūntiān de shíhou, shù shang kāi mǎn le huār, měi jí le.

Wáng Dézhōng: Tīng qilai fēngjǐng hěn búcuò.

Lǐ Yǒu: Shì a. Wǒ hěn xǐhuan nàge dìfang, nàr yì nián sì jì dōu hěn hǎo. Bǐfang shuō, chūntiān kěyǐ kàn huār, xiàtiān kěyǐ yóuyǒng, qiūtiān kěyǐ kàn hóngyè, dōngtiān kěyǐ huá xuě.

Wáng Dézhōng: Zhēn shì yí ge hǎo dìfang!

Lǐ Yǒu: Huānyíng nǐ lái wǒ jiā wánr.

DIALOGUE II

Xiǎo Lín: Wáng Péng, nǐ dào Měiguó yǐjīng jǐ ge yuè le, nǐ xǐhuan bu xǐhuan xiànzài de shēnghuó?

Wáng Péng: Měiguó hǎo shi hǎo, dànshì wǒ gèng xǐhuan wǒ de jiāxiāng.

Xiǎo Lín: Shì ma? Zěnme, nǐ xiǎng jiā la?

Wáng Péng: Shì a.

Xiǎo Lín: Nǐ de lǎojiā zài nǎr?

Wáng Péng: Zài Běijīng.

Xiǎo Lín: Běijīng zěnmeyàng? Wǒ cháng tīngshuō Běijīng hěn hǎo, kěshì wǒ hái méiyǒu qùguo ne.

▼▼▼

Wáng Péng:	Běijīng shì Zhōngguó de shǒudū, yě shì Zhōngguó de zhèngzhì, jīngjì hé wénhuà de zhōngxīn.
Xiǎo Lín:	Běijīng de qìhòu zěnmeyàng?
Wáng Péng:	Běijīng zài Zhōngguó de běibù, qìhòu gēn zhèr chàbuduō. Chūn, xià, qiū, dōng sì jì fēnmíng. Dōngtiān lěng, xiàtiān rè, chūntiān chángcháng guā fēng, qiūtiān zuì shūfu.
Xiǎo Lín:	Nǐ dǎsuàn shénme shíhou huí jiā kànkan?
Wáng Péng:	Jīnnián shǔjià. Rúguǒ nǐ gēn Xiǎo Gāo yào qù Běijīng lǚxíng de huà, wǒmen kěyǐ yìqǐ zǒu.
Xiǎo Lín:	Nà tài hǎo le. Nǐ kěyǐ dāng wǒmen de dǎoyóu.

English Texts

DIALOGUE I

(Li You and Wang Dezhong, who lives across the hallway, are talking about their plans for the spring break. Wang Dezhong is a student from China.)

▲▲▲

Wang Dezhong:	Li You, do you have any plans for the spring break?
Li You:	I'll go back home to visit my parents. What about you?
Wang Dezhong:	I'll go to California to visit my grandpa and grandma and my aunt.
Li You:	I thought you didn't have any relatives in the U.S.
Wang Dezhong:	My grandpa, grandma and my aunt live in San Francisco. My uncle's family lives in Los Angeles. Where is your hometown?
Li You:	In western Massachusetts.
Wang Dezhong:	Does your family live in a big city?
Li You:	No, we live in a small town in a rural area, with a population of only five thousand. There are hills to the left and a river to the right. There are lots of trees on both sides of the river. In springtime the trees are full of blossoms. It's really beautiful.
Wang Dezhong:	The scenery there sounds wonderful.
Li You:	It is [wonderful]. I really like the place. It's great all year round. For example, you can appreciate flowers in spring, go swimming in summer, see red leaves in fall and go skiing in winter.

Wang Dezhong:	What a great place!
Li You:	You are welcome to come to my home and visit.

DIALOGUE II

Little Lin:	Wang Peng, you've been in the States for several months now. Do you like your life now?
Wang Peng:	America is wonderful, but I like my hometown even more.
Little Lin:	Yeah? Well, are you homesick?
Wang Peng:	Yes.
Little Lin:	Where is your hometown?
Wang Peng:	Beijing.
Little Lin:	What is Beijing like? I often hear that Beijing is great, but I've never been there.
Wang Peng:	Beijing is China's capital. It's also China's political, economic, and cultural center.
Little Lin:	How is the climate in Beijing?
Wang Peng:	Beijing is in the north part of China. The climate is about the same as here. There are four distinct seasons. It's cold in winter, hot in summer, and it's often very windy in spring. Fall is the most comfortable (season).
Little Lin:	When do you plan to go back for a visit?
Wang Peng:	This summer. If you and Little Gao would like to travel to Beijing, we could all go together.
Little Lin:	That'd be wonderful. You could be our guide.

▼▼▼

▲▲▲ **Exercises** ▲▲▲

Fill in the blank. (The answer can be found in Dialogue I.)

這是一個＿＿＿＿＿＿＿＿＿。

Does this picture accurately depict the weather in Beijing? Please support your answer by quoting passages from Dialogue II.

The passage below describes the picture above. It includes four new expressions (but only two new characters). You should be able to decipher their meanings without using your dictionary. Write the English equivalents of these four expressions in the spaces provided.

這是麻州鄉下的一個小鎮，人口只有五千，可是有很多高樓(1)，連山頂(2)上都有高樓。小鎮的北邊有幾座小山，常常有很多鳥兒(3)在山上飛。小鎮的南邊是一條小河，河上有一座小橋(4)，河邊種著很多樹，春天的時候，樹上開滿了花，美極了。

1. _____   2. _____

3. _____   4. _____

LESSON 23 ▲ At the Airport
第二十三課 ▲ 在機場
Dì èrshísān kè ▲ *Zài jīchǎng*

Dialogue I: Checking in at the Airport

VOCABULARY

1.	暑假	shǔjià	n	summer vacation
2.	探親 探	tàn qīn	vo	go home to visit one's family
3.	前一天	qián yì tiān		the day before
4.	收拾	shōushi	v	to pack; to tidy up *(to punish as in children)*
5.	行李	xíngli	n	baggage
6.	出門	chū mén	vo	to go on a journey
7.	提醒	tíxǐng	v	to remind

jiancha   to take a look at/examine

8.	停車場 停车场 tíngchēchǎng	n	parking lot
	停車	tíng chē	vo	to park (a car, bike, etc.)
	停	tíng	v	to stop; to park
9.	差不多	chàbuduō	adv	almost; nearly
10.	差一點兒	chàyidiǎnr	adv	nearly; barely (indicates that something nearly took place or just took place and implies either thankfulness or regret)
11.	找不到	zhǎo bu dào	vc	unable to find
12.	來到	láidào	v	to arrive; to come
13.	服務台 服务台 fúwùtái	n	service counter
	台	tái	n	stand; table; platform
14.	件	jiàn	m	(a measure word for luggage, etc.)
15.	托運 托运 tuōyùn	v	to check (baggage); to consign for shipment
16.	皮箱	píxiāng	n	leather suitcase
17.	隨身 随 suíshēn	adv	(carry) on one's person
	隨 随	suí	v	to follow; to go along with
18.	稱 称	chēng	v	to weigh
19.	超重	chāozhòng	v	to be overweight (of baggage, freight, etc.)
	超	chāo	v	to exceed; to surpass
20.	登機證 登机证 dēngjīzhèng	n	boarding pass
21.	要…了	yào…le		to be about to…
22.	起飛 起飞 qǐfēi	v	to take off
23.	急	jí	adj/adv	anxious; impatient; urgent
24.	哭	kū	v	to cry; to weep

Handwritten annotations:
- tíngchē wèi / parking spot (near item 8)
- 的 (near item 11)
- ? jewelry ? clothes (near item 14)
- pí → leather (skin) (near item 16)
- chèng: scale (near item 18)
- step on ticket (near item 20)
- ↳ to step on (near item 20)
- dēngjīkǒu = gate (near item 20)
- Nǐ zěnme kū (bottom of page)
- jǐnzhāng (bottom of page)

25.	長途 长	chángtú	n	long distance
26.	常	cháng	adv	= 常常 (chángcháng)
27.	保重	bǎozhòng	v	to take care (of oneself)
28.	小心	xiǎoxīn	v	to be careful
29.	一路順風	yí lù shùnfēng	ce	Have a good trip!; Bon voyage!

一路順風

DIALOGUE I

(放暑假了，王朋要回中國探親(1)，前一天(2)
晚上李友幫他收拾行李。第二天李友開車
送他到機場，出門的時候(G1)，李友提醒他
檢查一下機票和證件。這一天坐飛機的人
很多，停車場差不多都滿了，差一點(3)找
不到停車的地方，李友找了半天才找到一
個。他們停好車以後(G1)，來到了中國民航
的服務台。)

▲▲▲▲▲▲▲▲▲▲▲▲▲▲▲▲▲▲▲▲▲▲▲▲▲▲▲▲

王朋：　　小姐，這是我的機票。

服務員：　先生，請把護照給我看看。你有
　　　　　幾件行李要托運？

王朋：　　兩件。這個小皮箱我隨身帶著。

服務員：　麻煩您拿上來，我稱稱。

李友：　　沒超重吧？

服務員： 沒有。這是您的護照、機票，
　　　　 這是登機證。請到五號門⁽⁴⁾上
　　　　 飛機。

王朋： 謝謝。

▲▲▲▲▲▲▲▲▲▲▲▲▲▲▲▲▲▲▲▲▲▲▲▲▲▲▲▲▲▲

李友： 飛機要起飛了，你快進去吧。

王朋： 不急，還有二十分鐘呢。你怎麼哭
　　　 了呢？別哭，別哭。我一個月就回
　　　 來了。

李友： 什麼"就"回來，你一個月以
　　　 後"才"回來。

王朋： 回國以後，我會給你打電話。

李友： 從中國打長途電話到美國來太貴
了，還是我給你打吧，你常給我寫
信就行了。

王朋： 好，我要上飛機了，你多保重。回
家的時候，開車要小心。

李友： 我會小心的，你也多保重。一路順
風!

Notes

▲**1**▲ While 探親 (tàn qīn) is translated as "to visit relatives," it usually applies only to a visit to members of one's immediate family: the parents, the spouse, or the children, who live elsewhere. For a visit to a relative outside of the immediate family, the phrase 看親戚 (kàn qīnqi) is often used.

▲**2**▲ Note the difference between 前一天 (qián yì tiān) and 前天 (qiántiān). The former refers to the day immediately before the day in question, while the latter is the equivalent to "the day before yesterday."

▲**3**▲ 差不多 (chàbuduō) and 差一點 (chàyidiǎn) compared: 差不多 (chàbuduō), literally meaning "different by not much," in other words, "almost the same," is often used in comparative sentences: 我的公寓和你的差不多 (Wǒ de gōngyù hé nǐ de chàbuduō; My apartment is about the same as yours); 我的襯衫和你的差不多一樣貴 (Wǒ de chènshān hé nǐ de chàbuduō yíyàng guì; My shirt is about as expensive as yours). In our text, 停車場差不多都滿了 (Tíngchēchǎng chàbuduō dōu mǎn le; The parking lot was almost full) suggests that the parking lot is close to being full. On the other hand, 差一點 (chàyidiǎn) literally means "falling a little short of." When used in a comparative sentence, it goes with the comparative marker 比 (bǐ) and means something quite different: 我的公寓比你的差一點 (Wǒ de gōngyù bǐ nǐ de chàyidiǎn; My apartment is a little worse than yours, i.e., it's not as good as yours, although the difference is not great). 差一點 (chàyidiǎn) often

▼▼▼▼▼▼▼▼▼▼▼▼▼▼▼▼▼▼▼▼▼▼▼▼▼▼▼▼▼▼▼▼▼▼▼▼

highlights the speaker's emotion for having barely succeeded or nearly missed something, which 差不多 (chàbuduō) usually does not: 我差一點找不到 停車的 地方 (Wǒ chàyidiǎn zhǎo bu dào tíngchē de dìfang; I almost couldn't find a parking spot); 我差一點找到了停車的地方 (Wǒ chàyidiǎn zhǎo dào le tíngchē de dìfang; I just missed finding a parking spot).

▲4▲ Although "Boarding Gates" are called 登機門 (dēngjīmén) in Taiwan, they are called 登機口 (dēngjīkǒu) in China.

Domestic Flights in China ▲

For domestic flights in China, there are usually no first-class seats. Also, each passenger is allowed to check only one piece of luggage.

Dialogue II: Arriving in Beijing

VOCABULARY

1.	表弟	biǎodì	n	(younger male) cousin [see L.22, G1.F]
2.	首都機場	Shǒudū Jīchǎng	n	Capital Airport (Beijing)
3.	地	de	p	(used after an adjective to form an adverb)
4.	表哥	biǎogē	n	(older male) cousin [see L.22, G1.F]
5.	路上	lùshang	n	on the way
6.	辛苦	xīnkǔ	adj	hard; toilsome
7.	提	tí	v	to carry (with the arm down)
8.	拿	ná	v	to carry; to take
9.	不動	bu dòng		(as a complement) to not have the physical ability to do something [see G3]
	動	dòng	v	to move; to budge
10.	才	cái	adv	(of quantity or length of time) only; merely

11.	王母	Wáng mǔ		abbr for 王朋的母親 (Wáng Péng de mǔqin)
12.	瘦	shòu _pàng_	adj	thin, slim (usually of a person or animal); lean
13.	慣	guàn	adj	be accustomed to; be used to 吃不惯 _chuu_
14.	公斤	gōngjīn	m	(kilogram)
15.	累壞	lèi huài	vc	to become exhausted
	累	lèi	adj	tired
16.	座位	zuòwei	n	seat
17.	王父	Wáng fù		abbr for 王朋的父親 (Wáng Péng de fùqin) _written as a note, not really true_
18.	爺爺	yéye	n	paternal grandfather
19.	奶奶	nǎinai	n	paternal grandmother
20.	孫子	sūnzi _sūnnǚ_	n	grandson (son of one's son) _wai sūnzi_
21.	門口	ménkǒu	n	doorway
22.	叫	jiào	v	to hail; to hire (a taxi) _jiào chuu giche_

rang

DIALOGUE II

(王朋的父母跟他的表弟都到北京首都機場
來接他。表弟一看到王朋就高興地(G2)跑了
過來。) _de_ _pǎo_

▲▲▲▲▲▲▲▲▲▲▲▲▲▲▲▲▲▲▲▲▲▲▲▲▲

表弟： 表哥，路上辛苦了，來，我幫你提
　　　行李。

王朋：不，你拿不動(G3)，還是我自己拿
吧。才(G4)一年不見，你又長高了。

王母：王朋，你好像瘦了一點兒。

王朋：學校功課太忙，沒時間做飯，又吃
不慣美國飯，所以瘦了五公斤。

王母：這次回來要多吃一點兒。坐了二十
多個鐘頭的飛機，累壞了吧？

王朋：還好(G5)。飛機上的服務很好，座位
也很舒服。

王父：走吧，我們回家以後，再慢慢兒聊
吧。爺爺、奶奶還在家裏等著看孫
子呢！

表弟：你們在門口兒等著，我去叫出租
汽車。

Measurements in China ▲

The metric system is used in China. The commonly used units of length are the meter, called 米 (mǐ) in Chinese, and the kilometer, which is translated as either 公裏 (gōnglǐ) or 千米 (qiānmǐ). The most often used units of weight are the gram, called 克 (kè), and the kilogram, which is rendered as either 公斤 (gōngjīn) or 千克 (qiānkè). Units in traditional Chinese measuring and weighing systems have been modified for the sake of easy convertibility: one Chinese foot (尺 chǐ) equals one third of a meter; one 裏 (lǐ) equals half a kilometer; one 兩 (liǎng) equals fifty grams; and one 斤 (jīn) equals half a kilogram.

SUPPLEMENTARY VOCABULARY

1.	上班	shàng bān	vo	to go to work
2.	研究所	yánjiūsuǒ	n	graduate school (Taiwan); research institute (China)
3.	畢業	bì yè	vo	to graduate; to finish school
4.	想念	xiǎngniàn	v	to miss; to remember with longing
5.	賺	zhuàn	v	to earn
6.	家庭	jiātíng	n	family
7.	點心	diǎnxin	n	light refreshments
8.	有名	yǒumíng	adj	famous; well known
9.	手機	shǒujī	n	cellular phone

Institutes for Higher Learning ▲

While "graduate schools" are known as 研究所 (yánjiūsuǒ) in Taiwan, they are called 研究生院 (yánjiūshēngyuàn) in China. The term 研究所 (yánjiūsuǒ) in China refers to research institutions. In Taiwan, "research institutions" are usually called 研究院 (yánjiūyuàn).

▲▲▲ *Exercise* ▲▲▲

Little Wang shows you a family picture (see previous page), referring to each person using the terms below. Please identify each person by writing the titles in the appropriate blanks.

爺爺，奶奶，爸爸，阿姨，表弟，我

1. _____   2. _____   3. _____   4. _____

Standing, left to right

5. _____   6. _____

Sitting, left to right

Grammar

1. **...的時候 (...de shíhou) and ...以後 (...yǐhòu) Compared**

In a sentence with "V1...的時候 (...de shíhou),...V2...," the first and second action take place simultaneously.

(1) 走的時候別忘了關門。

    Zǒu de shíhou bié wàngle guān mén.

    (Don't forget to close the door when you leave.)

(2) 我看見他的時候，他正在打球。

    Wǒ kàn jiàn tā de shíhou, tā zhèngzài dǎ qiú.

    (When I saw him, he was playing ball.)

(3) 我看信的時候，一邊看一邊笑。

    Wǒ kàn xìn de shíhou, yìbiān kàn yìbiān xiào.

    (When I was reading the letter, I smiled as I read along.)

However, in a sentence with "...以後,...V...," the second action takes place after the first one.

(4) 他走了以後，我就把門關上了。

    Tā zǒule yǐhòu, wǒ jiù bǎ mén guān shang le.

    (I shut the door after he left.)

(5) 我畢業以後要去中國。

Wǒ bìyè yǐhòu yào qù Zhōngguó.

(I will go to China after I graduate.)

(5a) *我畢業的時候要去中國。

*Wǒ bìyè de shíhou yào qù Zhōngguó.

[In this sentence, 以後 must be used, not 的時候, because the two actions, graduating and going to China, cannot take place simultaneously.]

2. 的 (de), 得 (de), and 地 (de) Compared

A. 的 (de) follows an attributive. It cannot follow an adverb. 的 (de) is usually followed by a noun, but a verb or an adjective serving as the subject or object may also follow.

Examples:

(1) 漂亮的女孩子

piàoliang de nǚháizi

(beautiful girl)

(2) 哥哥的客人

gēge de kèren

(the older brother's guest)

(3) 我的家庭

wǒ de jiātíng

(my family)

(4) 新買的衣服

xīn mǎi de yīfu

(newly-bought clothes)

(5) 媽媽給我們做的點心

māma gěi wǒmen zuò de diǎnxin

(refreshments my mother made for us)

(6) 南京的熱 [是有名的]。

Nánjīng de rè [shì yǒumíng de].

(The hot weather in Nanjing) [is well-known].

(7) 他的死 [讓我們很難過]。

Tā de sǐ [ràng wǒmen hěn nánguò].

(His death) [made us very sad].

B. 地 (de) links an adverb or adverbial expression to a following verb. An adjective, an adverb, or a set phrase can serve as an adverbial expression if followed by 地 (de).

Examples:

(1) 慢慢地走

mànmān de zǒu

(to walk slowly)

(2) 很高興地說

hěn gāoxìng de shuō

(to speak happily)

(3) 一直地走

yìzhí de zǒu

(to walk straight forward)

(4) 好好地慶祝

hǎohāo de qìngzhù

(to have a big celebration)

C. 得 is used after a verb or an adjective to connect it with a descriptive complement or a complement of degree.

Examples:

(1) 好得很

hǎo de hěn

(wonderful)

(2) 走得很快

zǒu de hěn kuài

(to walk very fast)

(3) 做菜做得很好

zuò cài zuò de hěn hǎo

(to cook well)

(4) 高興得跳了起來

gāoxìng de tiào qilai

(to leap up with joy)

Compare the following two sentences:

(5) 他高興地唱歌。

Tā gāoxìng de chàng gē.

(He sang happily.)

(6) 他高興得唱起歌來了。

Tā gāoxìng de chàng qi gē lái le.

(He was so happy that he started to sing.)

In (5) 高興 (gāoxìng) is used to describe the manner of his singing. In (6) 高興 (gāoxìng) is the cause of his singing.

A Quick Reference Table for 的，地，得 (de, de, de)

Noun modifier	+	的 (de)	+	Noun
Adverb	+	地 (de)	+	Verb
Verb/Adjective	+	得 (de)	+	Adjective/Verb

Notes

While the rules for using 的，地，得 (de, de, de) are observed rather faithfully in China, they are not followed strictly in Taiwan. Many people use 的 (de) in writing when 地 (de) or 得 (de) should be used.

3. Potential Complement 不動 (búdòng)

不動 (búdòng) means that the subject does not have the physical ability to do something.

(1) 我走得太久了， 走不動了。

Wǒ zǒu de tài jiǔ le, zǒu bu dòng le.

(I've been walking too long. I'm too tired to move on.)

(2) 這張桌子我們兩個人搬不動， 請他們來幫忙吧！

Zhè zhāng zhuōzi wǒmen liǎng ge rén bān bu dòng, qǐng tāmen lái bāng máng ba.

(The two of us can't move this table. Let's ask them to help us!)

4. 才 (cái) Suggesting "too early" or "not enough"

The adverb 才 placed before a numeral (or verb + numeral) indicates that the time is early or the quantity small.

(1) 現在才三點鐘。

Xiànzài cái sān diǎn zhōng.

(It's only three o'clock now.)

(2) 我才學了一年中文。

Wǒ cái xuéle yì nián de Zhōngwén.

(I've learned Chinese only for one year.)

(3) 你才寫了五個字，還得寫十個。

Nǐ cái xiěle wǔ ge zì, hái děi xiě shí ge.

(You've written only five characters. You have to write ten more.)

(4) 他每年才賺一萬多塊錢。

Tā méi nián cái zhuàn yí wàn duō kuài qián.

(He earns only a little over ten thousand dollars each year.)

5. 還 (hái) + Positive Adjective

還 (hái) when used before a complimentary adjective may indicate that something is acceptable if not desirable.

(1) A: 你最近忙嗎?

Nǐ zuìjìn máng ma?

(Have you been busy recently?)

B: 還好，不太忙。

Hái hǎo, bú tài máng.

(Well, not too busy.)

(2) 這個電影還可以。

Zhège diànyǐng hái kěyǐ.

(This movie is all right.)

(3) 那本書還不錯。

Nà běn shū hái bú cuò.

(That book is not bad.)

▼▼▼▼▼▼▼▼▼▼▼▼▼▼▼▼▼▼▼▼▼▼▼▼▼▼▼▼▼▼▼▼▼▼▼▼▼▼

PATTERN DRILLS

A. 的時候 (de shíhou)

EXAMPLE: (我出門， 媽媽提醒我要帶錢)

→ 我出門的時候，媽媽提醒我要帶錢。

(wǒ chū mén, māma tíxǐng wǒ yào dài qián)

—→ Wǒ chū mén de shíhou, māma tíxǐng wǒ yào dài qián.

1. 上課　　　不要說話
2. 借書　　　別忘了帶證件
3. 坐飛機　　要帶好行李
4. 做功課　　不要看電視
5. 別人睡覺　你不要唱歌
6. 考試　　　不要緊張
7. 吃飯　　　不要看報
8. 開車　　　不要喝酒

1. shàng kè — bú yào shuō huà
2. jiè shū — bié wàng le dài zhèngjiàn
3. zuò fēijī — yào dài hǎo xíngli
4. zuò gōngkè — bú yào kàn diànshì
5. biérén shuì jiào — nǐ bú yào chàng gē
6. kǎo shì — bú yào jǐnzhāng
7. chī fàn — bú yào kàn bào
8. kāi chē — bú yào hē jiǔ

B. 以後 (yǐhòu)

EXAMPLE: (下課，我要去圖書館)

→ 下課以後，我要去圖書館。

(xià kè,　wǒ yào qù túshūguǎn)

→ Xià kè yǐhòu, wǒ yào qù túshūguǎn.

1.	考試	我要去玩一下
2.	吃完飯	我們想去看電影
3.	停好車	我們就去買東西
4.	做完功課	我們去打球
5.	你到中國	別忘了給我們寫信
6.	學好中文	他想去台灣工作
7.	到台北探親	她要回美國上大學

1. kǎo shì — wǒ yào qù wán yí xià
2. chī wán fàn — wǒmen xiǎng qù kàn diànyǐng
3. tíng hǎo chē — wǒmen jiù qù mǎi dōngxi
4. zuò wán gōngkè — wǒmen qù dǎ qiú
5. nǐ dào Zhōngguó — bié wàng le gěi wǒmen xiě xìn
6. xué hǎo Zhōngwén — tā xiǎng qù Táiwān gōngzuò
7. dào Táiběi tàn qīn — tā yào huí Měiguó shàng dàxue

C. 就行了 (jiù xíng le)

EXAMPLE: (你不要叫她李小姐，叫她小李)

→ 你不要叫她李小姐,叫她小李就行了。

(Nǐ bú yào jiào tā Lǐ xiǎojie,　jiào tā Xiǎo Lǐ)

→ Nǐ bú yào jiào tā Lǐ xiǎojie, jiào tā Xiǎo Lǐ jiù xíng le.)

1. 去學校不用開車　　　　　　走路
2. 我不要買太貴的衣服　　　　買便宜的
3. 打長途電話太貴　　　　　　寫信
4. 你不用開車去送我　　　　　我自己坐出租汽車去
5. 他不喜歡喝可樂　　　　　　給他一杯水
6. 上飛機的時候不檢查護照　　有登機證
7. 你不用吃藥　　　　　　　　多喝水
8. 你可以在家復習功課　　　　我幫你把東西買回來

1. Qù xuéxiào bú yòng kāi chē　　　　　　zǒu lù
2. Wǒ bú yào mǎi tài guì de yīfu　　　　　mǎi piányi de
3. Dǎ chángtú diànhuà tài guì　　　　　　xiě xìn
4. Nǐ bú yòng kāi chē qù sòng wǒ　　　　wǒ zìjǐ zuò chūzū qìchē qù
5. Tā bù xǐhuan hē kělè　　　　　　　　gěi tā yì bēi shuǐ
6. Shàng fēijī de shíhou bù jiǎnchā hùzhào　yǒu dēngjīzhèng
7. Nǐ bú yòng chī yào　　　　　　　　　duō hē shuǐ
8. Nǐ kěyǐ zài jiā fùxí gōngkè　　　　　wǒ bāng nǐ bǎ dōngxi mǎi huí lai

D. Verb + 不動 (bu dòng)

EXAMPLE: (我很累, 拿)

　　→ 我很累，拿不動了。

　　　　(Wǒ hěn lèi,　ná)

　　　　→ Wǒ hěn lèi, ná bu dòng le.

1. 我不舒服　　　　　　游
2. 我生病了　　　　　　打

3. 我發燒   跳

4. 這個小孩子太重   抱

5. 這個皮箱太重   提

6. 這把椅子太重   搬

1. Wǒ bù shūfu   yóu
2. Wǒ shēng bìng le   dǎ
3. Wǒ fā shāo   tiào
4. Zhège xiǎoháizi tài zhòng   bào
5. Zhège píxiāng tài zhòng   tí
6. Zhè bǎ yǐzi tài zhòng   bān

E. 好像... (hǎoxiàng...)

EXAMPLE: 瘦了

　　　→ 她好像瘦了。

　　　shòu le

　　　→ Tā hǎoxiàng shòu le.

How would Li You describe this picture? (A possible answer can be found in the Grammar section.)

1. 很緊張

2. 感冒了

3. 什麼都知道

4. 一點兒飯都沒吃

5. 對語言很有興趣

6. 吃不慣這兒的飯

7. 住不慣學校的宿舍

8. 把她的學生證放在桌子上了

1. hěn jǐnzhāng

2. gǎnmào le

3. shénme dōu zhīdao

4. yì dianr fàn dōu méi chī

5. duì yǔyán hěn yǒu xìngqu

6. chī bu guàn zhèr de fàn

7. zhù bu guàn xuéxiào de sùshè

8. bǎ tā de xuéshēngzhèng fàng zài zhuōzi shang le

Pinyin Texts

DIALOGUE I

(Fàng shǔjià le. Wáng Péng yào huí Zhōngguó tàn qīn[1], qián yì tiān[2] wǎnshang Lǐ Yǒu bāng tā shōushi xíngli. Dì èr tiān Lǐ Yǒu kāi chē sòng tā dào jīchǎng, chū mén de shíhou[G1], Lǐ Yǒu tíxǐng tā jiǎnchá yí xià jīpiào hé zhèngjiàn. Zhè yì tiān zuò fēijī de rén hěn duō, tíngchēchǎng chàbuduō dōu mǎn le, chà yìdiǎn[3] zhǎo bu dào tíngchē de dìfang, Lǐ Yǒu zhǎole bàn tiān cái zhǎodào yí ge. Tāmen tíng hǎo chē yǐhòu[G1], láidàole Zhōngguó Mínháng de fúwùtái.)

Wáng Péng: Xiǎojie, zhè shì wǒ de jīpiào.

Fúwùyuán: Xiānsheng, qǐng bǎ hùzhào gěi wǒ kànkan. Nǐ yǒu jǐ jiàn xíngli yào tuōyùn?

Wáng Péng: Liǎng jiàn. Zhège xiǎo píxiāng wǒ suíshēn dàizhe.

Fúwùyuán: Máfán nín ná shanglai, wǒ chēngcheng.

Lǐ Yǒu: Méi chāozhòng ba?

Fúwùyuán: Méiyǒu. Zhè shì nín de hùzhào, jīpiào, zhè shì dēngjīzhèng. Qǐng dào wǔ hào mén[4] shàng fēijī.

Wáng Péng: Xièxie.

Lǐ Yǒu: Fēijī yào qǐfēi le, nǐ kuài jìnqu ba.

Wáng Péng: Bù jí, hái yǒu èrshí fēnzhōng ne. Nǐ zěnme kūle ne? Bié kū, bié kū. Wǒ yí ge yuè jiù huílai le.

Please describe this picture in Chinese.

Lǐ Yǒu: Shénme "jiù" huílai, nǐ yí ge yuè yǐhòu "cái" huílai.

Wáng Péng: Huíguó yǐhòu, wǒ huì gěi nǐ dǎ diànhuà.

Lǐ Yǒu: Cóng Zhōngguó dǎ chángtú diànhuà dào Měiguó lái tài guì le,
               háishi wǒ gěi nǐ dǎ ba, nǐ cháng gěi wǒ xiěxìn jiù xíng le.

Wáng Péng: Hǎo, wǒ yào shàng fēijī le, nǐ duō bǎozhòng. Huíjiā de shíhou, kāi
               chē yào xiǎoxīn.

Lǐ Yǒu: Wǒ huì xiǎoxīn de, nǐ yě duō bǎozhòng. Yí lù shùnfēng!

DIALOGUE II

(Wáng Péng de fùmǔ gēn tā de[G2] *biǎodì dōu dào Běijīng Shǒudū Jīchǎng lái jiē tā.
Biǎodì yí kàn dào Wáng Péng jiù gāoxìng de*[G21] *pǎole guolai.)*

▲▲▲▲▲▲▲▲▲▲▲▲▲▲▲▲▲▲▲▲▲▲▲▲▲▲▲▲▲▲▲▲

Biǎodì: Biǎogē, lùshang xīnkǔ le, lái, wǒ bāng nǐ tí xínglǐ.

Wáng Péng: Bù, nǐ ná bu dòng[G3], háishì wǒ zìjǐ ná ba. Cái[G4] yì nián bú jiàn, nǐ
               yòu zhǎng gāo le.

Wáng Mǔ   Wáng Péng, nǐ hǎoxiàng shòule yì diǎnr.

Wáng Péng: Xuéxiào gōngkè tài máng, méi shíjiān zuòfàn, yòu chī bu guàn
               Měiguófàn, suǒyǐ shòule wǔ gōngjīn.

Wáng Mǔ:	Zhè cì huílai yào duō chī yì diǎnr. Zuòle èrshí duō ge zhōngtóu de fēijī, lèihuài le ba?
Wáng Péng:	Hái hǎo^(G5). Fēijī shang de fúwù hěn hǎo, zuòwèi yě hěn shūfu.
Wáng Fǔ:	Zǒu ba, wǒmen huíjiā yǐhòu, zài mànmanr liáo ba. Yéye, nǎinai hái zài jiāli děngzhe kàn sūnzi ne!
Biǎodì:	Nǐmen zài ménkǒur děngzhe, wǒ qù jiào chūzū qìchē.

English Texts

DIALOGUE I

(It was summer break. Wang Peng was going to China to see his family. The night before [he left for China] Li You helped him pack. The following day Li You drove him to the airport. Before they left, Li You reminded him to check his ticket and documents. That day there were many people flying. The parking lot was almost full. They barely managed to find a parking spot. It took Li You a long time to find a parking place. After they parked the car, they went to the Air China service desk.)

▲ ▲

Wang Peng:	Miss, here is my ticket.
Agent:	Sir, please let me take a look at your passport. How many pieces of baggage do you have to check?
Wang Peng:	Two. I'll carry this small case.
Agent:	Could you put them here? I'll weigh them.
Wang Peng:	Are they overweight?
Agent:	No. This is your passport and ticket. This is your boarding pass. Please board at gate five.
Wang Peng:	Thank you.

▲ ▲

Li You:	The plane will take off soon. You'd better go in.
Wang Peng:	There's no hurry. There are still twenty minutes left. Why are you crying? Don't cry. Please don't cry. I'll be back in just a month.
Li You:	Just a month? (You mean) not until after a month.
Wang Peng:	When I get there, I'll give you a call.

Find a classmate and role-play this scene.

Li You: It's too expensive to call long-distance from China. It's better for me to call you. You just have to write me often.

Wang Peng: OK. I'll board the plane now. Take care. Drive carefully on your way back home.

Li You: I'll be careful. Take care of yourself, too. Have a good trip!

DIALOGUE II

(Wang Peng's parents and his cousin all went to Beijing's Capital Airport to meet him. The minute his cousin saw Wang Peng, he happily ran toward him.)

▲▲▲▲▲▲▲▲▲▲▲▲▲▲▲▲▲▲▲▲▲▲▲▲▲▲▲▲▲▲▲▲▲▲▲▲

Cousin: Cousin, you must be tired. Come, let me help you with your luggage.

Wang Peng: No, it's too heavy. I'll take it. It hasn't even been a year since I last saw you, and you've grown several inches.

Mother: Wang Peng, you seem to have lost some weight.

Wang Peng: I had too much school work. I didn't have time to cook. And I'm not used to American food. That's why I've lost five kilos.

Review Dialogue II and see if you can find the sentence that is commonly spoken by a Chinese host to foreign visitors.

Mother: You have to eat more now that you are back. You must be tired after more than twenty hours of flying.

Wang Peng: It's not too bad. The service on the plane was very good. The seat was very comfortable, too.

Father: Let's go. We can chat when we get home. Grandpa and grandma are waiting to see their grandson.

Cousin: You all wait here at the gate. I'll get a cab.

VOCABULARY INDEX (CHINESE-ENGLISH): LESSONS 1–23

Key: c=Culture Notes; f=Functional Expressions; g=Grammar; n=Notes; s=Supplementary Vocabulary

Note: the words in this glossary are arranged in alphabetical order by pinyin; words with the same first character are not kept together. Spaces between syllabi are ignored. The letter "ü" is treated as "u" when alphabetizing.

Pinyin	Traditional Characters	Simplified Characters	Grammar	English	Lesson
▲A▲					
a	啊	啊	P	(a sentence-final particle of exclamation, interrogation, etc.)	6
āi	哎	哎	Excl	(expresses surprise)	14
ài	愛	爱	V	to love	15
ānjìng	安靜	安静	Adj	quiet	18
āyí	阿姨	阿姨	N	aunt; mother's younger sister	22
▲B▲					
ba	吧	吧	P	(a "suggestion" particle; softens the tone of the sentence to which it is appended)	5
bā	八	八	Nu	eight	Intro.
bǎ	把	把	Prep	(indicating a thing is disposed of)	13
bǎ	把	把	M	(a measure word for chairs, etc.)	18
bàba	爸爸	爸爸	N	dad; father	2
bái	白	白	Adj	white; (a surname)	3
bǎi	百	百	Nu	hundred	9
bǎi	擺	摆	V	to place; to put	22s
Bái Jiànmíng	白健明	白健明	PN	(a person's name)	17
Bǎishìkělè	百事可樂	百事可乐	N	Pepsi	5s
báitiān	白天	白天	N	daytime	20s
bān	班	班	N	class	15
bān	搬	搬	V	to move	16s, 18
bàn	辦	办	V	to do; to handle	21
bān chuqu	搬出去	搬出去	VC	to move out of	18
bànfǎ	辦法	办法	N	method; way	13s, 16
bāng	幫	帮	V	to help	6
bàng	磅	磅	M	pound (measure of weight)	15s
bàng	棒	棒	Adj	(coll.) fantastic	20
bāng máng	幫忙	帮忙	VO	to help; to do someone a favor	6
bàngōngshì	辦公室	办公室	N	office	6
bàngqiú	棒球	棒球	N	baseball	4s

▼▼▼

Pinyin	Traditional Characters	Simplified Characters	Grammar	English	Lesson
bāngzhù	幫助	帮助	V	to help	7
bānjī	班機	班机	N	scheduled flight	21
bàntiān	半天	半天	N	half day; a long time	20
bànyè	半夜	半夜	T	midnight	7
bào	報	报	N	newspaper	8
bào	抱	抱	V	to hold or carry in the arms	20
bàoshang	報上	报上		in the newspaper	10
bǎoxiǎn	保險	保险	N	insurance	16
bàozhǐ	報紙	报纸	N	newspaper	18
bǎozhòng	保重	保重	V	to take care (of oneself)	23
bāyuè	八月	八月	N	August	3g
bā zhé	八折	八折		20% off	21n
bēi	杯	杯	M	cup; glass	5
běi	北	北	N	north	14
bèi	被	被	Prep	(used to introduce the agent)	20
běibian(mian)	北邊(面)	北边(面)	N	north side	14s
Běijīng	北京	北京	PN	Beijing (China's capital)	10s
bēizi	杯子	杯子	N	cup	18s
běn	本	本	M	(a measure word for books)	13
běnzi	本子	本子	N	notebook	7s
bǐ	筆	笔	N	pen	7
bǐ	比	比	Prep	(a comparison marker)	10
bì	閉	闭	V	to shut; to close	14
bì	幣	币	N	currency	19
biān	邊	边	N	side	22
biànhuà	變化	变化	N	change	22s
biǎo	錶	表	N	watch	3s
biǎodì	表弟	表弟	N	(younger male) cousin	23
biǎogē	表哥	表哥	N	(older male) cousin	23
biǎojiě	表姐	表姐	N	(older female) cousin	15
bié	別	別		don't	6
bié (de)	別(的)	別(的)	Adv	other	4
bié kèqi	別客氣	別客气	CE	Don't be so polite!	6
biérén	別人	別人	N	others; other people; another person	4
bǐfang	比方	比方	N	example	22
bǐfang shuō	比方說	比方说		for example	22
bǐjiào	比較	比较	Adv	relatively; fairly	22s
bīng	冰	冰	N	ice	22s
bìng	病	病	N/V	illness; to become ill	16
bìngrén	病人	病人	N	patient	16
bǐsàbǐng	比薩餅	比萨饼	N	pizza	12s
Bìshèngkè	必勝客	必胜客	PN	Pizza Hut	12s
bìxū	必須	必须	AV	must	13
bì yè	畢業	毕业	VO	to graduate; to finish school	23s
bìzhe	閉著	闭着		close; closed	14

Pinyin	Traditional Characters	Simplified Characters	Grammar	English	Lesson
bízi	鼻子	鼻子	N	nose	15
bóbo	伯伯	伯伯	N	uncle; father's elder brother	22
Bōshìdùn	波士頓	波士顿	N	Boston	22s
bù	不	不	Adv	not; no	1
bù	部	部	N	part; section	22
búbì	不必	不必		need not	20s
búcuò	不錯	不错	Adj	not bad; pretty good	4
búdàn…, érqiě	不但…而且	不但…而且	Conj	not only…, but also	10
bú dào	不到	不到		less than	21
bú dòng	不動	不动		unable to do something	23
bú duì	不對	不对	CE	It's wrong; incorrect	14
búguò	不過	不过	Conj	however; but	11
bù hǎoyìsi	不好意思	不好意思	CE	to feel embarrassed	11
bú kèqi	不客氣	不客气	CE	You are welcome. Don't be (so) polite.	6
bùshǒu	部首	部首	N	radical	Intro.
bú xiè	不謝	不谢	CE	Don't mention it. Not at all. You're welcome.	7
bú yòng	不用	不用	CE	need not	6g, 9
▲C▲					
cāi	猜	猜	V	to guess	16
cái	才	才	Adv	not until; only then; (indicates a condition); (indicates that the time is early)	5, 17, 23
cài	菜	菜	N	(of food) dish; course	12
cānguǎn(r)	餐館(兒)	餐馆(儿)	N	restaurant	22s
cānjiā	參加	参加	V	to take part in	17
cāntīng	餐廳	餐厅	N	dining room; cafeteria	8
cèsuǒ	廁所	厕所	N	rest room, toilet	16
chá	茶	茶	N	tea	5
chà	差	差	V	to be short of; to be lacking	3s
chàbuduō	差不多	差不多	Adj	more or less the same; almost; nearly	22, 23
cháng	長	长	Adj	long	9s, 15
cháng	常	常	Adv	常常	23
chǎng	場	场	N	field	14
chàng	唱	唱	V	to sing	4
chángcháng	常常	常常	Adv	often	4
chàng gē	唱歌	唱歌	VO	to sing (a song)	4
Chángjiāng	長江	长江	PN	Yangtze river	10c
chángpáo	長袍	长袍	N	long gown	9c
chángshòu	長壽	长寿	N	longevity	3c
chángshòu miàn	長壽麵	长寿面	N	longevity noodles	3c
chángtú	長途	长途	N	long distance	21s, 23
chāo	超	超	V	to exceed; to surpass	23
chǎo	吵	吵	Adj	noisy	18

Pinyin	Traditional Characters	Simplified Characters	Grammar	English	Lesson
cháoshī	潮濕	潮湿	Adj	wet; humid	10s
chāozhòng	超重	超重	V	to be overweight	23
chàyidiǎn	差一點	差一点	Adv	nearly; barely	23
chē	車	车	N	vehicle; car	11
chén	陳	陈	N	(a surname)	1n
chēng	稱	称	V	to weigh	23
chéng	城	城	N	city	14
chéng	成	成	V	to become	17
chéngshì	城市	城市	N	city	22
chènshān	襯衫	衬衫	N	shirt	9
(chē)zhàn	(車)站	(车)站	N	(bus, train, etc.) stop; station	11
chī	吃	吃	V	to eat	3
chǐ	尺	尺	M	foot (measure of length)	15s, 23c
chī fàn	吃飯	吃饭	VO	to eat (a meal)	3
chī huài	吃壞	吃坏	VC	get sick because of food	16
Chóngqìng	重慶	重庆	PN	Chongqing	10c
chū	初	初	N	beginning	21
chū mén	出門	出门	VO	go on a journey	23
chū wèntí	出問題	出问题	VO	run into trouble	21s
chuān	穿	穿	V	to wear; to put on	9
chuán	船	船	N	boat; ship	11s
chuáng	床	床	N	bed	2g, 8
chuānghu	窗戶	窗户	N	window	22s
chúfáng	廚房	厨房	N	kitchen	18
chuī	吹	吹	V	to blow	20s
chūlai	出來	出来		(indicates achievement of a result)	20
chúle...yǐwài	除了...以外	除了...以外	Conj	in addition to; besides	8
chūnjià	春假	春假	N	spring break	22
chūntiān	春天	春天	N	spring	10
chūqu	出去	出去	VC	to go out; (indicating movement outward)	10, 18
chūzhōng	初中	初中	N	junior high (grades 7–9)	2c
chūzū	出租	出租	V	to rent out; to let	11
chūzū qìchē	出租汽車	出租汽车	N	taxi	11
cì	次	次	M	time; (a measure word for occurrence)	10
cídài	磁帶	磁带	N	audio tape; magnetic tape	13n
cídiǎn	詞典	词典	N	dictionary	13s
cóng	從	从	Prep	from	14
cónglái	從來	从来	Adv	always; at all times	22s
cōngming	聰明	聪明	Adj	bright; intelligent; clever	15
cù	醋	醋	N	vinegar	12
cún	存	存	V	to deposit	19
cùn	寸	寸	M	inch (measurement of length)	15s
cún qián	存錢	存钱	VO	to deposit money	19

▼ ▼

Pinyin	Traditional Characters	Simplified Characters	Grammar	English	Lesson
cún qǐlai	存起來	存起来	VC	to store; to save	19g
cuò	錯	错	Adj	wrong	4, 12
▲D▲					
dǎ	打	打	V	to hit; to strike	4
dà	大	大	Adj	big; old	3
dǎ diànhuà	打電話	打电话	VO	to make a phone call	6
dàgē	大哥	大哥	N	oldest brother	7g
dǎ gōng	打工	打工	VO	to work part-time; to do manual work	5s
dài	戴	戴	V	to wear (hat, glasses, etc.)	9s
dài	帶	带	V	to bring; come with	13, 18
dàjiā	大家	大家	Pr	everybody	7
dàjiě	大姐	大姐	N	oldest sister	7g
dān	單	单	Adj	one; single; odd	14
dānchéng	單程	单程	N	one-way trip	21
dāng	當	当	V	to serve as; to be	18
dāngrán	當然	当然	Adv	of course	20
dānrénchuáng	單人床	单人床	N	single bed	18
dànshì	但是	但是	Conj	but	6
dānxīn	擔心	担心	V	to worry	20
dānxíngdào	單行道	单行道	N	one-way street	14
dāo	刀	刀	N	knife	12c
dào	到	到	V	to arrive	8
dàochù	到處	到处	Adv	everywhere	22s
dàoqī	到期	到期	V	to become due	13S
dào…qù	到…去	到…去		to go to (a place)	6
dǎoyóu	導游	导游	N	tour guide	22
dǎ pēnti	打噴嚏	打喷嚏	VO	to sneeze	16s
dǎ qiú	打球	打球	VO	to play ball	4
dǎsǎo	打掃	打扫	V	to clean up	17
dǎsuàn	打算	打算	V	to plan	21
dàxiǎo	大小	大小	N	size	9
dàxué	大學	大学	N	university; college	2c
dàxuéshēng	大學生	大学生	N	college student	2
dàyī	大衣	大衣	N	overcoat	9s
dǎ zhé(kòu)	打折(扣)	打折(扣)	VO	to give a discount	21
dǎ zhēn	打針	打针	VO	get a shot	16
de	的	的	P	(a possessive, modifying, or descriptive particle)	2
de	得	得	P	(a structural particle)	7
de	地	地	P	(used after an adjective to form an adverb)	23
dé	德	德	N	virtue	22
dé dào	得到	得到	VC	to gain; to obtain	20s
Déguó	德國	德国	PN	Germany	1s
Déguórén	德國人	德国人	N	German people/person	1s

Pinyin	Traditional Characters	Simplified Characters	Grammar	English	Lesson
děi	得	得	AV	must; to have to	6
dēng	燈	灯	N	light	14
děng	等	等	V	to wait; to wait for	6
dēngjīkǒu	登機口	登机口	N	boarding gate (China)	23c
dēngjīmén	登機門	登机门	N	boarding gate (Taiwan)	23c
dēngjīzhèng	登機證	登机证	N	boarding pass	23
de shíhou	的時候	的时候		when...; at the time of...	8
Déwén	德文	德文	N	the German language	6s
dì	第	第	prefix	(a prefix for ordinal numbers)	7
diǎn	點	点	M	o'clock	3
diàn	電	电	N	electricity	4
diàn	店	店	N	store; shop	14
diǎn cài	點菜	点菜	VO	to order dishes	12
diànchē	電車	电车	N	cable car; trolley bus; tram	11s
diànhuà	電話	电话	N	telephone	6
diànnǎo	電腦	电脑	N	computer	8
diǎn(r)	點(兒)	点(儿)	M	a little; a bit; some	5
diànshì	電視	电视	N	TV	4
diǎnxin	點心	点心	N	light refreshments	23s
diànyǐng	電影	电影	N	movie	4
diànyǐngyuàn	電影院	电影院	N	movie theater	14s
diǎnzhōng	點鐘	点钟	M	o'clock	3
diànzǐ jìsuànjī	電子計算機	电子计算机	N	computer	8n
dìdi	弟弟	弟弟	N	younger brother	2
dìfang	地方	地方	N	place	14
dǐng	頂	顶	M	(a measure word for hat)	9s
dìng	訂	订	V	to order	19
dìng	訂	订	V	to reserve; to book (a ticket, etc.)	21
dìtiě	地鐵	地铁	N	subway	11
dìtú	地圖	地图	N	map	14
diū	丟	丢	V	to lose; to throw	19s
dōng	東	东	N	east	14
dǒng	懂	懂	V	to understand	7
dōngběi	東北	东北	N	northeast	14s
dōngbian(mian)	東邊(面)	东边(面)	N	east side	14s
Dōngjīng	東京	东京	PN	Tokyo	14
dōngnán	東南	东南	N	southeast	14s
dōngtiān	冬天	冬天	N	winter	10
dòngwù	動物	动物	N	animal	18
dōngxi	東西	东西	N	things; objects	9
dōu	都	都	Adv	both; all	2
dōu	都	都	Adv	(used as an emphatic expression)	14
dòufu	豆腐	豆腐	N	beancurd; tofu	12
duǎn	短	短	Adj	short	9s
duì	對	对	Adj	right; correct	4
duì	隊	队	N	team	20s

▼▼

Pinyin	Traditional Characters	Simplified Characters	Grammar	English	Lesson
duì bu qǐ	對不起	对不起	CE	I'm sorry.	5
duì...guòmǐn	對...過敏	对...过敏		to be allergic to...	16
duì le	對了	对了	CE	That's right!	4s
duìmiàn	對面	对面	N	opposite side	22
duìxiàng	對象	对象	N	boyfriend or girlfriend	17s
duì...yǒu xìngqu	對...有興趣	对...有兴趣		to be interested in...	16s
duì zhé	對折	对折		50% off	21n
duō	多	多	Adv	how many/much; to what extent	3
duō	多	多	Adj	many; much	7
duō	多	多	Nu	(indicating "more than")	18
duōbàn	多半	多半	Adv	mostly; the greater part	21s
duō dà	多大	多大	CE	how old	3
duō jiǔ	多久	多久	QPr	how long	13
duō...na	多...哪	多...哪	QPr	how...	20
duōshao	多少	多少	QW	how much; how many	9
dùzi	肚子	肚子	N	stomach	16
▲E▲					
è	餓	饿	Adj/V	hungry; to starve	12
Éguó	俄國	俄国	PN	Russia	6s
èr	二	二	Nu	two	Intro.
èrgē	二哥	二哥	N	second oldest brother	7g
èrjiě	二姐	二姐	N	second oldest sister	7g
èryuè	二月	二月	N	February	3g
érzi	兒子	儿子	N	son	2
è sǐ	餓死	饿死	VC	to starve to death	16
Éwén	俄文	俄文	N	the Russian language	6s
▲F▲					
fá	罰	罚	V	to fine; to punish	13
fācái	發財	发财	V	to make a fortune	11c
Fǎguó	法國	法国	PN	France	1s
Fǎguórén	法國人	法国人	N	French people/person	1s
fàn	飯	饭	N	meal; (cooked) rice	3
fàng	放	放	V	to put in; to add	12
fàng	放	放	V	to put; to place	16
fàng	放	放	V	to let go; to set free	21
fāngbiàn	方便	方便	Adj	convenient	6
fàng bu xià	放不下	放不下	VC	not enough room for...	18
fángdōng	房東	房东	N	landlord	18
fāngfǎ	方法	方法	N	method	13s
fàng jià	放假	放假	VO	to have a holiday or vacation	21
fángjiān	房間	房间	N	room	17
fàng shǔjià	放暑假	放暑假		have summer vacation	23
fànguǎnr	飯館	饭馆	N	restaurant	12
fāngxiàng	方向	方向	N	direction	14s
fángzi	房子	房子	N	house	17

Pinyin	Traditional Characters	Simplified Characters	Grammar	English	Lesson
fángzū	房租	房租	N	rent	18
fántǐzì	繁體字	繁体字	N	traditional character	7c
fànzhuō	飯桌	饭桌	N	dining table	18
fā shāo	發燒	发烧	VO	to run a fever	16s
Fǎwén	法文	法文	N	the French language	6s
fāyīn	發音	发音	N	pronunciation	8
Fǎyǔ	法語	法语	N	French (language)	14s
fēi	飛	飞	V	to fly	11
fèi	費	费	V	spend; take (effort)	17
fèi	費	费	N	fee; expenses	18
fēicháng	非常	非常	Adv	very; extraordinarily	18
fēijī	飛機	飞机	N	airplane	11
fēijīchǎng	飛機場	飞机场	N	airport	11
fēijīpiào	飛機票	飞机票	N	plane ticket	12f
Fēilùbīn	菲律賓	菲律宾	PN	the Philippines	6s
fēn	分	分	M	minute	3s
fēn	分	分	M	1/100 of a kuai; cent	9
fēng	封	封	M	(a measure word for letters)	8
fēng	風	风	N	wind	20s, 22
fēngjǐng	風景	风景	N	scenery	22
fěnhóngsè	粉紅色	粉红色	N	pink	9s
fēnmíng	分明	分明	Adj	distinct	22
fēnzhōng	分鐘	分钟	T	minute	13s
fùjìn	附近	附近	N	vicinity, neighborhood, nearby area	18
fùmǔ	父母	父母	N	parents; father and mother	22
fù qián	付錢	付钱	VO	to pay money	9
fùqin	父親	父亲	N	father	22
fùshí	副食	副食	N	non-staple food	12c
fúwù	服務	服务	V	to give service to	12
fúwù	服務	服务	N	service	19
fúwùtái	服務台	服务台	N	service counter	23
fúwùyuán	服務員	服务员	N	service person; waiter; waitress	9n
fùxí	復習	复习	V	to review	7

▲G▲

Pinyin	Traditional Characters	Simplified Characters	Grammar	English	Lesson
gāng	剛	刚	Adv	just (indicates the immediate past)	19
gāngbǐ	鋼筆	钢笔	N	fountain pen	7s
gāngcái	剛才	刚才	T	just now; a moment ago	10
gāngqín	鋼琴	钢琴	N	piano	15
gānjìng	乾淨	干净	Adj	clean	18s
gǎnkuài	趕快	赶快	Adv	right away; quickly; hurriedly	16
gǎnlǎn	橄欖	橄榄	N	olive	4s
gǎnlǎnqiú	橄欖球	橄榄球	N	American style football (used in Taiwan)	4s
gǎnmào	感冒	感冒	N/V	cold; to have a cold	16s

▼▼▼

Pinyin	Traditional Characters	Simplified Characters	Grammar	English	Lesson
gāo	高	高		(a surname); tall	2
gāosù	高速	高速	Adj	high speed	11
gàosu	告訴	告诉	V	to tell	8
gāosù gōnglù	高速公路	高速公路	N	super highway; highway	11
gāoxìng	高興	高兴	Adj	happy; pleased	5
Gāoxióng	高雄	高雄	N	Kaohsiung (a city in Taiwan)	22s
gāozhōng	高中	高中	N	senior high (grades 10–12)	2c
gē	歌	歌	N	song	4
gè	個	个	M	(a common measure word)	2
gè	各	各	Pr	each; every	21
gè dì	各地	各地	N	various places	21
gēge	哥哥	哥哥	N	older brother	2
gěi	給	给	V	to give	5
gěi	給	给	Prep	to; for	6
gējù	歌劇	歌剧	N	opera	17
gēn	跟	跟	Conj	and	7
gèng	更	更	Adv	even more	10
gèzi	個子	个子	N	size; height; stature	20s
gōng'ānjú	公安局	公安局	N	public security bureau	19c
gōngfēn	公分	公分	M	centimeter	15s
gōnggòng	公共	公共	Adj	public	11
gōnggòng qìchē	公共汽車	公共汽车	N	bus	11
gōngjīn	公斤	公斤	M	kilogram	15s, 23
gōngkè	功課	功课	N	schoolwork; homework	7
gōnglǐ	公里	公里	M	kilometer	18s, 23c
gōnglù	公路	公路	N	highway; road	11
gōngsī	公司	公司	N	company	21
gōngxǐ	恭喜	恭喜	V	to congratulate	11c
gōngxǐ fācái	恭喜發財	恭喜发财	CE	Congratulations and may you make a fortune!	11n
gōngyù	公寓	公寓	N	apartment	18
gōngyuán	公園	公园	N	park	10
gōngzuò	工作	工作	V/N	to work; work; job	5
gōngzuòzhèng	工作證	工作证	N	employee's card; I.D. card	13c, 21s
gǒu	狗	狗	N	dog	15, 15c
gòu	夠	够	Adj	enough	12
guā	颳	刮	V	to blow	22
guà	掛	挂	V	to hang	19
guā fēng	颳風	刮风	VO	to be windy	22
guàhào	掛號	挂号	V	to register	19
guǎi	拐	拐	V	to turn	14
guān	關	关	V	to close	13
guàn	慣	惯	Adj	be accustomed to; be used to	23
guǎnggào	廣告	广告	N	advertisement	18
guànjūn	冠軍	冠军	N	champion; first place	20s
guān mén	關門	关门	VO	to close door	13

▼▼▼

Pinyin	Traditional Characters	Simplified Characters	Grammar	English	Lesson
guànxǐshì	盥洗室	盥洗室	N	bathroom; restroom	18n
guì	貴	贵	Adj	honorable	1
guì	貴	贵	Adj	expensive	9
guì xìng	貴姓	贵姓	CE	What is your honorable surname?	1
guo	過	过	P	(indicating past experience)	14
guò	過	过	V	to pass; to celebrate (a birthday, a holiday)	14, 15
guójì	國際	国际	N	international	20
guójiā gōngyuán	國家公園	国家公园	N	national park	21s
guolai	過來	过来		(indicating motion towards one)	23
guòmǐn	過敏	过敏	V/N	to have allergy/allergy	16
guòqī	過期	过期	V	overdue	13
guò shēngrì	過生日	过生日	VO	celebrate a birthday	15
guǒzhī	果汁	果汁	N	fruit juice	15
▲**H**▲					
Hā'ěrbīn	哈爾濱	哈尔滨	PN	Harbin	10c
hái	還	还	Adv	also; too; as well	3
hǎigǎng	海港	海港	N	harbor; seaport	22s
Hǎilún	海倫	海伦	PN	Helen	15
Hǎinán	海南	海南	PN	Hainan	10c
háishi	還是	还是	Conj	or	3
háishi	還是	还是	Conj	had better	11
háiyǒu	還有	还有		also there are	3
háiyǒu	還有	还有	Conj	furthermore	18
háizi	孩子	孩子	N	child	2
hànbǎobāo	漢堡包	汉堡包	N	hamburger	12s
Hànchéng	漢城	汉城	PN	Seoul	21
hángkōng	航空	航空	N	aviation	21
hángkōng gōngsī	航空公司	航空公司	N	airline	21
Hánguó	韓國	韩国	PN	Korea	6s, 21
Hánguórén	韓國人	韩国人	N	Korean people/person	1s
hánjià	寒假	寒假	N	winter vacation	11
Hánwén	韓文	韩文	N	the Korean language	6s
Hànyǔ	漢語	汉语	N	Chinese language	6n
Hànzì	漢字	汉字	N	Chinese character	7
hǎo	好	好	Adj	fine; good; nice; O.K.	1, 3
hǎo	好	好	Adj	(indicates that something is ready)	12
hǎo	好	好	Adv	(indicates something is easy)	21
hào	號	号	M	number in a series; day of the month; size	3
hào	號	号	N	number (bus route)	11n
hǎochī	好吃	好吃	Adj	good to eat; delicious	5s
hǎohāor	好好兒	好好儿	CE	all out; to one's heart's content	17
hǎohē	好喝	好喝	Adj	good to drink; tasty	5s

Pinyin	Traditional Characters	Simplified Characters	Grammar	English	Lesson
hǎo jǐ	好幾	好几		quite a few	16
hǎojiǔ	好久	好久	CE	a long time	4
hǎokàn	好看	好看	Adj	good-looking	5s, 7n
hàomǎ	號碼	号码	N	number	17
hǎowán(r)	好玩(兒)	好玩(儿)	Adj	fun	5s
hǎoxiàng	好像	好像	V	to seem; to be like	12
hē	喝	喝	V	to drink	5
hé	和	和	Conj	and	2
hé	河	河	N	river	22
héfǎ	合法	合法	Adj	legal	21s
hēi	黑	黑	Adj	black	9
hēibǎn	黑板	黑板	N	blackboard	14s
hěn	很	很	Adv	very	3
héshì	合適	合适	Adj	suitable	9
hóng	紅	红	Adj	red	9
hónglǜdēng	紅綠燈	红绿灯	N	traffic light	14
hóngshāo	紅燒	红烧		to braise in soy sauce	12
hóngyè	紅葉	红叶	N	red autumn leaves	10
hóu	猴	猴	N	monkey	15c
hòubian(mian)	後邊(面)	后边(面)	N	back	14s
hòulái	後來	后来	T	later	8
hòunián	後年	后年	T	the year after next	3s
hòutiān	後天	后天	T	the day after tomorrow	3s, 17
hǔ	虎	虎	N	tiger	15c
huā	花	花	V	to spend	11
huā	花	花	N	flower	19
huá	滑	滑	V/Adj	to slide; slippery	22
huà	話	话	N	speech; talk; words	6
huà	畫	画	N/V	painting/to paint	22s
huá bīng	滑冰	滑冰	V	to skate	22s
huài	壞	坏	Adj	bad	16
huán	還	还	V	to return	13
huàn	換	换	V	to change; to exchange	9
huáng	黃	黄	Adj	yellow	9
huánggua	黃瓜	黄瓜	N	cucumber	12
huángméi	黃梅	黄梅	N	rainy season	10c
huānyíng	歡迎	欢迎	V	to welcome	22
huā qián	花錢	花钱	VO	cost money; spend money	16
Huáshèngdùn	華盛頓	华盛顿	PN	Washington	21
huā shíjiān	花時間	花时间	VO	cost time	16
huá xuě	滑雪	滑雪	VO	(snow) ski	22
huàzhuāngshì	化粧室	化妆室	N	restroom	18n
huī	灰	灰	Adj	gray	9s
huí	回	回	V	to return	5
huì	會	会	AV	can; to know how to; will	8, 10
huí jiā	回家	回家	VO	to go home	5

Pinyin	Traditional Characters	Simplified Characters	Grammar	English	Lesson
huílai	回來	回来	VC	to come back	6
huítóu jiàn	回頭見	回头见	CE	See you soon	13f
huó	活	活	V	to live; to be alive	17
huǒchē	火車	火车	N	train	11s
huódòng	活動	活动	N	activity	14
huódòng zhōngxīn	活動中心	活动中心	N	activity center	14
Huózhe	《活著》	《活着》		To Live (name of a movie)	17
huòzhě	或者	或者	Conj	or	11
hùzhào	護照	护照	N	passport	21
J					
jī	機	机	N	machine	11
jī	雞	鸡	N	chicken; rooster	12s, 15c
jí (le)	極(了)	极(了)	Adv	extremely	12
jí	急	急	Adj	anxious; impatient; urgent	23
jǐ	幾	几	QW	how many	2
jǐ	幾	几	Nu	some; a few (an indefinite number, usually less than ten)	6
jì	寄	寄	V	to send by mail	19
jì	季	季	N	season	22
jiā	家	家	N	family; home	2
jiā	加	加	V	to add	19
jiā	家	家	M	(a measure word for companies)	21
jià	價	价	N	price	21
jià	假	假	N	vacation; holiday	21
jiācháng dòufu	家常豆腐	家常豆腐	N	home-style tofu	12
jiājù	傢俱	家具	N	furniture	18
jiákè	夾克	夹克	N	jacket	9s
Jiālìfúníyà	加利福尼亞	加利福尼亚	PN	California	22n
jiàn	見	见	V	to see	3
jiàn	件	件	M	(a measure word for luggage, etc.)	9, 23
Jiānádà	加拿大	加拿大	PN	Canada	10s
jiǎnchá	檢查	检查	V	to examine	16
jiǎndān	簡單	简单	Adj	simple	20
jiǎn féi	減肥	减肥	VO	to lose weight	20s
jiānglái	將來	将来	T	in the future	15
jiǎn jià	減價	减价	VO	to reduce prices, have a reduced price sale	21
jiànkāng	健康	健康	Adj/N	healthy; health	16
jiànkāng bǎoxiǎn	健康保險	健康保险	NP	health insurance	16
jiǎng kè	講課	讲课	VO	to lecture; to teach	22s
jiǎntǐzì	簡體字	简体字	N	simplified character	7c
jiāo	教	教	V	to teach	7
jiāo	交	交	V	to pay (rent, tuition, etc.)	18s
jiǎo	角	角	M	dime	9g

Pinyin	Traditional Characters	Simplified Characters	Grammar	English	Lesson
jiǎo	腳	脚	N	foot/leg (of person, animal; table, etc.)	15s, 20
jiào	叫	叫	V	to be called; to call	1
jiào	叫	叫	V	to hail/hire (a taxi)	23
jiàoshì	教室	教室	N	classroom	8
jiǎozi	餃子	饺子	N	dumplings	12
jiātíng	家庭	家庭	N	family	23s
jiāxiāng	家鄉	家乡	N	hometown	22
Jiāzhōu	加州	加州	PN	(abbr.) California	21s, 22
jì bu zhù	記不住	记不住	VC	unable to remember	17s
jīchǎng	機場	机场	N	airport	11
jìchéngchē	計程車	计程车	N	taxi (in Taiwan)	11s
jìde	記得	记得	V	to remember	17
jiē	接	接	V	to meet; to receive	15
jié	節	节	M	(a measure word for class periods)	6, 6n
jiè	借	借	V	to borrow/lend	13
jié hūn	結婚	结婚	VO	to get married	17s
jiějie	姐姐	姐姐	N	older sister	2
jièshào	介紹	介绍	V	to introduce	5
jièshūzhèng	借書證	借书证	N	library ID; library card	13
jǐ ge yuè	幾個月	几个月	N	several months	22
jìhuà	計劃	计划	N	plan	21
jìjié	季節	季节	N	season	22s
jīn	金	金	N/Adj	(a surname); gold	14
jīn	斤	斤	M	half a kilogram (Chinese unit of weight)	23c
jìn	進	进	V	to enter	5
jìn	近	近	Adj	near	8
jìnbù	進步	进步	V/N	to make progress; progress	8
jīng	京	京	N	capital (of a country)	14
jīngjì	經濟	经济	N	economy	22
jīngjù	京劇	京剧	N	Peking (Beijing) opera	17c
jìnlai	進來	进来	VC	to come in	5
jīnnián	今年	今年	T	this year	3
jìnqu	進去	进去	VC	to go in	6g, 13
jīntiān	今天	今天	T	today	3
jǐnzhāng	緊張	紧张	Adj	nervous; anxious	11
jīpiào	機票	机票	N	plane ticket; airplane ticket	21
jìsuànjī	計算機	计算机	N	calculator; computer	8n
jiǔ	久	久	Adj	a long time; for a long time	4
jiǔ	酒	酒	N	wine; any alcoholic beverage	5
jiǔ	九	九	Nu	nine	Intro.
jiù	就	就	Adv	the very one (indicating verification of something mentioned before)	6
jiù	就	就	Adv	(indicates that something takes place sooner than expected)	7

▼▼▼

Pinyin	Traditional Characters	Simplified Characters	Grammar	English	Lesson
jiù	就	就	Adv	(indicating physical immediacy)	14
jiù	就	就	Adv	just; only	17
jiù	舊	旧	Adj	old; used	21s, 22
Jiùjīnshān	舊金山	旧金山	PN	San Francisco	22
jiǔyuè	九月	九月	N	September	3
jiǔzhé	九折	九折		10% off	21
juéde	覺得	觉得	V	to feel	4
júhóngsè	橘紅色	桔红色	N	orange	9s
▲ K ▲					
kāi	開	开	V	to hold (a meeting, party, etc.)	6
kāi	開	开	V	to drive; to operate	11
kāi	開	开	V	to open	13
kāi chē	開車	开车	VO	to drive a car	11
kāi dào	開到	开到	VC	open till...	13
kāfēi	咖啡	咖啡	N	coffee	5
kāfēisè	咖啡色	咖啡色	N	coffee color; brown	9
kāi huì	開會	开会	VO	to have a meeting	6
kāi mǎn	開滿	开满	VC	to bloom abundantly	22
kāishǐ	開始	开始	N/V	in the beginning; to begin; to start	7, 8
kǎlā'ōukēi	卡拉OK	卡拉OK	N	karaoke	15c
kàn	看	看	V	to watch; to look	4, 17n
kàn bìng	看病	看病	VO	to see a doctor; (of a doctor) to see a patient	16
kàn bu chūlai	看不出來	看不出来	VC	can't make out; unable to tell	20
kàn jiàn	看見	看见	VC	to see; to catch sight of	20s
kàn shū	看書	看书	VO	to read books; to read	4
Kāngxī Zìdiǎn	康熙字典	康熙字典	N	Kangxi Dictionary	Intro.
kǎo	考	考	V	to give or take a test	6
kǎo	烤	烤	V	to roast; to bake	12s
kǎoshì	考試	考试	V/N	to give or take a test; test	6
kǎoyā	烤鴨	烤鸭	N	roast duck	12s
kǎ(piàn)	卡(片)	卡(片)	N	card	13
kě	渴	渴	Adj	thirsty	12
kè	刻	刻	M	quarter (hour); 15 minutes	3
kè	課	课	N	class; lesson	6
kè	克	克	M	gram	23c
kě'ài	可愛	可爱	Adj	cute; lovable	15
Kěkǒukělè	可口可樂	可口可乐	N	Coke	5s
kělè	可樂	可乐	N	cola	5
Kěndéjī	肯德基	肯德基	PN	KFC	12s
kěnéng	可能	可能	AV	maybe	13
kèqi	客氣	客气	Adj	polite	6
kěshì	可是	可是	Conj	but	3
késòu	咳嗽	咳嗽	V	to cough	16s
kètīng	客廳	客厅	N	living room	18

▼▼▼

Pinyin	Traditional Characters	Simplified Characters	Grammar	English	Lesson
kèwén	課文	课文	N	text of a lesson	7
kěyǐ	可以	可以	AV	can; may	5
kòng(r)	空(兒)	空(儿)	N	free time	6
kǒu	口	口	N/M	mouth; (a measure word for people)	2n
kū	哭	哭	V	to cry; to weep	23
kù	酷	酷	Adj	cool	15f
kuài	快	快	Adv	fast; quickly	5
kuài	快	快	Adj	quick; fast	7
kuài	塊	块	M	colloquial term for the basic Chinese monetary unit	9
kuài	塊	块	M	dollar	9
kuài	快	快	Adv	soon; be about to; before long	11
kuàicān	快餐	快餐	N	fast food	12s
kuàilè	快樂	快乐	Adj	happy	11
kuàixìn	快信	快信	N	express letter	19
kuàizi	筷子	筷子	N	chopsticks	12c
kuàngquánshuǐ	礦泉水	矿泉水	N	mineral water	5s
Kūnmíng	昆明	昆明	PN	Kunming	10c
kùzi	褲子	裤子	N	pants	9

▲ **L** ▲

Pinyin	Traditional Characters	Simplified Characters	Grammar	English	Lesson
la	啦	啦		(the combination of 了 and 啊)	22
là	辣	辣	Adj	spicy; hot	12
Lādīngwén	拉丁文	拉丁文	N	Latin	6s
lái	來	来	V	to come	5
lái bu jí	來不及	来不及		there is not enough time	13
láidào	來到	来到	V	to arrive; to come	23
láihuí	來回	来回	N	round trip; back and forth	21
lán	藍	蓝	Adj	blue	9s, 11
lánqiú	籃球	篮球	N	basketball	4s
lǎojiā	老家	老家	N	hometown; ancestral home	22
Lǎo Jīn	老金	老金		Old Jin	14
lǎoshi	老是	老是	Adv	always; invariably	19
lǎoshī	老師	老师	N	teacher	1
le	了	了	P	(a particle indicating superlative degree)	3
le (I)	了	了	P	(a dynamic particle)	5g
le (II)	了	了	P	(a dynamic particle)	8g
le (III)	了	了	P	(a sentence particle)	10g
lèi	累	累	Adj	tired	17s, 23
lèi huài	累壞	累坏	VC	to become exhausted	23
lěng	冷	冷	Adj	cold	10
lí	離	离	Prep	from; away	14
lǐ	李	李	N	(a surname); plum	1
lǐ	里	里	M	half kilometer (Chinese unit of length)	23c

Pinyin	Traditional Characters	Simplified Characters	Grammar	English	Lesson
liǎ	倆	俩	CE	two (people)	17
lián	連	连	Prep	even	18
liǎn	臉	脸	N	face	15
liǎng	兩	两	Nu	two; a couple of	2
liǎng	兩	两	M	(unit of weight, = 50 grams)	12, 23c
liàng	輛	辆	M	(a measure word for vehicles)	11s
liángbàn	涼拌	凉拌		cold and dressed with sauce	12
liángkuai	涼快	凉快	Adj	pleasantly cool (weather)	10
liànxí	練習	练习	V	to practice	6
liáo	聊	聊	V	to chat	5
liáo tiān(r)	聊天(兒)	聊天(儿)	VO	to chat	5
lǐbài	禮拜	礼拜	N	week	3g
lǐbàisì	禮拜四	礼拜四	N	Thursday	3g
líkāi	離開	离开	V	leave; depart from	19s
lín	林	林	N	(a surname)	15
líng	零	零	Nu	zero	3g
lìngwài	另外	另外	Conj	in addition	19
lìqi	力氣	力气	N	strength	17
lǐtou	裏頭	里头	N	inside	14
liú	劉	刘	N	(a surname)	1n
liú	留	留	V	to leave behind	13
liú	流	流	V	to flow; to shed	16
liù	六	六	Nu	six	Intro.
liúxuéshēng	留學生	留学生	N	student studying abroad	19
liùyuè	六月	六月	N	June	3g
lǐwù	禮物	礼物	N	gift	15
Lǐ Yǒu	李友	李友	PN	(a personal name)	1
lóng	龍	龙	N	dragon	15c
lóushàng	樓上	楼上	N	upstairs	13s
lóuxià	樓下	楼下	N	downstairs	13
lù	路	路	N	road; path	11
lù	路	路	N	number (bus route)	11n
lǜ	綠	绿	Adj	green	9s, 11
lǚguǎn	旅館	旅馆	N	hotel	21s
lùkǒu	路口	路口	N	intersection	14
Luòshānjī	洛杉磯	洛杉矶	PN	Los Angeles	21
lùshang	路上	路上	N	on the way	23
lǜshī	律師	律师	N	lawyer	2
lùxiàng	錄像	录像	N	video recording	10
lǚxíng	旅行	旅行	V	to travel	17
lǚxíngshè	旅行社	旅行社	N	travel agency	21
lǚxíng zhīpiào	旅行支票	旅行支票	N	traveler's check	19s
lùyīn	錄音	录音	N/VO	sound recording; to record	7
lùyīndài	錄音帶	录音带	N	audio tape	13
lùyíng	露營	露营	V	to camp (out)	21s

▼▼▼▼▼▼▼▼▼▼▼▼▼▼▼▼▼▼▼▼▼▼▼▼▼▼▼▼▼▼▼▼▼▼▼▼

Pinyin	Traditional Characters	Simplified Characters	Grammar	English	Lesson
▲M▲					
ma	嗎	吗	QP	(an interrogative particle)	1
mǎ	馬	马	N/PN	horse; (a surname)	15c, 16
máfan	麻煩	麻烦	Adj	troublesome	11
mǎguà	馬褂	马褂	N	Mandarin jacket	9c
mǎi	買	买	V	to buy	9
mài	賣	卖	V	to sell	9s
Màidāngláo	麥當勞	麦当劳	PN	McDonald's	12s
mài wán (le)	賣完(了)	卖完(了)	VC	sold out	12
Mǎláixīyà	馬來西亞	马来西亚	PN	Malaysia	6s
mǎlù	馬路	马路	N	road	22s
māma	媽媽	妈妈	N	mom; mother	2
mǎn	滿	满	Adj	full	22
màn	慢	慢	Adj	slow	7
máng	忙	忙	Adj	busy	3
máo	毛	毛	M	1/10 of a kuai (similar to the U.S. dime)	9
máo	毛	毛	M	dime	9
máobǐ	毛筆	毛笔	N	writing brush	7s
Máotái	茅台	茅台	PN	Maotai (name of a liquor)	5c
máoyī	毛衣	毛衣	N	sweater	9s
màozi	帽子	帽子	N	hat	9s
Másàizhūsè	麻賽諸塞	麻塞诸塞	PN	Massachusetts	22n
mǎshàng	馬上	马上	Adv	right away	20s
Mázhōu	麻州	麻州	PN	(abbr.) Massachusetts	22
méi	沒	没	Adv	not	2
měi	每	每	Prep	every; each (usually followed by a measure word)	11
měi	美	美	Adj	beautiful	22
méi guānxi	沒關係	没关系	CE	It doesn't matter	17
Měiguó	美國	美国	PN	America	1
Měiguórén	美國人	美国人	N	American people/person	1
Měijīn	美金	美金	N	U. S. currency	19s
mèimei	妹妹	妹妹	N	younger sister	2
Měishì	美式	美式	Adj	American style	20
méi shìr	沒事兒	没事儿	CE	no problem; it's O.K.	8f
Měishì zúqiú	美式足球	美式足球	N	American style football (used in mainland China)	4s, 20c, 20n
měitiān	每天	每天	T	every day	11
méi wèntí	沒問題	没问题	CE	no problem	6, 6f
Měiyuán	美元	美元	N	U.S. currency	19
mēn	悶	闷	Adj	stuffy	10
mén	門	门	M	(a measure word for academic courses)	6n
mén	門	门	N	door	13
ménkǒu	門口	门口	N	doorway	23

Pinyin	Traditional Characters	Simplified Characters	Grammar	English	Lesson
mǐ	米	米	M	meter	23c
miàn	麵	面	N	noodles	3c
miàn	面	面	suffix	(used to form a noun of locality)	14
mǐfàn	米飯	米饭	N	cooked rice	12
míngnián	明年	明年	T	next year	3s
míngr	明兒	明儿	N	tomorrow	12
míngr jiàn	明兒見	明儿见	CE	See you tomorrow	13f
míngtiān	明天	明天	T	tomorrow	3
míngxìnpiàn	明信片	明信片	N	postcard	19
míngzi	名字	名字	N	name	1
Mòxīgē	墨西哥	墨西哥	PN	Mexico	6s
mǔqin	母親	母亲	N	mother	22

▲N▲

Pinyin	Traditional Characters	Simplified Characters	Grammar	English	Lesson
na	哪	哪	P	(modification of sound of 啊)	20
ná	拿	拿	V	to take; to get; to carry	16, 23
nà	那	那	Conj	in that case; then	4
nǎ/něi	哪	哪	QPr	which	6
nà/nèi	那	那	Pr	that	2
nǎinai	奶奶	奶奶	N	paternal grandmother	23
nǎli	哪裏	哪里	CE	You flatter me. Not at all. (a polite reply to a compliment)	7, 7f
nǎli	哪裏	哪里	QPr	where	14
nàli	那裏	那里	N	there	18
nàme	那麼	那么	Adv	that; so; so much; to that degree	14
nàme	那麼	那么	Conj	then; in that case	19
nán	男	男	N	male	2
nán	難	难	Adj	difficult	7
nán	南	南	N	south	14
nánbian(mian)	南邊(面)	南边(面)	N	south side	14s
nán de	男的	男的		male	7
nánháizi	男孩子	男孩子	N	boy	2
Nánjīng	南京	南京	PN	Nanjing	10c
nánpéngyou	男朋友	男朋友	N	boyfriend	15s
nánshòu	難受	难受	Adj	hard to bear; uncomfortable	20
nǎo	腦	脑	N	brain	8
nǎr	哪兒	哪儿	QPr	where	5
nàr	那兒	那儿	Pr	there	8
ne	呢	呢	QP	(an interrogative particle)	1
ne	呢	呢	P	(indicates an action is in progress)	15
nèi	內	内	N	within; inside	21
néng	能	能	AV	can; to be able to	8
nǐ	你	你	Pr	you	1
nián	年	年	N	year	3
niàn	念	念	V	to read aloud	7
niánjí	年級	年级	N	grade in school	6
niánjì	年紀	年纪	N	age	3n, 17s

▽▽

Pinyin	Traditional Characters	Simplified Characters	Grammar	English	Lesson
niánqīngrén	年輕人	年轻人	N	young people	20s
niàn shū	念書	念书	VO	to study	21s
nǐ hǎo	你好	你好	CE	How do you do? Hello!	1
nín	您	您	Pr	you (singular; polite)	1
niú	牛	牛	N	cow; ox	12, 15c
niúròu	牛肉	牛肉	N	beef	12
Niǔyuē	紐約	纽约	PN	New York	17
nǚ	女	女	N	female	2
nuǎnhuo	暖和	暖和	Adj	warm	10
nǚ'ér	女兒	女儿	N	daughter	2
nǚhái	女孩	女孩	N	girl	15f
nǚháizi	女孩子	女孩子	N	girl	2
nǚpéngyou	女朋友	女朋友	N	girlfriend	15

▲P▲

Pinyin	Traditional Characters	Simplified Characters	Grammar	English	Lesson
pà	怕	怕	V	to be afraid of	20
pāi	拍	拍	N	racket	20
páiqiú	排球	排球	N	volleyball	4s
pán	盤	盘	M	(a measure word) plate; dish; coil	12, 13
pàng	胖	胖	Adj	fat	20
pángbiān	旁邊	旁边	N	side	14
pǎo	跑	跑	V	to run	20
pǎobù	跑步	跑步	VO	to jog	20
péngyou	朋友	朋友	N	friend	1s, 7
piān	篇	篇	M	(a measure for essays, articles, etc.)	8
piàn	片	片	M	tablet; slice	16
piányi	便宜	便宜	Adj	cheap; inexpensive	9
piào	票	票	N	ticket	11
piàoliang	漂亮	漂亮	Adj	pretty	5
píjiǔ	啤酒	啤酒	N	beer	5
píng	瓶	瓶	M	bottle	5
píngcháng	平常	平常	T	usually	7
pīngpāngqiú	乒乓球	乒乓球	N	table tennis	20s
píngxìn	平信	平信	N	regular mail	19
píxiāng	皮箱	皮箱	N	leather suitcase	23
Pútáoyá	葡萄牙	葡萄牙	PN	Portugal	6s
Pútáoyáwén	葡萄牙文	葡萄牙文	N	the Portuguese language	6s

▲Q▲

Pinyin	Traditional Characters	Simplified Characters	Grammar	English	Lesson
qī	七	七	Nu	seven	Intro.
qǐ chuáng	起床	起床	VO	to get up	8
qī wǔ zhé	七五折	七五折		25% off	21n
qiān	千	千	Nu	thousand	21
qián	錢	钱	N	money; (a surname)	9, 21
qián	前	前	N	forward; ahead	14
qiānbǐ	鉛筆	铅笔	N	pencil	7s

Pinyin	Traditional Characters	Simplified Characters	Grammar	English	Lesson
qiánbian(mian)	前邊(面)	前边(面)	N	front	14s
qiáng	墙	墙	N	wall	14s
qiánmian	前面	前面	N	ahead; in front of	14
qiánnián	前年	前年	T	the year before last	3s, 15
qiántiān	前天	前天	T	the day before yesterday	3s
qián yì tiān	前一天	前一天		the day before	23
qiānzhèng	簽證	签证	N	visa	21
qiāo mén	敲門	敲门	VO	to knock at the door	5f
qìchē	汽車	汽车	N	automobile	11
qǐfēi	起飛	起飞	V	to take off	23
qìhòu	氣候	气候	N	weather	22
qilai	起來	起来		(indicates beginning of action)	20
qǐlai	起來	起来	V	to get up	20s
qíng	晴	晴	Adj	sunny; clear	10s
qǐng	請	请	V	please (a polite form of request)	1, 6n
qǐng	請	请	V	to treat (somebody); to invite	3, 6n
qīngchu	清楚	清楚	Adj	clear	8
qǐng kè	請客	请客	VO	to invite someone to dinner; to be the host	4
qǐng wèn	請問	请问	CE	May I ask...	1
qìngzhù	慶祝	庆祝	V	to celebrate	15s, 17
qīnqi	親戚	亲戚	N	relative	22
qípáo	旗袍	旗袍	N	Manchu-style dress	9c
qìshuǐ(r)	汽水(兒)	汽水(儿)	N	soft drink; soda pop	5s, 15
qítā de	其他的	其他的	Adj	other	13
qiú	球	球	N	ball	4
qiūtiān	秋天	秋天	N	autumn; fall	10
qīyuè	七月	七月	N	July	3g
qù	去	去	V	to go	4
qùnián	去年	去年	T	last year	3s, 6n
qúnzi	裙子	裙子	N	skirt	9s

▲R▲

Pinyin	Traditional Characters	Simplified Characters	Grammar	English	Lesson
ràng	讓	让	V	to allow or cause (somebody to do something)	11
ránhòu	然後	然后	Adv	then	11
rè	熱	热	Adj	hot	10
rén	人	人	N	people; person	1
rénkǒu	人口	人口	N	population	22
rénmín	人民	人民	N	people	19
Rénmínbì	人民幣	人民币	N	RMB (Chinese currency)	19
rènshi	認識	认识	V	to know (someone); to recognize	3
rì	日	日	N	day; the sun	3
Rìběn	日本	日本	PN	Japan	1s
Rìběnrén	日本人	日本人	N	Japanese people/person	1s
rìchéng	日程	日程	N	schedule; itinerary	21
rìjì	日記	日记	N	diary	8

Pinyin	Traditional Characters	Simplified Characters	Grammar	English	Lesson
Rìwén	日文	日文	N	the Japanese language	6s, 14
róngyì	容易	容易	Adj	easy	7
ròu	肉	肉	N	meat	12
rúguǒ	如果	如果	Conj.	if	13
rúguǒ...de huà	如果...的話	如果...的话		if...	22
▲S▲					
sài	賽	赛	N	game; match; competition	20
sān	三	三	Nu	three	Intro.
sāngē	三哥	三哥	N	third oldest brother	7g
sānjiě	三姐	三姐	N	third oldest sister	7g
sānyuè	三月	三月	N	March	3g
sǎo	掃	扫	V	to sweep	17
shāchénbào	沙塵暴	沙尘暴	N	sand-and-dust storms	22c
shāfā	沙發	沙发	N	sofa	18
shān	山	山	N	mountain; hill	22
shāng	傷	伤	N	injury	20
shàng	上	上	V	(coll.) to go	14
shàng bān	上班	上班	VO	go to work	23s
shàngbian(mian)	上邊(面)	上边(面)	N	top	14s
shàng cài	上菜	上菜	VO	to serve dishes	12
shàng dàxué	上大學	上大学	VO	to attend college/university	20
shànggè xīngqī	上個星期	上个星期	T	last week	6n, 7
shànggè yuè	上個月	上个月	T	last month	6n
Shànghǎi	上海	上海	PN	Shanghai	10
shàng kè	上課	上课	VO	to go to class; to start a class	7
shàngwǔ	上午	上午	T	morning	6
shānshuǐ	山水	山水	N	landscape	22s
shé	蛇	蛇	N	snake; serpent	15c
shéi	誰	谁	QPr	who	2
shéi ya	誰呀	谁呀	CE	Who is it?	5f
shēnfènzhèng	身份證	身份证	N	Identification Card	13c
shēng	生	生	V	to give birth to; to be born	3
shèng	剩	剩	V	to remain; to be left over	13
shēngāo	身高	身高	N	height	15s
shēng bìng	生病	生病	VO	get sick	16
shèngcài	剩菜	剩菜	NP	leftovers	16
shēngcí	生詞	生词	N	new words	7
shēnghuó	生活	生活	N	life	22
shēng qì	生氣	生气	VO	to be angry	16s
shēngrì	生日	生日	N	birthday	3
shēngyīn	聲音	声音	N	sound	13s
shénme	什麼	什么	QPr	what	1
shénme...dōu	什麼...都	什么...都		all; any (an inclusive pattern)	18
shēntǐ	身體	身体	N	body; health	16
shí	十	十	Nu	ten	Intro.
shì	是	是	V	to be	1

Pinyin	Traditional Characters	Simplified Characters	Grammar	English	Lesson
shì	事	事	N	matter; affair; business	3
shì	視	视	N	vision	4
shì	試	试	V	to try	16
shí'èr	十二	十二	Nu	twelve	3
shí'èryuè	十二月	十二月	N	December	3g
shíbā	十八	十八	Nu	eighteen	3
shíchā	時差	时差	N	time difference	20s
shīfu	師傅	师傅	N	master craftsman; skilled worker	9n, 12
shìhé	適合	适合	V	to suit; to fit	20s
shíhou	時候	时候	N	(a point in) time; moment; (a duration of) time	4
shíjiān	時間	时间	T	time	6
shìjiè	世界	世界	N	world	20s
shì ma	是嗎	是吗	CE	Really?	5f, 5n
shì nèi	室內	室内	N	in the room; indoor	21n
shíyàn	實驗	实验	N	experiment	13
shíyànshì	實驗室	实验室	N	laboratory	13
shíyīyuè	十一月	十一月	N	November	3g
shíyuè	十月	十月	N	October	3g
shōu	收	收	V	to receive	19
shǒu	手	手	N	hand	20
shòu	受	受	V	to bear; to receive	20
shòu	瘦	瘦	Adj	thin, slim; lean	20s, 23
shǒubiǎo	手錶	手表	N	wristwatch	9n
shōu dào	收到	收到	VC	to receive	19
shǒudū	首都	首都	N	capital	22
Shǒudū Jīchǎng	首都機場	首都机场	N	the Capital Airport (Beijing)	23
shòuhuòyuán	售貨員	售货员	N	shop assistant; salesclerk	9
shǒujī	手機	手机	N	cellular phone	23s
shòushāng	受傷	受伤	VO	to get injured or wounded	20
shōushi	收拾	收拾	V	to pack; to tidy up	23
shǒushi	首飾	首饰	N	jewelry	19
shǒutào	手套	手套	N	gloves	9n
shǒuzhǐ	手指	手指	N	finger	15
shū	書	书	N	book	4
shū	輸	输	V	to lose (a game, etc.)	20
shǔ	屬	属	V	to belong to	15
shǔ	鼠	鼠	N	rat	15c
shù	束	束	M	a bunch of (flowers, etc.)	19
shù	樹	树	N	tree	22
shuài	帥	帅	Adj	handsome	7
shuāng	雙	双	M	a pair of	9
shūdiàn	書店	书店	N	bookstore	14
shūfu	舒服	舒服	Adj	comfortable	10
shuǐ	水	水	N	water	5
shuì	睡	睡	V	to sleep	4

▼▼

Pinyin	Traditional Characters	Simplified Characters	Grammar	English	Lesson
shuǐdiàn	水電	水电		water and electricity	18
shuǐguǒ	水果	水果	N	fruit	15
shuì jiào	睡覺	睡觉	VO	to sleep	4
shǔjià	暑假	暑假	N	summer vacation	11s
shūjià	書架	书架	N	bookshelf	18
shuō	說	说	V	to say; to speak	6
shuōdào	說到	说到		to talk about; to mention	15
shuō huà	說話	说话	VO	to talk	7
shǔqī xuéxiào	暑期學校	暑期学校		summer school	15
shūzhuō	書桌	书桌	N	desk	18
sǐ	死	死	V	to die	16
sì	四	四	Nu	four	Intro.
Sīwén	思文	思文	PN	(a given name)	20
sìyuè	四月	四月	N	April	3g
sòng	送	送	V	to take someone (somewhere)	11
sù	素	素	Adj	vegetarian; of vegetables	12
suān	酸	酸	Adj	sour	12
suānlàtāng	酸辣湯	酸辣汤	N	hot and sour soup	12
suàn le	算了	算了	CE	Forget it. Never mind.	4, 4f
suí	隨	随	V	to follow; to go along with	23
suì	歲	岁	N	year of age	3
suīrán	雖然	虽然	Conj	although	9
suíshēn	隨身	随身	Adv	(carry) on one's person	23
suìshù	歲數	岁数	N	year of age	3n
sūnzi	孫子	孙子	N	paternal grandson	23
suǒyǐ	所以	所以	Conj	so	4
sùshè	宿舍	宿舍	N	dormitory	8

▲**T**▲

Pinyin	Traditional Characters	Simplified Characters	Grammar	English	Lesson
tā	他	他	Pr	he; him	2
tā	她	她	Pr	she	2
tā	它	它	Pr	it	19
tái	台	台	N	(TV, radio) channel	20
tái	台	台	N	stand; table; platform	23
tài…(le)	太…(了)	太…(了)	Adv	too; extremely	3
Táiběi	台北	台北	PN	Taipei	10
táifēng	颱風	台风	N	typhoon	22s
Tàiguó	泰國	泰国	PN	Thailand	6s
tàijíquán	太極拳	太极拳	N	Tai Chi	20s, 20c
Táinán	台南	台南	PN	Tainan (a city in Taiwan)	19
tàitai	太太	太太	N	wife; Mrs.	1s
Táiwān	台灣	台湾	PN	Taiwan	10
Táizhōng	台中	台中	PN	Taichung	10s
tán	彈	弹	V	to play (a musical instrument)	15
tán	談	谈	V	to talk; to chat	20s
tāng	湯	汤	N	soup	12
táng	糖	糖	N	sugar	12

Pinyin	Traditional Characters	Simplified Characters	Grammar	English	Lesson
tǎng	躺	躺	V	to lie	16
tángcùyú	糖醋魚	糖醋鱼	N	fish in sweet and sour sauce	12
tángjiě	堂姐	堂姐	N	(older female) cousin	15n
Tāngmǔ	湯姆	汤姆		Tom	15
tǎngxià	躺下	躺下	VC	to lie down	16
tàn qīn	探親	探亲	VO	visit relatives	23
tào	套	套	M	suite; set	18
tèbié	特別	特别	Adj/ Adv	special; especially	7g, 20
téng	疼	疼	V	to be painful	16
téngsǐ	疼死	疼死	VC	to really hurt	16
tī	踢	踢	V	to kick	20
tí	提	提	V	to carry (with the arm down)	23
tiān	天	天	N	day	3
tián	甜	甜	Adj	sweet	12
tián	田	田	N	(a surname); field	14
tiānqì	天氣	天气	N	weather	10
tiáo	條	条	M	(a measure word for long, thin objects)	9
tiáo	調	调	V	to change; to adjust; to mix	20
tiào	跳	跳	V	to jump	4
tiào wǔ	跳舞	跳舞	VO	to dance	4
tiē	貼	贴	V	to paste; to stick on	19
tígāo	提高	提高	V	to improve	20
tīng	聽	听	V	to listen	4
tíng	停	停	V	to stop; to park	23
tíng chē	停車	停车	VO	to park (a car, bike, etc.)	23
tíngchēchǎng	停車場	停车场	N	parking lot	23
tīnglì	聽力	听力	N	listening comprehension	20
tīng qilai	聽起來	听起来		sound like	22
tīngshuō	聽說	听说		It is said that; (I) heard that	22
tíxǐng	提醒	提醒	V	to remind	23
tǐzhòng	體重	体重	N	weight (of a person)	15s
tóng	同	同	Adj	same; alike	17
tónglù	同路	同路	CE	to go the same way	14
tóngxué	同學	同学	N	classmate	3
tóngyì	同意	同意	V	to agree	20s
tóu	頭	头	N	head	16s
tóu téng	頭疼	头疼	V	to have a headache	16s
tù	兔	兔	N	rabbit; hare	15c
tuǐ	腿	腿	N	leg	15
tuì	退	退	V	to send back; to return	19s
tuōyùn	托運	托运	V	to check (baggage); to consign for shipment	23
túshūguǎn	圖書館	图书馆	N	library	5

▼▼▼▼▼▼▼▼▼▼▼▼▼▼▼▼▼▼▼▼▼▼▼▼▼▼▼▼▼▼▼▼▼▼▼▼▼▼

Pinyin	Traditional Characters	Simplified Characters	Grammar	English	Lesson
túshūguǎnyuán	圖書館員	图书馆员	N	librarian	13
T-xùshān	T-恤衫	T-恤衫	N	T-shirt	9s
▲W▲					
wàigōng	外公	外公	N	maternal grandfather	22
wàiguó	外國	外国	N	foreign country	4
wàipó	外婆	外婆	N	maternal grandmother	22
wàitào	外套	外套	N	coat; jacket	9s
wàitou(bian, mian)	外頭(邊/面)	外头(边/面)	N	outside	14s
wán	完	完	V	to finish; to run out of	12
wǎn	晚	晚	N/Adj	evening; night; late	3
wǎn	碗	碗	M	bowl	12
wàn	萬	万	Nu	ten thousand	21s
wǎnfàn	晚飯	晚饭	N	dinner; supper	3
wáng	王	王	N	(a surname); king	1
wàng	忘	忘	V	to forget	13
wàng	往	往	Prep	towards	14
Wáng Dézhōng	王德中	王德中	PN	(name of a person)	22
Wáng fù	王父	王父		王朋的父親/亲	23
Wáng mǔ	王母	王母		王朋的母親/亲	23
Wáng Péng	王朋	王朋	PN	(a personal name)	1
wǎngqiú	網球	网球	N	tennis	4s, 20
wǎnhuì	晚會	晚会	N	evening party	19s
wán(r)	玩(兒)	玩(儿)	V	to have fun; to play	5
wǎnshang	晚上	晚上	T	evening; night	3
wàzi	襪子	袜子	N	socks	9s
wéi	喂	喂	Interj	(on telephone) Hello!; Hey!	6, 6f, 6n
wèi	為	为	Prep	for	3
wèi	位	位	M	(a polite measure word for people)	6
wèijīng	味精	味精	N	monosodium glutamate (MSG)	12
wèile	為了	为了	Conj	for the sake of	20
wèishēngjiān	衛生間	卫生间	N	bathroom; restroom	18n
wèishénme	為什麼	为什么	QPr	why	3
wēixiǎn	危險	危险	Adj	dangerous	20
wèizi	位子	位子	N	seat	12
wén	文	文	N	language; script; written language	6
wèn	問	问	V	to ask (a question)	1, 6n
Wēngēhuá	溫哥華	温哥华	PN	Vancouver	10s
wénhuà	文化	文化	N	culture	22
wèn lù	問路	问路	VO	to ask for directions	14
wèntí	問題	问题	N	question; problem	6
wǒ	我	我	Pr	I; me	1
wǒmen	我們	我们	Pr	we	3
wòshì	臥室	卧室	N	bedroom	18
wǔ	五	五	Nu	five	Intro.
wǔ	舞	舞	N	dance	4

Pinyin	Traditional Characters	Simplified Characters	Grammar	English	Lesson
wǔfàn	午飯	午饭	N	lunch; midday meal	8
Wǔhàn	武漢	武汉	PN	Wuhan	10c
wǔhuì	舞會	舞会	N	dance; ball	15
wǔjiào	午覺	午觉	N	nap	7s
wǔyuè	五月	五月	N	May	3g

▲ X ▲

Pinyin	Traditional Characters	Simplified Characters	Grammar	English	Lesson
xī	西	西	N	west	14
xià	下	下		below; next	6
xiàbian(mian)	下邊(面)	下边(面)	N	bottom	14s
xià chē	下車	下车	VO	to get off (a bus, train, etc.)	11
xià cì	下次	下次		next time	10
xiàge xīngqī	下個星期	下个星期	T	next week	6
xià(ge)yuè	下(個)月	下(个)月	T	next month	3s
xiān	先	先	Adv	first; before	11
xiàn	線	线	N	line	11
xiǎng	想	想	AV	to want to; to think	4
xiàng	像	像	V	to be like; to take after	15
xiǎng dào	想到	想到	VC	to have thought of	19g
Xiānggǎng	香港	香港	PN	Hong Kong	10s, 21
xiǎng jiā	想家	想家	VO	miss home; be homesick	16
xiǎngniàn	想念	想念	V	to miss; to remember with longing	23s
xiǎng qilai	想起來	想起来	VC	remember; recall	17
Xiāngshān	香山	香山	PN	(a mountain near Beijing)	22s
xiāngxià	鄉下	乡下	N	countryside	22
xiànjīn	現金	现金	N	cash	19s
xiānsheng	先生	先生	N	Mr.; husband; teacher	1
xiànzài	現在	现在	T	now	3
xiǎo	小	小	Adj	small; little	2
xiào	笑	笑	V	to laugh; to laugh at	8
Xiǎo Bái	小白	小白	PN	Little Bai	3
Xiǎo Gāo	小高	小高	PN	Little Gao	2
xiǎojie	小姐	小姐	N	Miss; young lady	1
Xiǎo Lǐ	小李	小李	PN	Little Li	3
xiǎoshí	小時	小时	T	hour	13s, 16
xiǎoshuō	小說	小说	N	fiction; novel	18s
xiǎoxīn	小心	小心	V	to be careful	23
xiǎoxué	小學	小学	N	elementary school; grade school	2c, 20s
Xiǎo Zhāng	小張	小张	PN	Little Zhang	2
xiàtiān	夏天	夏天	N	summer	10
Xiàwēiyí	夏威夷	夏威夷	PN	Hawaii	6s
xiàwǔ	下午	下午	T	afternoon	6
xià yǔ	下雨	下雨	VO	to rain	10
Xībānyá	西班牙	西班牙	PN	Spain	6s
Xībānyáwén	西班牙文	西班牙文	N	the Spanish language	6s
xīběi	西北	西北	N	northwest	14s
Xīběi	西北	西北	PN	Northwest (Airlines)	21

Pinyin	Traditional Characters	Simplified Characters	Grammar	English	Lesson
xībian(mian)	西邊(面)	西边(面)	N	west; west side	14s, 22
Xīcān	西餐	西餐	N	Western food	12
xiē	些	些	M	some	12
xié	鞋	鞋	N	shoes	9
xiě	寫	写	V	to write	7
xiè	謝	谢	N/V	(a surname); thanks	10
xièxie	謝謝	谢谢	CE	thank you	3, 6f
xiězì	寫字	写字	VO	to write characters	7
xíguàn	習慣	习惯	V/N	to be accustomed to; habit	8
xǐhuan	喜歡	喜欢	V	to like; to prefer	3
Xīlà	希臘	希腊	PN	Greece	6s
Xīlàwén	希臘文	希腊文	N	the Greek language	6s
xīn	新	新	Adj	new	8
xìn	信	信	N	letter (mail)	8
xīnán	西南	西南	N	southwest	14s
xíng	行	行	Adj	all right; O.K.	6
xíng	行	行	V	to walk; to go	14
xìng	姓	姓	V/N	(one's) surname is...; to be surnamed; surname	1
Xīngbākè	星巴克	星巴克	PN	Starbucks	5c
xíngli	行李	行李	N	baggage	23
xīngqī	星期	星期	N	week	3
xīngqī'èr	星期二	星期二	N	Tuesday	3g
xīngqīliù	星期六	星期六	N	Saturday	3g
xīngqīrì	星期日	星期日	N	Sunday	3g
xīngqīsān	星期三	星期三	N	Wednesday	3g
xīngqīsì	星期四	星期四	N	Thursday	3
xīngqītiān	星期天	星期天	N	Sunday	3g
xīngqīwǔ	星期五	星期五	N	Friday	3g
xīngqīyī	星期一	星期一	N	Monday	3g
xìngqu	興趣	兴趣	N	interest	16s
xīnkǔ	辛苦	辛苦	Adj	hard; toilsome	23
xīnnián	新年	新年	N	new year	11
Xīn Táibì	新台幣	新台币	N	NT (New Taiwan dollar)	19s
xīnxiān	新鮮	新鲜	Adj	fresh; novel	19
xìnyòng	信用	信用	N	trustworthiness; credit	13
xìnyòngkǎ	信用卡	信用卡	N	credit card	13
xǐshǒujiān	洗手間	洗手间	N	restroom	18n
xiūxi	休息	休息	V	to rest	18s
xīwàng	希望	希望	V/N	to hope; hope	8
Xīyī	西醫	西医	N	Western medicine	16c
xǐ zǎo	洗澡	洗澡	VO	to take a bath/shower	8
xǐzǎojiān	洗澡間	洗澡间	N	bathroom	18
xīzhuāng	西裝	西装	N	suit	9s
xǔ	許	许	V	to allow; to be allowed	18
xué	學	学	V	to study	7

Pinyin	Traditional Characters	Simplified Characters	Grammar	English	Lesson
xuě	雪	雪	N	snow	10s, 22
Xuěbì	雪碧	雪碧	N	Sprite	5s
xuéqī	學期	学期	N	school term; semester/quarter	8
xuésheng	學生	学生	N	student	1
xuéshēng cāntīng	學生餐廳	学生餐厅	N	students' dining hall	18c
xuéshēngzhèng	學生證	学生证	N	student ID	13
xuéxí	學習	学习	V	to study; to learn	17
xuéxiào	學校	学校	N	school	5
xuéyuàn	學院	学院	N	college	2c
xùjiè	續借	续借	V	to renew	13
▲Y▲					
ya	呀	呀	P	(an interjectory particle used to soften a question)	5
yā huài	壓壞	压坏	VC	smash; to get hurt by being crushed	20
yājīn	押金	押金	N	security deposit	18
yǎn	演	演	V	to show (a film); to perform	17
yáng	羊	羊	N	sheep; goat	15c
yǎng	癢	痒	V/Adj	to itch/itchy	16
yǎng	養	养	V	to raise	18
yángròu	羊肉	羊肉	N	mutton; lamb	12s
yǎnjing	眼睛	眼睛	N	eye	14
yǎnjìng	眼鏡	眼镜	N	eyeglasses; glasses	9n
yánjiūshēng	研究生	研究生	N	graduate student	13s
yánjiūshēngyuàn	研究生院	研究生院	N	graduate school (China)	23c
yánjiūsuǒ	研究所	研究所	N	graduate school (Taiwan); research institute	23s, 23c
yánjiūyuàn	研究院	研究院	N	research institute (Taiwan)	23c
yǎnlèi	眼淚	眼泪	N	tear	16
yánsè	顏色	颜色	N	color	9
yān sǐ	淹死	淹死	VC	drown to death	20
yào	要	要	V/AV	to want to; to have a desire for	5, 9
yào	要	要	AV	will; to be going to	6
yào	藥	药	N	medicine	16
yào	要	要	V	to need; to cost	19
yàobùrán	要不然	要不然	Conj	otherwise	16
yàodiàn	藥店	药店	N	pharmacy, drug store	16
yào...le	要...了	要...了		to be about to...	23
yàoshi	要是	要是	Conj	if	6
yàoshi...jiù..	要是...就...	要是...就...	Conj	if...then...	21
yě	也	也	Adv	too; also	1
yè	夜	夜	N	night	7
yéye	爺爺	爷爷	N	paternal grandfather	23
yī	一	一	Nu	one	Intro.

Pinyin	Traditional Characters	Simplified Characters	Grammar	English	Lesson
yì	億	亿	Nu	hundred million	21s
yìbǎiwàn	一百萬	一百万	Nu	one million	22s
yìbiān...yìbiān	一邊...一邊	一边...一边		(a parallel construction indicating two simultaneous actions)	8
Yìdàlì	意大利	意大利	PN	Italy	6s
Yìdàlìwén	意大利文	意大利文	N	the Italian language	6s
yìdiǎnr	一點兒	一点儿		a bit	5g, 10
yídìng	一定	一定	Adj/Adv	certain(ly), definite(ly)	15
yì fáng yì tīng	一房一廳	一房一厅		one bedroom and one living room	18
yīfu	衣服	衣服	N	clothes	9
yí gè rén	一個人	一个人		alone; by oneself	18s
yígòng	一共	一共	Adv	altogether	9
yīguì	衣櫃	衣柜	N	wardrobe; closet	22s
yǐhòu	以後	以后	T	after	6, 6n, 15
yì jiā	一家	一家		the whole family	22
yǐjīng	已經	已经	Adv	already	8
yī...jiù	一...就...	一...就...		as soon as..., then...	14
yí lù shùnfēng	一路順風	一路顺风	CE	Have a good trip; Bon voyage	23
yīn	陰	阴	Adj	overcast	10s
Yìndù	印度	印度	PN	India	6s
yíng	贏	赢	V	to win	20
yǐng	影	影	N	shadow	4
yīnggāi	應該	应该	AV	should	15
Yīngguó	英國	英国	PN	Britain; England	1s
Yīngguórén	英國人	英国人	N	British people/person	1s
yīnglǐ	英里	英里	M	mile	18
Yīngwén	英文	英文	N	the English language	2
yíngyèyuán	營業員	营业员	N	clerk	19
yínháng	銀行	银行	N	bank	19
yīnwei	因為	因为	Conj	because	3
yìnxiàng	印象	印象	N	impression	17
yīnyuè	音樂	音乐	N	music	4
yīnyuèhuì	音樂會	音乐会	N	concert	8
yìqǐ	一起	一起	Adv	together	5
yǐqián	以前	以前	T	before; ago; previously	7g, 8
yīshēng	醫生	医生	N	doctor; physician	2
yìsi	意思	意思	N	meaning	4
yǐwéi	以為	以为	V	to think (wrongly)	22
Yìwén	意文	意文	PN	(a given name)	8
yí xià	一下	一下	M	(a measure word used after a verb indicating short duration)	5
yìxiē	一些	一些		some	16
yì yán wéi dìng	一言為定	一言为定	CE	that settles it; that's settled	17
yíyàng	一樣	一样	Adj	same; alike	9
yīyuàn	醫院	医院	N	hospital	14s

Pinyin	Traditional Characters	Simplified Characters	Grammar	English	Lesson
yīyuè	一月	一月	N	January	3g
yìzhí	一直	一直	Adv	straight; continuously	14
yǐzi	椅子	椅子	N	chair	18
yòng	用	用	V/N	to use; use	8
yònggōng	用功	用功	Adj	hard-working; diligent	15
yǒu	有	有	V	to have; to exist	2
yòu	又	又	Adv	again	10
yòu	右	右	N	right	14
yòubian(r)	右邊(兒)	右边(儿)	N	right side	14s, 22
yǒude	有的	有的	Pr	some	21
yóudiànjú	郵電局	邮电局	N	post and telecommunication office	19n
yóujú	郵局	邮局	N	post office	19
yóukè	遊客	游客	N	visitor (to a park, etc.); tourist	22s
yǒu kòng(r)	有空(兒)	有空(儿)	VO	to have free time	6
yǒumíng	有名	有名	Adj	famous; well-known	23s
yóupiào	郵票	邮票	N	stamp	19
yǒu shíhou	有時候	有时候	CE	sometimes	4
yǒu yìdiǎnr	有一點兒	有一点儿	CE	a little; somewhat; some	7
yǒu yìsi	有意思	有意思	CE	interesting	4
yóu yǒng	游泳	游泳	VO	to swim	20
yòu...yòu	又...又...	又...又...		both...and...	10
yú	魚	鱼	N	fish	12
yǔ	語	语	N	speech	6n
yuán	元	元	M	yuan (unit of Chinese currency); Chinese dollar	9g, 18
yuán	圓	圆	Adj	round	20
yuǎn	遠	远	Adj	far	14
yuànyì	願意	愿意	AV	to be willing	20
yuánzhūbǐ	圓珠筆	圆珠笔	N	ballpoint pen	7c
yuánzǐbǐ	原子筆	原子笔	N	ballpoint pen	7c
yùbào	預報	预报	N	forecast	10
yuē	約	约	V	to make an appointment	10
yuè	月	月	N	month	3
yuè lái yuè	越來越...	越来越...	Conj	more and more	16
Yuènán	越南	越南	PN	Vietnam	6s
Yuènánrén	越南人	越南人	N	Vietnamese people/person	1s
yuè...yuè...	越...越...	越...越...		the more...the more...	19
yǔfǎ	語法	语法	N	grammar	7
yún	雲	云	N	cloud	10s
yùndòng	運動	运动	N	sports	14
yùndòngfú	運動服	运动服	N	sportswear	20
yǔnxǔ	允許	允许	V	to allow	18n
yùshì	浴室	浴室	N	bathroom	18n
yùxí	預習	预习	V	to preview	7
yǔyán	語言	语言	N	language	13

▼ ▼

Pinyin	Traditional Characters	Simplified Characters	Grammar	English	Lesson
▲**Z**▲					
zài	再	再	Adv	again	3
zài	在	在	Prep	at; in; on	5
zài	在	在	V	to be present; to be at (a place)	6
zài	再	再	Adv	in addition	12
zài	再	再	Adv	then and only then	13
zàijiàn	再見	再见	CE	goodbye; see you again	3
zàishuō	再說	再说	Conj	(coll.) moreover	16
zǎo	早	早	Adj	Good morning!; early	7
zǎo ān	早安	早安	CE	Good morning!	7n
zǎofàn	早飯	早饭	N	breakfast	3s, 8
zāogāo	糟糕	糟糕	Adj	in a terrible mess; too bad	10
zǎojiù	早就	早就	Adv	long since; long ago	17
zǎoshang	早上	早上	T	morning	8
zǎo zhīdao	早知道	早知道	CE	had known earlier	14
zěnme	怎麼	怎么	QPr	how; how come (used to inquire about the cause of something, implying a degree of surprise or disapproval)	7
zěnme bàn	怎麼辦	怎么办	QW	what to do	10
zěnme le	怎麼了	怎么了	CE	What's the matter?	16f
zěnmeyàng	怎麼樣	怎么样	QPr	Is it O.K.? What is it like? How does that sound?	3
zhájī	炸雞	炸鸡	N	fried chicken	12s
zhàn	站	站	N	(of bus, train, etc.) stop; station	11
zhàn	站	站	V	to stand	15s
zhāng	張	张	PN/M	(a surname); (a measure word for flat objects)	1n, 2
zhǎng	長	长	V	to grow	15n
zhǎng de	長得	长得		to grow in such a way as to appear	15
zhǎng jià	漲價	涨价	VO	to increase in price	21
zhǎo	找	找	V	to look for	4
zhǎo bu dào	找不到	找不到	VC	unable to find	23
zhǎo dào	找到	找到	VC	to find (successfully)	13
zhàopiàn	照片	照片	N	picture; photo	2
zhǎo(qián)	找(錢)	找(钱)	V	to give change	9
zhe	著	着	P	(indicating a static state)	22
zhè	這	这	Pr	this	2
zhège	這個	这个	Pr	this	10
zhèi	這	这	Pr	this	2
zhè jǐ tiān	這幾天	这几天	NP	the past few days	11
zhèlǐ	這裏	这里	Pr	here	19
zhème	這麼	这么	Pr	so; such	7
zhēn	真	真	Adv	really	7
zhēn	針	针	N	needle	16
zhèn	鎮	镇	N	town	22

Pinyin	Traditional Characters	Simplified Characters	Grammar	English	Lesson
zhèngjiàn	證件	证件	N	identification	13
zhěnglǐ	整理	整理	V	to put in order	17
zhèngzài	正在	正在	Adv	in the middle of (doing something)	8
zhèngzhì	政治	政治	N	politics	22
zhèr	這兒	这儿	Pr	here	9
zhèxiē	這些	这些	Pr	these	12
zhèyàng	這樣	这样	Pr	so; like this	10
zhī	隻	双	M	(a measure word for bird, shoe, etc.)	9g
zhī	枝	枝	M	(a measure word for pens and long items)	9g
zhǐ	紙	纸	N	paper	2g, 7s, 18
zhǐ	只	只	Adv	only	4
zhīdao	知道	知道	V	to know	6
zhí fēi	直飛	直飞		fly directly	21
zhǐhǎo	只好	只好	Adv	have to; be forced to	14s
Zhījiāgē	芝加哥	芝加哥	PN	Chicago	21
zhīpiào	支票	支票	N	check	19
zhíyuán	職員	职员	N	staff member; office worker	13
zhōng	鐘	钟	N	clock	3
zhōng	中	中	Adj	medium	9
zhǒng	種	种	M	kind	16
zhòng	重	重	Adj	serious	16
zhòng	種	种	V	to seed; to plant	22
Zhōngcān	中餐	中餐	N	Chinese food	12
zhōngfàn	中飯	中饭	N	lunch	3s
Zhōngguó	中國	中国	PN	China	1
Zhōngguóchéng	中國城	中国城	N	Chinatown	14
Zhōngguófàn	中國飯	中国饭	N	Chinese food	12c
Zhōngguóhuà	中國話	中国话	N	Chinese (language)	14s
Zhōngguó Mínháng	中國民航	中国民航		Air China	21
Zhōngguórén	中國人	中国人	N	Chinese people/person	1
Zhōngguó yínháng	中國銀行	中国银行		Bank of China	19
Zhōngguózì	中國字	中国字	N	Chinese character	Intro.
Zhōnghuá	中華	中华	N	China (Airlines)	21
zhōngjiān	中間	中间	N	middle	14
Zhōngshān zhuāng	中山裝	中山装	N	Sun Yatsen suit	9c
zhōngtóu	鐘頭	钟头	N	hour	13
Zhōngwén	中文	中文	N	the Chinese language	6
zhōngwǔ	中午	中午	T	noon	6s; 8
zhōngxīn	中心	中心	N	center	14
zhōngxué	中學	中学	N	middle school	2c, 20s
zhòngyào	重要	重要	Adj	important	19

▼▼▼▼▼▼▼▼▼▼▼▼▼▼▼▼▼▼▼▼▼▼▼▼▼▼▼▼▼▼▼▼▼▼▼

Pinyin	Traditional Characters	Simplified Characters	Grammar	English	Lesson
Zhōngyī	中醫	中医	N	Chinese medicine	16c
zhōu	週	周	N	week	3g
zhōu	州	州	N	state	21s
zhōu'èr	週二	周二	N	Tuesday	3g
zhōumò	週末	周末	T	weekend	4
zhōurì	週日	周日	N	Sunday	3g
zhōuyī	週一	周一	N	Monday	3g
zhū	豬	猪	N	pig; boar	15c
zhù	祝	祝	V	to express good wishes	8, 11f
zhù	住	住	V	to live	14
zhuǎn	轉	转	V	to turn	14n
zhuàn	賺	赚	V	to earn	23s
zhuǎn jī	轉機	转机	VO	change planes	21
zhuānyè	專業	专业	N	major (in college); specialty	8
zhǔnbèi	準備	准备	AV	to prepare, to plan	18
zhuōzi	桌子	桌子	N	table	12
zhūròu	豬肉	猪肉	N	pork	12s
zhǔshí	主食	主食	N	staple food	12c
zhùyì	注意	注意	V	to pay attention to	20s
zǐ	紫	紫	Adj	purple	9s
zì	字	字	N	word; character	7
zìdiǎn	字典	字典	N	dictionary	13
zìjǐ	自己	自己	Pr	oneself	11
zǒu	走	走	V	to walk; to go by way of; to leave; to depart	11, 21
zǒu lù	走路	走路	VO	to walk	11s, 15
zū	租	租	V/N	to rent; rent	11, 18
zuǐ	嘴	嘴	N	mouth	15
zuì	最	最	Adv	(an adverb of superlative degree; most, -est)	8
zuìhǎo	最好	最好	Adv	had better	10
zuìhòu	最後	最后	Adv	finally; the last; final	11, 17
zuìjìn	最近	最近	T	recently	8
zuǒ	左	左	N	left	14
zuò	做	做	V	to do	2
zuò	坐	坐	V	to sit	5
zuò	坐	坐	V	to travel by	11
zuò	座	座	M	(a measure word for mountains, etc.)	22
zuǒbian(r)	左邊(兒)	左边(儿)	N	left side	14s, 22
zuò fàn	做飯	做饭	VO	cook	15
zuótiān	昨天	昨天	T	yesterday	3s, 4
zuòwei	座位	座位	N	seat	23
zúqiú	足球	足球	N	soccer	4s, 20

VOCABULARY INDEX (ENGLISH-CHINESE):
LESSONS 1–23

Key: c=Culture Notes; f=Functional Expressions; g=Grammar; n=Notes;
s=Supplementary Vocabulary

For measure words, grammar particles and names, see "Others" at the end
of this list.

English	Pinyin	Traditional Characters	Simplified Characters	Grammar	Lesson
▲**A**▲					
a bit	yìdiǎnr	一點兒	一点儿		10
a bit; a little; some	diǎn(r)	點(兒)	点(儿)	M	5
a couple of; two	liǎng	兩	两	Nu	2
a little; a bit; some	diǎn(r)	點(兒)	点(儿)	M	5
a little; somewhat	yǒu yìdiǎnr	有一點兒	有一点儿	CE	7
(a point in) time; moment	shíhou	時候	时候	N	4
able to; can	néng	能	能	AV	8
accustomed to; used to	guàn	慣	惯	Adj	23
activity	huódòng	活動	活动	N	14
activity center	huódòng zhōngxīn	活動中心	活动中心	N	14
add	jiā	加	加	V	19
add; put in; place	fàng	放	放	V	12, 16
adjust; mix; change	tiáo	調	调	V	20
advertisement	guǎnggào	廣告	广告	N	18
affair; business; matter	shì	事	事	N	3
affair; matter; business	shì	事	事	N	3
after; afterwards; later; in the future	yǐhòu	以後	以后	T	6, 6n, 15
afternoon	xiàwǔ	下午	下午	T	6
again	yòu	又	又	Adv	10
again	zài	再	再	Adv	3
age	niánjì	年紀	年纪	N	3n, 17s
ago; before; previously	yǐqián	以前	以前	T	8
agree	tóngyì	同意	同意	V	20s
ahead; forward	qián	前	前	N	14
ahead; in front of	qiánmian	前面	前面	N	14
Air China	Zhōngguó Mínháng	中國民航	中国民航		21
airline	hángkōng gōngsī	航空公司	航空公司	N	21
airplane	fēijī	飛機	飞机	N	11
airplane ticket; plane ticket	fēijīpiào	飛機票	飞机票	N	12f
airplane ticket; plane ticket	jīpiào	機票	机票	N	21

English	Pinyin	Traditional Characters	Simplified Characters	Grammar	Lesson
airport	fēijīchǎng	飛機場	飞机场	N	11
airport	jīchǎng	機場	机场	N	11
alike; same	yíyàng	一樣	一样	Adj	9
alike; same	tóng	同	同	Adj	17
all; any (an inclusive pattern)	shénme...dōu	什麼...都	什么...都		18
all; both	dōu	都	都	Adv	2
all out; to one's heart's content	hǎohāor	好好兒	好好儿	CE	17
all right; O.K.	xíng	行	行	Adj	6
allow	yǔnxǔ	允許	允许	V	18n
allow; be allowed	xǔ	許	许	V	18
allow or cause (somebody to do something)	ràng	讓	让	V	11
almost; nearly	chàbuduō	差不多	差不多	Adv	23
alone; by oneself	yí gè rén	一個人	一个人		18s
already	yǐjīng	已經	已经	Adv	8
also; too	yě	也	也	Adv	1
also; too; as well	hái	還	还	Adv	3
also there are	háiyǒu	還有	还有	Adv	3
although	suīrán	雖然	虽然	Conj	9
altogether	yígòng	一共	一共	Adv	9
always; at all times	cónglái	從來	从来	Adv	22s
always; invariably	lǎoshi	老是	老是	Adv	19
America	Měiguó	美國	美国	PN	1
American people/person	Měiguórén	美國人	美国人	N	1
American style	Měishì	美式	美式	Adj	20
American style football (used in mainland China)	Měishì zúqiú	美式足球	美式足球	N	4s, 20c, 20n
American style football (used in Taiwan)	gǎnlǎnqiú	橄欖球	橄榄球	N	4s
ancestral home; hometown	lǎojiā	老家	老家	N	22
and	gēn	跟	跟	Conj	7
and	hé	和	和	Conj	2
animal	dòngwù	動物	动物	N	18
another person; other people; others	biérén	別人	别人	Adv	4
anxious; impatient; urgent	jí	急	急	Adj	23
anxious; nervous	jǐnzhāng	緊張	紧张	Adj	11
any; all (an inclusive pattern)	shénme...dōu	什麼...都	什么...都		18
apartment	gōngyù	公寓	公寓	N	18
April	sìyuè	四月	四月	N	3g
arrive	dào	到	到	V	8, 11
arrive; come	láidào	來到	来到	V	23
as soon as..., then...	yī...jiù	一...就...	一...就...		14
as well; also; too	hái	還	还	Adv	3

English	Pinyin	Traditional Characters	Simplified Characters	Grammar	Lesson
ask	wèn	問	问	V	1
ask (a question)	wèn	問	问	V	1, 6n
ask for directions	wèn lù	問路	问路	VO	14
at; in; on	zài	在	在	Prep	5
at all times; always	cónglái	從來	从来	Adv	22s
at the time of...; when...	de shíhou	的時候	的时候		8
attend college/university	shàng dàxué	上大學	上大学	VO	20
attendant; waiter	fúwùyuán	服務員	服务员	N	12
audio tape	lùyīndài	錄音帶	录音带	N	13
audio tape; magnetic tape	cídài	磁帶	磁带	N	13n
August	bāyuè	八月	八月	N	3g
aunt; mother's younger sister	āyí	阿姨	阿姨	N	22
automobile	qìchē	汽車	汽车	N	11
autumn; fall	qiūtiān	秋天	秋天	N	10
aviation	hángkōng	航空	航空	N	21
away; from	lí	離	离	Prep	14

▲ B ▲

English	Pinyin	Traditional Characters	Simplified Characters	Grammar	Lesson
back	hòubian (mian)	後邊(面)	后边(面)	N	14s
bad	huài	壞	坏	Adj	16
baggage	xíngli	行李	行李	N	23
bake; roast	kǎo	烤	烤	V	12s
ball	qiú	球	球	N	4
ballpoint pen	yuánzhūbǐ	圓珠筆	圆珠笔	N	7c
ballpoint pen	yuánzǐbǐ	原子筆	原子笔	N	7c
bank	yínháng	銀行	银行	N	19
Bank of China	Zhōngguó yínháng	中國銀行	中国银行		19
barely; nearly	chàyidiǎn	差一點	差一点	Adv	23
baseball	bàngqiú	棒球	棒球	N	4s
basketball	lánqiú	籃球	篮球	N	4s, 20
bathroom	xǐzǎojiān	洗澡間	洗澡间	N	18
bathroom	yùshì	浴室	浴室	N	18n
bathroom; restroom	guànxǐshì	盥洗室	盥洗室	N	18n
bathroom; restroom	wèishēngjiān	衛生間	卫生间	N	18n
be	shì	是	是	V	1
be; serve as	dāng	當	当	V	18
be about to...	yào...le	要...了	要...了		23
be about to; soon; before long	kuài	快	快	Adv	11
be accustomed to	xíguàn	習慣	习惯	V	8
be afraid of	pà	怕	怕	V	20
be all right; O.K.	xíng	行	行	Adj	6
be allergic to...	duì...guòmǐn	對...過敏	对...过敏		16
be angry	shēng qì	生氣	生气	VO	16s

▽▽▽▽▽▽▽▽▽▽▽▽▽▽▽▽▽▽▽▽▽▽▽▽▽▽▽▽▽▽▽▽▽▽▽▽▽▽▽

English	Pinyin	Traditional Characters	Simplified Characters	Grammar	Lesson
be at; be there	zài	在	在	V	6
be born; give birth to	shēng	生	生	V	3
be called; call	jiào	叫	叫	V	1
be careful	xiǎoxīn	小心	小心	V	23
be going to; will	yào	要	要	AV	6
be host; invite someone to dinner	qǐng kè	請客	请客	VO	4
be interested in...	duì...yǒu xìngqu	對...有興趣	对...有兴趣		16s
be like; seem	hǎoxiàng	好像	好像	V	12
be like; take after	xiàng	像	像	V	15
be overweight	chāozhòng	超重	超重	V	23
be painful	téng	疼	疼	V	16
be present; be at (a place)	zài	在	在	V	6
be short of; lack	chà	差	差	V	3s
be there; be at	zài	在	在	V	6
be willing	yuànyì	願意	愿意	AV	20
be windy	guā fēng	颱風	刮风	VO	22
beancurd; tofu	dòufu	豆腐	豆腐	N	12
bear; receive	shòu	受	受	V	20
beautiful	měi	美	美	Adj	22
because	yīnwei	因為	因为	Conj	3
become	chéng	成	成	V	17
become due	dàoqī	到期	到期	V	13s
become exhausted	lèi huài	累壞	累坏	VC	23
become ill; illness	bìng	病	病	V/N	16
bed	chuáng	床	床	N	2g, 8
bedroom	wòshì	臥室	卧室	N	18
beef	niúròu	牛肉	牛肉	N	12
beer	píjiǔ	啤酒	啤酒	N	5
before; ago; previously	yǐqián	以前	以前	T	8
before; first	xiān	先	先	Adv	11
begin; in the beginning; start	kāishǐ	開始	开始	N/V	8
beginning	chū	初	初	N	21
Beijing (China's capital)	Běijīng	北京	北京	PN	10s, 19
Beijing (Peking) opera	jīngjù	京劇	京剧	N	17c
belong to	shǔ	屬	属	V	15
besides; in addition to	chúle...yǐwài	除了...以外	除了...以外	Conj	8
big; old	dà	大	大	Adj	3
birthday	shēngrì	生日	生日	N	3
bit	yìdiǎnr	一點兒	一点儿		10
bit; a little; some	diǎn(r)	點(兒)	点(儿)	M	5
black	hēi	黑	黑	Adj	9
blackboard	hēibǎn	黑板	黑板	N	14s

▼▼

English	Pinyin	Traditional Characters	Simplified Characters	Grammar	Lesson
bloom abundantly	kāi mǎn	開滿	开满	VC	22
blow	chuī	吹	吹	V	20s
blow	guā	颳	刮	V	22
blue	lán	藍	蓝	Adj	9s, 11
boar; pig	zhū	豬	猪	N	15c
boarding gate (China)	dēngjīkǒu	登機口	登机口	N	23c
boarding gate (Taiwan)	dēngjīmén	登機門	登机门	N	23c
boarding pass	dēngjīzhèng	登機證	登机证	N	23
boat; ship	chuán	船	船	N	11s
body; health	shēntǐ	身體	身体	N	16
Bon voyage; Have a good trip	yí lù shùnfēng	一路順風	一路顺风	CE	23
book	shū	書	书	N	4
bookshelf	shūjià	書架	书架	N	18
bookstore	shūdiàn	書店	书店	N	14
borrow/lend	jiè	借	借	V	13
Boston	Bōshìdùn	波士頓	波士顿	N	22s
both; all	dōu	都	都	Adv	2
both...and...	yòu...yòu	又…又…	又…又…		10
bottle	píng	瓶	瓶	M	5
bottom	xiàbian(mian)	下邊(面)	下边(面)	N	14s
bowl	wǎn	碗	碗	M	12
boy	nánháizi	男孩子	男孩子	N	2
boyfriend	nánpéngyou	男朋友	男朋友	N	15s
boyfriend or girlfriend	duìxiàng	對象	对象	N	17s
brain	nǎo	腦	脑	N	8
braise in soy sauce	hóngshāo	紅燒	红烧		12
breakfast	zǎofàn	早飯	早饭	N	3s, 8
bright; intelligent; clever	cōngming	聰明	聪明	Adj	15
bring; come with	dài	帶	带	V	13, 18
Britain; England	Yīngguó	英國	英国	PN	1s
British people/person	Yīngguórén	英國人	英国人	N	1s
brown; coffee color	kāfēisè	咖啡色	咖啡色	N	9
bunch of (flowers, etc.)	shù	束	束	M	19
bus	gōnggòng qìchē	公共汽車	公共汽车	N	11
business; matter; affair	shì	事	事	N	3
busy	máng	忙	忙	Adj	3
but	dànshì	但是	但是	Conj	6
but	kěshì	可是	可是	Conj	3
but; however	búguò	不過	不过	Conj	11
buy	mǎi	買	买	V	9
by oneself; alone	yí gè rén	一個人	一个人		18s

▲C▲

English	Pinyin	Traditional Characters	Simplified Characters	Grammar	Lesson
cable car; trolley bus; tram	diànchē	電車	电车	N	11s
cafeteria; dining room	cāntīng	餐廳	餐厅	N	8

English	Pinyin	Traditional Characters	Simplified Characters	Grammar	Lesson
calculator; computer	jìsuànjī	計算機	计算机	N	8n
California	Jiālìfúníyà	加利福尼亞	加利福尼亚	PN	22n
California (abbr.)	Jiāzhōu	加州	加州	PN	21s, 22
call; be called	jiào	叫	叫	V	1
camp (out)	lùyíng	露營	露营	V	21s
can; able to	néng	能	能	AV	8
can; know how to; will	huì	會	会	AV	8, 10
can; may	kěyǐ	可以	可以	AV	5
Canada	Jiānádà	加拿大	加拿大	PN	10s
can't make out; unable to tell	kàn bu chūlai	看不出來	看不出来	VC	20
capital	shǒudū	首都	首都	N	22
Capital Airport (Beijing)	Shǒudū Jīchǎng	首都機場	首都机场	N	23
capital (of a country)	jīng	京	京	N	14
car, vehicle	chē	車	车	N	11
card	kǎ(piàn)	卡(片)	卡(片)	N	13
carry (with the arm down)	tí	提	提	V	23
(carry) on one's person	suíshēn	隨身	随身	Adv	23
carry; take; get	ná	拿	拿	V	16, 23
cash	xiànjīn	現金	现金	N	19s
catch sight of; see	kàn jiàn	看見	看见	VC	20s
cause or allow (somebody to do something)	ràng	讓	让	V	11
celebrate	qìngzhù	慶祝	庆祝	V	15s, 17
celebrate; pass (a birthday, a holiday)	guò	過	过	V	14, 15
celebrate a birthday	guò shēngrì	過生日	过生日	VO	15
cellular phone	shǒujī	手機	手机	N	23s
cent	fēn	分	分	M	9
cent; 1/100 of a kuai	fēn	分	分	M	9
center	zhōngxīn	中心	中心	N	14
centimeter	gōngfēn	公分	公分	M	15s
certain; certainly	yídìng	一定	一定	Adj/Adv	15
chair	yǐzi	椅子	椅子	N	18
champion; first place	guànjūn	冠軍	冠军	N	20s
change	biànhuà	變化	变化	N	22s
change; adjust; mix	tiáo	調	调	V	20
change; exchange	huàn	換	换	V	9
change planes	zhuǎn jī	轉機	转机	VO	21
channel (TV, radio)	tái	台	台	N	20
character; word	zì	字	字	N	7
chat	liáo tiān(r)	聊天(兒)	聊天(儿)	VO	5
chat	liáo	聊	聊	V	5

English	Pinyin	Traditional Characters	Simplified Characters	Grammar	Lesson
chat; talk	tán	談	谈	V	20s
cheap; inexpensive	piányi	便宜	便宜	Adj	9
check	zhīpiào	支票	支票	N	19
check (baggage); consign for shipment	tuōyùn	托運	托运	V	23
Chicago	Zhījiāgē	芝加哥	芝加哥	PN	21
chicken; rooster	jī	雞	鸡	N	12s, 15c
child	háizi	孩子	孩子	N	2
China	Zhōngguó	中國	中国	PN	1
China (Airlines)	Zhōnghuá	中華	中华	N	21
Chinatown	Zhōngguó chéng	中國城	中国城	N	14
Chinese character	Hànzì	漢字	汉字	N	7
Chinese character	Zhōngguózì	中國字	中国字	N	Intro.
Chinese dollar; yuan (unit of Chinese currency)	yuán	元	元	M	9g, 18
Chinese food	Zhōngcān	中餐	中餐	N	12
Chinese food	Zhōngguófàn	中國飯	中国饭	N	12c
Chinese language	Hànyǔ	漢語	汉语	N	6n
Chinese language	Zhōngwén	中文	中文	N	6
Chinese (language)	Zhōngguóhuà	中國話	中国话	N	14s
Chinese medicine	Zhōngyī	中醫	中医	N	16c
Chinese people/person	Zhōngguórén	中國人	中国人	N	1
Chongqing	Chóngqìng	重慶	重庆	PN	10c
chopsticks	kuàizi	筷子	筷子	N	12c
city	chéng	城	城	N	14
city	chéngshì	城市	城市	N	22
class	bān	班	班	N	15
class; lesson	kè	課	课	N	6
classmate	tóngxué	同學	同学	N	3
classroom	jiàoshì	教室	教室	N	8
clean	gānjìng	乾淨	干净	Adj	18s
clean up	dǎsǎo	打掃	打扫	V	17
clear	qīngchu	清楚	清楚	Adj	8
clear; sunny	qíng	晴	晴	Adj	10s
clerk	yíngyèyuán	營業員	营业员	N	19
clever; bright; intelligent	cōngming	聰明	聪明	Adj	15
clock	zhōng	鐘	钟	N	3
close	guān	關	关	V	13
close; closed	bìzhe	閉著	闭着		14
close; shut	bì	閉	闭	V	14
close door	guān mén	關門	关门	VO	13
closet; wardrobe	yīguì	衣櫃	衣柜	N	22s
clothes	yīfu	衣服	衣服	N	9

▼▼▼▼▼▼▼▼▼▼▼▼▼▼▼▼▼▼▼▼▼▼▼▼▼▼▼▼▼▼▼▼▼▼▼▼

English	Pinyin	Traditional Characters	Simplified Characters	Grammar	Lesson
cloud	yún	雲	云	N	10s
coat; jacket	wàitào	外套	外套	N	9s
coffee	kāfēi	咖啡	咖啡	N	5
coffee color; brown	kāfēisè	咖啡色	咖啡色	N	9
Coke	Kěkǒukělè	可口可樂	可口可乐	N	5s
cola	kělè	可樂	可乐	N	5
cold	lěng	冷	冷	Adj	10
cold; have a cold	gǎnmào	感冒	感冒	N/V	16s
cold and dressed with sauce	liángbàn	涼拌	凉拌		12
college	xuéyuàn	學院	学院	N	2c
college; university	dàxué	大學	大学	N	2c
college student	dàxuéshēng	大學生	大学生	N	2
color	yánsè	顏色	颜色	N	9
come	lái	來	来	V	5
come; arrive	láidào	來到	来到	V	23
come back	huílai	回來	回来	VC	6
come in	jìnlai	進來	进来	VC	5
come with; bring	dài	帶	带	V	13, 18
comfortable	shūfu	舒服	舒服	Adj	10
company	gōngsī	公司	公司	N	21
competition; game; match	sài	賽	赛	N	20
computer	diànnǎo	電腦	电脑	N	8
computer	diànzǐ jìsuànjī	電子計算機	电子计算机	N	8n
computer; calculator	jìsuànjī	計算機	计算机	N	8n
concert	yīnyuèhuì	音樂會	音乐会	N	8
congratulate	gōngxǐ	恭喜	恭喜	V	11c
Congratulations and may you make a fortune!	gōngxǐ fācái	恭喜發財	恭喜发财	CE	11n
consign for shipment; check (baggage)	tuōyùn	托運	托运	V	23
continuously; straight	yìzhí	一直	一直	Adv	14
convenient	fāngbiàn	方便	方便	Adj	6
cook	zuò fàn	做飯	做饭	VO	15
cooked rice	mǐfàn	米飯	米饭	N	12
cool	kù	酷	酷	Adj	15f
correct; right	duì	對	对	Adj	4
cost; need	yào	要	要	V	19
cost money; spend money	huā qián	花錢	花钱	VO	16
cost time	huā shíjiān	花時間	花时间	VO	16
cough	késòu	咳嗽	咳嗽	V	16s
countryside	xiāngxià	鄉下	乡下	N	22
cousin (older female)	biǎojiě	表姐	表姐	N	15
cousin (older female)	tángjiě	堂姐	堂姐	N	15n
cousin (older male)	biǎogē	表哥	表哥	N	23

English	Pinyin	Traditional Characters	Simplified Characters	Grammar	Lesson
cow; ox	niú	牛	牛	N	12
credit; trustworthiness	xìnyòng	信用	信用	N	13
credit card	xìnyòngkǎ	信用卡	信用卡	N	13
cry; weep	kū	哭	哭	V	23
cucumber	huánggua	黄瓜	黄瓜	N	12
culture	wénhuà	文化	文化	N	22
cup	bēizi	杯子	杯子	N	18s
cup; glass	bēi	杯	杯	M	5
currency	bì	幣	币	N	19
cut a price	jiǎn jià	減價	减价	VO	21
cute; lovable	kě'ài	可愛	可爱	Adj	15

▲D▲

English	Pinyin	Traditional Characters	Simplified Characters	Grammar	Lesson
dad; father	bàba	爸爸	爸爸	N	2
dance	tiào wǔ	跳舞	跳舞	VO	4
dance	wǔ	舞	舞	N	4
dance; ball	wǔhuì	舞會	舞会	N	15
dangerous	wēixiǎn	危險	危险	Adj	20
daughter	nǚ'ér	女兒	女儿	N	2
day	tiān	天	天	N	3
day; the sun	rì	日	日	N	3
day after tomorrow	hòutiān	後天	后天	T	3s, 17
day before	qián yì tiān	前一天	前一天		23
day before yesterday	qiántiān	前天	前天	T	3s
day of the month; number in a series; size	hào	號	号	M	3, 9
daytime	báitiān	白天	白天	N	20s
December	shí'èryuè	十二月	十二月	N	3g
definite; definitely	yídìng	一定	一定	Adj/ Adv	15
delicious; good to eat	hǎochī	好吃	好吃	Adj	5s, 12
depart; walk; go by way of; leave	zǒu	走	走	V	11, 21
depart from; leave	líkāi	離開	离开	V	19s
deposit	cún	存	存	V	19
deposit money	cún qián	存錢	存钱	VO	19
desk	shūzhuō	書桌	书桌	N	18
diary	rìjì	日記	日记	N	8
dictionary	cídiǎn	詞典	词典	N	13s
dictionary	zìdiǎn	字典	字典	N	13
die	sǐ	死	死	V	16
difficult	nán	難	难	Adj	7
diligent; hard-working	yònggōng	用功	用功	Adj	15
dime; 1/10 of a kuai	jiǎo	角	角	M	9g
dime; 1/10 of a kuai	máo	毛	毛	M	9
dining room; cafeteria	cāntīng	餐廳	餐厅	N	8

English	Pinyin	Traditional Characters	Simplified Characters	Grammar	Lesson
dining table	fànzhuō	飯桌	饭桌	N	18
dinner; supper	wǎnfàn	晚飯	晚饭	N	3
direction	fāngxiàng	方向	方向	N	14s
dish; course (of food)	cài	菜	菜	N	12
distinct	fēnmíng	分明	分明	Adj	22
do	zuò	做	做	V	2
do; handle	bàn	辦	办	V	21
do manual work; work part-time	dǎ gōng	打工	打工	VO	5s
do someone a favor; help	bāngmáng	幫忙	帮忙	VO	6
doctor; physician	yīshēng	醫生	医生	N	2
dog	gǒu	狗	狗	N	15
dollar	kuài	塊	块	M	9
don't	bié	別	别		6
Don't be so polite!	bié kèqi	別客氣	别客气	CE	6
Don't be (so) polite. You are welcome.	bú kèqi	不客氣	不客气	CE	6
Don't mention it. Not at all. You're welcome.	bú xiè	不謝	不谢	CE	7
door	mén	門	门	N	13
door; (a measure for academic courses)	mén	門	门	N	6n
doorway	ménkǒu	門口	门口	N	23
dormitory	sùshè	宿舍	宿舍	N	8
downstairs	lóuxià	樓下	楼下	N	13
dragon	lóng	龍	龙	N	15c
drink	hē	喝	喝	V	5
drive; operate	kāi	開	开	V	11
drive a car	kāi chē	開車	开车	VO	11
drown to death	yān sǐ	淹死	淹死	VC	20
drug store, pharmacy	yàodiàn	藥店	药店	N	16
dumplings	jiǎozi	餃子	饺子	N	12

▲E▲

English	Pinyin	Traditional Characters	Simplified Characters	Grammar	Lesson
each; every	měi	每	每	Prep	11
each; every	gè	各	各	Pr	21
early; Good morning!	zǎo	早	早	Adj	7
earn	zhuàn	賺	赚	V	23s
east	dōng	東	东	N	14
east side	dōngbian (mian)	東邊(面)	东边(面)	N	14s
easy	róngyì	容易	容易	Adj	7
eat	chī	吃	吃	V	3
eat (a meal)	chī fàn	吃飯	吃饭	VO	3
economy	jīngjì	經濟	经济	N	22
eight	bā	八	八	Nu	Intro.

English	Pinyin	Traditional Characters	Simplified Characters	Grammar	Lesson
eighteen	shíbā	十八	十八	Nu	3
electricity	diàn	電	电	N	4
elementary school; grade school	xiǎoxué	小學	小学	N	2c, 20s
embarrassed	bù hǎoyìsi	不好意思	不好意思	CE	11
employee's card; I.D. card	gōngzuò zhèng	工作證	工作证	N	21s
England; Britain	Yīngguó	英國	英国	PN	1s
English language	Yīngwén	英文	英文	N	2
enough	gòu	夠	够	Adj	12
enter	jìn	進	进	V	5
especially; special	tèbié	特別	特别	Adv/ Adj	7g
even	lián	連	连	Prep	18
even more	gèng	更	更	Adv	10
evening; night	wǎnshang	晚上	晚上	T	3
evening; night; late	wǎn	晚	晚	N/Adj	3
evening party	wǎnhuì	晚會	晚会	N	19s
every; each	měi	每	每	Prep	11
every; each	gè	各	各	Pr	21
every day	měitiān	每天	每天	T	11
everybody	dàjiā	大家	大家	Pr	7
everywhere	dàochù	到處	到处	Adv	22s
examine	jiǎnchá	檢查	检查	V	16
example	bǐfang	比方	比方	N	22
exceed; surpass	chāo	超	超	V	23
exchange; change	huàn	換	换	V	9
exist; have	yǒu	有	有	V	2
expenses; fee	fèi	費	费	N	18
expensive; honorable	guì	貴	贵	Adj	1, 9
experiment	shíyàn	實驗	实验	N	13
express letter	kuàixìn	快信	快信	N	19
extraordinarily; very	fēicháng	非常	非常	Adv	18
extremely	jí (le)	極(了)	极(了)	Adv	12
extremely; too	tài	太	太	Adv	3
eye	yǎnjing	眼睛	眼睛	N	14
eyeglasses; glasses	yǎnjìng	眼鏡	眼镜	N	9n

▲F▲

English	Pinyin	Traditional Characters	Simplified Characters	Grammar	Lesson
face	liǎn	臉	脸	N	15
fairly; relatively	bǐjiào	比較	比较	Adv	22s
fall; autumn	qiūtiān	秋天	秋天	N	10
family	jiātíng	家庭	家庭	N	23s
family; home	jiā	家	家	N	2
famous; well-known	yǒumíng	有名	有名	Adj	23s
fantastic (coll.)	bàng	棒	棒	Adj	20

English	Pinyin	Traditional Characters	Simplified Characters	Grammar	Lesson
far	yuǎn	遠	远	Adj	14
fast; quick; quickly	kuài	快	快	Adj/Adv	5, 7
fast food	kuàicān	快餐	快餐	N	12s
fat	pàng	胖	胖	Adj	20
father	fùqin	父親	父亲	N	22
father; dad	bàba	爸爸	爸爸	N	2
February	Èryuè	二月	二月	N	3g
fee; expenses	fèi	費	费	N	18
feel	juéde	覺得	觉得	V	4
feel embarrassed	bù hǎoyìsi	不好意思	不好意思	CE	11
feel/think that	juéde	覺得	觉得	V	4
female	nǚ	女	女	N	2
fiction; novel	xiǎoshuō	小說	小说	N	18s
field	chǎng	場	场	N	14
fifteen minutes; quarter (hour)	kè	刻	刻	M	3
50% off	duì zhé	對折	对折		21n
finally	zuìhòu	最後	最后	Adv	11, 17
find (successfully)	zhǎo dào	找到	找到	VC	13
fine; good; nice; O.K.	hǎo	好	好	Adj	1, 3
fine; punish	fá	罰	罚	V	13
finger	shǒuzhǐ	手指	手指	N	15
finish; run out of	wán	完	完	V	12
first; before	xiān	先	先	Adv	11
first place; champion	guànjūn	冠軍	冠军	N	20s
fish	yú	魚	鱼	N	12
fish in sweet and sour sauce	tángcùyú	糖醋魚	糖醋鱼	N	12
fit; suit	shìhé	適合	适合	V	20s
five	wǔ	五	五	Nu	Intro.
flow; shed	liú	流	流	V	16
flower	huā	花	花	N	19
fly	fēi	飛	飞	V	11
fly directly	zhí fēi	直飛	直飞		21
follow; go along with	suí	隨	随	V	23
foot (measure of length)	chǐ	尺	尺	M	15s, 23c
foot/leg (of person; animal; table; etc.)	jiǎo	腳	脚	N	15s, 20
football	gǎnlǎnqiú	橄欖球	橄榄球	N	4s
for	wèi	為	为	Prep	3
for; to	gěi	給	给	Prep	6
for example	bǐfang shuō	比方說	比方说		22
for the sake of	wèile	為了	为了	Conj	20
forecast	yùbào	預報	预报	N	10
foreign country	wàiguó	外國	外国	N	4

English	Pinyin	Traditional Characters	Simplified Characters	Grammar	Lesson
forget	wàng	忘	忘	V	13
Forget it. Never mind.	suàn le	算了	算了	CE	4
forward; ahead	qián	前	前	N	14
fountain pen	gāngbǐ	鋼筆	钢笔	N	7s
four	sì	四	四	Nu	Intro.
France	Fǎguó	法國	法国	PN	1s
free time	kòng(r)	空(兒)	空(儿)	N	6
French language	Fǎwén	法文	法文	N	6s
French (language)	Fǎyǔ	法語	法语	N	14s
French people/person	Fǎguórén	法國人	法国人	N	1s
fresh; novel	xīnxiān	新鮮	新鲜	Adj	19
Friday	xīngqīwǔ	星期五	星期五	N	3g
fried chicken	zhájī	炸雞	炸鸡	N	12s
friend	péngyou	朋友	朋友	N	1s, 7
from	cóng	從	从	Prep	14
from; away	lí	離	离	Prep	14
front	qiánbian (mian)	前邊(面)	前边(面)	N	14s
fruit	shuǐguǒ	水果	水果	N	15
fruit juice	guǒzhī	果汁	果汁	N	15
full	mǎn	滿	满	Adj	22
fun	hǎowán(r)	好玩(兒)	好玩(儿)	Adj	5s
furniture	jiājù	傢俱	家具	N	18
furthermore	háiyǒu	還有	还有	Conj	18

▲G▲

English	Pinyin	Traditional Characters	Simplified Characters	Grammar	Lesson
gain; obtain	dé dào	得到	得到	VC	20s
game; match; competition	sài	賽	赛	N	20
German language	Déwén	德文	德文	N	6s
German people/person	Déguórén	德國人	德国人	N	1s
Germany	Déguó	德國	德国	PN	1s
get; carry; take	ná	拿	拿	V	16, 23
get a shot	dǎ zhēn	打針	打针	VO	16
get hurt by being crushed; smash	yā huài	壓壞	压坏	VC	20
get injured or wounded	shòushāng	受傷	受伤	VO	20
get married	jié hūn	結婚	结婚	VO	17s
get off (a bus, train, etc.)	xià chē	下車	下车	VO	11
get sick	shēng bìng	生病	生病	VO	16
get sick because of food	chī huài	吃壞	吃坏	VC	16
get up	qǐ chuáng	起床	起床	VO	8
get up	qǐlai	起來	起来	V	20s
gift	lǐwù	禮物	礼物	N	15
girl	nǚháizi	女孩子	女孩子	N	2
girl	nǚhái	女孩	女孩	N	15f

▼ ▼

English	Pinyin	Traditional Characters	Simplified Characters	Grammar	Lesson
girlfriend	nǚpéngyou	女朋友	女朋友	N	15
give	gěi	給	给	V	5
give a discount	dǎ zhé(kòu)	打折(扣)	打折(扣)	VO	21
give birth to; be born	shēng	生	生	V	3
give change	zhǎo(qián)	找(錢)	找(钱)	V	9
give or take a test	kǎo	考	考	V	6
give or take a test; test	kǎoshì	考試	考试	V/N	6
give service to	fúwù	服務	服务	V	12
give (someone a gift)	sòng	送	送	V	11
glass; cup	bēi	杯	杯	M	5
glasses; eyeglasses	yǎnjìng	眼鏡	眼镜	N	9n
gloves	shǒutào	手套	手套	N	9n
go	qù	去	去	V	4
go (coll.)	shàng	上	上	V	14
go; walk	xíng	行	行	V	14
go along with; follow	suí	隨	随	V	23
go by way of; walk	zǒu	走	走	V	11
go home	huí jiā	回家	回家	VO	5
go in	jìnqu	進去	进去	VC	6g,13
go on a journey	chū mén	出門	出门	VO	23
go out; (indicating movement outward)	chūqu	出去	出去	VC	10, 18
go the same way	tónglù	同路	同路	CE	14
go to (a place)	dào…qù	到…去	到…去		6
go to class; start a class	shàng kè	上課	上课	VO	7
go to work	shàng bān	上班	上班	VO	23s
goat; sheep	yáng	羊	羊	N	15c
good; fine; nice; O.K.	hǎo	好	好	Adj	1, 3
Good morning!	zǎo ān	早安	早安	CE	7n
Good morning!; early	zǎo	早	早	Adj	7
good to drink; tasty	hǎohē	好喝	好喝	Adj	5s
good to eat; delicious	hǎochī	好吃	好吃	Adj	5s, 12
goodbye; see you again	zàijiàn	再見	再见	CE	3
good-looking	hǎokàn	好看	好看	Adj	5s
grade in school	niánjí	年級	年级	N	6
grade school; elementary school	xiǎoxué	小學	小学	N	2c, 20s
graduate; finish school	bì yè	畢業	毕业	VO	23s
graduate school (China)	yánjiūshēng yuàn	研究生院	研究生院	N	23c
graduate school (Taiwan); research institute	yánjiūsuǒ	研究所	研究所	N	23s, 23c
graduate student	yánjiūshēng	研究生	研究生	N	13s
gram	kè	克	克	M	23c
grammar	yǔfǎ	語法	语法	N	7

▼▼▼▼▼▼▼▼▼▼▼▼▼▼▼▼▼▼▼▼▼▼▼▼▼▼▼▼▼▼▼▼▼▼▼▼▼

English	Pinyin	Traditional Characters	Simplified Characters	Grammar	Lesson
gray	huī	灰	灰	Adj	9s
Greece	Xīlà	希臘	希腊	PN	6s
Greek language	Xīlàwén	希臘文	希腊文	N	6s
green	lǜ	綠	绿	Adj	9s, 11
grow	zhǎng	長	长	V	15n
grow in such a way as to appear	zhǎng de	長得	长得		15
guess	cāi	猜	猜	V	16
▲H▲					
habit	xíguàn	習慣	习惯	N	8
had better	háishi	還是	还是	Conj	3, 11
had better	zuìhǎo	最好	最好	Adv	10
had known earlier	zǎo zhīdao	早知道	早知道	CE	14
hail/hire (a taxi)	jiào	叫	叫	V	23
Hainan	Hǎinán	海南	海南	PN	10c
half; half an hour	bàn	半	半	Nu	3
half a kilogram (Chinese unit of weight)	jīn	斤	斤	M	23c
half a kilometer (Chinese unit of length)	lǐ	里	里	M	23c
half day; a long time	bàntiān	半天	半天	N	20
hamburger	hànbǎobāo	漢堡包	汉堡包	N	12s
hand	shǒu	手	手	N	20
handle; to do	bàn	辦	办	V	21
handsome	shuài	帥	帅	Adj	7
hang	guà	掛	挂	V	19
happy	kuàilè	快樂	快乐	Adj	11
happy; pleased	gāoxìng	高興	高兴	Adj	5
Harbin	Hā'ěrbīn	哈爾濱	哈尔滨	PN	10c
harbor; seaport	hǎigǎng	海港	海港	N	22s
hard; toilsome	xīnkǔ	辛苦	辛苦	Adj	23
hard-working; diligent	yònggōng	用功	用功	Adj	15
hard to bear; uncomfortable	nánshòu	難受	难受	Adj	20
hare; rabbit	tù	兔	兔	N	15c
hat	màozi	帽子	帽子	N	9s
have; exist	yǒu	有	有	V	2
have a desire for; want to	yào	要	要	V/AV	5, 9
Have a good trip!; Bon voyage!	yí lù shùnfēng	一路順風	一路顺风	CE	23
have a headache	tóu téng	頭疼	头疼	V	16s
have a holiday or vacation	fàng jià	放假	放假	VO	21
have a meeting	kāi huì	開會	开会	VO	6
have a part-time job	dǎ gōng	打工	打工	VO	3s
have a reduced price sale, reduce prices	jiǎn jià	減價	减价	VO	21
have allergy/allergy	guòmǐn	過敏	过敏	V/N	16

English	Pinyin	Traditional Characters	Simplified Characters	Grammar	Lesson
have free time	yǒu kòng(r)	有空(兒)	有空(儿)	VO	6
have fun; play	wán(r)	玩(兒)	玩(儿)	V	5
have summer vacation	fàng shǔjià	放暑假	放暑假		23
have thought of	xiǎng dào	想到	想到	VC	19g
have time	yǒu kòng(r)	有空(兒)	有空(儿)	VO	6
have to; be forced to	zhǐhǎo	只好	只好	Adv	14s
have to; must	děi	得	得	AV	6
Hawaii	Xiàwēiyí	夏威夷	夏威夷	PN	6s
he	tā	他	他	Pr	2
head	tóu	頭	头	N	16s
health; body	shēntǐ	身體	身体	N	16
health; healthy	jiànkāng	健康	健康	N/Adj	16
health insurance	jiànkāng bǎoxiǎn	健康保險	健康保险	NP	16
healthy; health	jiànkāng	健康	健康	Adj/N	16
height	shēngāo	身高	身高	N	15s
Helen	Hǎilún	海倫	海伦	PN	15
Hello! Hey! (on telephone)	wèi	喂	喂	Interj	6, 6f, 6n
Hello! How do you do?	nǐ hǎo	你好	你好	CE	1
help	bāng	幫	帮	V	6
help	bāngzhù	幫助	帮助	V	7
help; do someone a favor	bāng máng	幫忙	帮忙	VO	6
here	zhèlǐ	這裏	这里	Pr	19
here	zhèr	這兒	这儿	Pr	9
Hey! Hello! (on telephone)	wèi/wéi	喂	喂	Interj	6, 6f, 6n
high speed	gāosù	高速	高速	Adj	11
highway; road	gōnglù	公路	公路	N	11
highway; super highway	gāosù gōnglù	高速公路	高速公路	N	11
hit; strike	dǎ	打	打	V	4
hold (a meeting, party, etc.)	kāi	開	开	V	6
hold or carry in the arms	bào	抱	抱	V	20
holiday; vacation	jià	假	假	N	21
home; family	jiā	家	家	N	2
homesick; miss home	xiǎng jiā	想家	想家	VO	16
home-style tofu	jiācháng dòufu	家常豆腐	家常豆腐	N	12
hometown	jiāxiāng	家鄉	家乡	N	22
hometown; ancestral home	lǎojiā	老家	老家	N	22
homework; schoolwork	gōngkè	功課	功课	N	7
Hong Kong	Xiānggǎng	香港	香港	PN	10s, 21
honorable; expensive	guì	貴	贵	Adj	1, 9
hope	xīwàng	希望	希望	V	8
horse; (a surname)	mǎ	馬	马	N/PN	15c, 16
hospital	yīyuàn	醫院	医院	N	14s

English	Pinyin	Traditional Characters	Simplified Characters	Grammar	Lesson
hot	rè	熱	热	Adj	10
hot; spicy	là	辣	辣	Adj	12
hot and sour soup	suānlàtāng	酸辣湯	酸辣汤	N	12
hotel	lǚguǎn	旅館	旅馆	N	21s
hour	xiǎoshí	小時	小时	T	13s, 16
hour	zhōngtóu	鐘頭	钟头	N	13
house	fángzi	房子	房子	N	17
how...	duō...na	多...哪	多...哪	QPr	20
how; how come	zěnme	怎麼	怎么	QPr	7
How do you do? Hello!	nǐ hǎo	你好	你好	CE	1
How does it sound?	zěnmeyàng	怎麼樣	怎么样	QPr	3
how long	duō jiǔ	多久	多久	QPr	13
how many	jǐ	幾	几	QW	2
how many; how much	duōshao	多少	多少	QW	9
how many/much; to what extent	duō	多	多	Adv	3
how much; how many	duōshao	多少	多少	QW	9
how old	duō dà	多大	多大	CE	3
however; but	búguò	不過	不过	Conj	11
humid; wet	cháoshī	潮濕	潮湿	Adj	10s
hundred	bǎi	百	百	Nu	9
hundred million	yì	億	亿	Nu	21s
hungry; starve	è	餓	饿	Adj/V	12
hurriedly; quickly; right away	gǎnkuài	趕快	赶快	Adv	16

▲ I ▲

English	Pinyin	Traditional Characters	Simplified Characters	Grammar	Lesson
I; me	wǒ	我	我	Pr	1
I'm sorry.	duì bu qǐ	對不起	对不起	CE	5
ice	bīng	冰	冰	N	22s
I.D. card; employee's card	gōngzuò zhèng	工作證	工作证	N	13c, 21s
identification	zhèngjiàn	證件	证件	N	13
identification card	shēnfèn zhèng	身份證	身份证	N	13n
if	rúguǒ	如果	如果	Conj.	13
if	yàoshi	要是	要是	Conj	6
if...	rúguǒ...de huà	如果...的話	如果...的话		22
if...then...	yàoshi...jiù...	要是...就...	要是...就...	Conj	21
illness; become ill	bìng	病	病	N/V	16
impatient; urgent; anxious	jí	急	急	Adj	23
important	zhòngyào	重要	重要	Adj	19
impression	yìnxiàng	印象	印象	N	17
improve	tígāo	提高	提高	V	20
in; at; on	zài	在	在	Prep	5
in a terrible mess	zāogāo	糟糕	糟糕	Adj	10
in addition	lìngwài	另外	另外	Conj	19

▽ ▽

English	Pinyin	Traditional Characters	Simplified Characters	Grammar	Lesson
in addition	zài	再	再	Adv	12
in addition to; besides	chúle...yǐwài	除了...以外	除了...以外	Conj	8
in front of; ahead	qiánmiàn	前面	前面	N	14
in that case; then	nà	那	那	Conj	4
in that case; then	nàme	那麼	那么	Conj	19
in the beginning; begin; start	kāishǐ	開始	开始	N/V	8
in the future	jiānglái	將來	将来	T	15
in the middle of (doing something)	zhèngzài	正在	正在	Adv	8
in the newspaper	bàoshang	報上	报上		10
in the room; indoor	shì nèi	室內	室内	N	21n
inch	cùn	寸	寸	M	15s
increase in price	zhǎng jià	漲價	涨价	VO	21
India	Yìndù	印度	印度	PN	6s
indoor; in the room	shì nèi	室內	室内	N	21n
inexpensive; cheap	piányi	便宜	便宜	Adj	9
injury	shāng	傷	伤	N	20
inside	lǐtou	裏頭	里头	N	14
inside; within	nèi	內	内	N	21
insurance	bǎoxiǎn	保險	保险	N	16
intelligent; clever; bright	cōngming	聰明	聪明	Adj	15
interest	xìngqu	興趣	兴趣	N	16s
interesting	yǒu yìsi	有意思	有意思	CE	4
international	guójì	國際	国际	N	20
intersection	lùkǒu	路口	路口	N	14
introduce	jièshào	介紹	介绍	V	5
invariably; always	lǎoshi	老是	老是	Adv	19
invite; treat (somebody)	qǐng	請	请	V	3, 6n
invite someone to dinner; be the host	qǐng kè	請客	请客	VO	4
it	tā	它	它	Pr	19
It doesn't matter.	méi guānxi	沒關係	没关系	CE	17
it's OK; no problem	méi shìr	沒事兒	没事儿	CE	8f
it is said that; (I) heard that	tīngshuō	聽說	听说		22
Italian language	Yìdàlìwén	意大利文	意大利文	N	6s
Italy	Yìdàlì	意大利	意大利	PN	6s
itch/itchy	yǎng	癢	痒	V/Adj	16
itinerary; schedule	rìchéng	日程	日程	N	21

▲**J**▲

English	Pinyin	Traditional Characters	Simplified Characters	Grammar	Lesson
jacket	jiákè	夾克	夹克	N	9s
jacket; coat	wàitào	外套	外套	N	9s
January	yīyuè	一月	一月	N	3g
Japan	Rìběn	日本	日本	PN	1s
Japanese language	Rìwén	日文	日文	N	6s, 14

English	Pinyin	Traditional Characters	Simplified Characters	Grammar	Lesson
Japanese people/person	Rìběnrén	日本人	日本人	N	1s
jewelry	shǒushi	首飾	首饰	N	19
job; work	gōngzuò	工作	工作	N/V	5
jog	pǎobù	跑步	跑步	VO	20
July	qīyuè	七月	七月	N	3g
jump	tiào	跳	跳	V	4
June	liùyuè	六月	六月	N	3g
junior high (grades 7–9)	chūzhōng	初中	初中	N	2c
just (indicates the immediate past)	gāng	剛	刚	Adv	19
just; only	jiù	就	就	Adv	17
just now; a short moment ago	gāngcái	剛才	刚才	T	10

▲K▲

English	Pinyin	Traditional Characters	Simplified Characters	Grammar	Lesson
Kangxi Dictionary	Kāngxī Zìdiǎn	康熙字典	康熙字典	N	Intro.
Kaohsiung (a city in Taiwan)	Gāoxióng	高雄	高雄	N	22s
karaoke	kǎlā'ōukēi	卡拉OK	卡拉OK	N	15c
KFC	Kěndéjī	肯德基	肯德基	PN	12s
kick	tī	踢	踢	V	20
kilogram	gōngjīn	公斤	公斤	M	15s, 23, 23c
kilometer	gōnglǐ	公里	公里	M	18s, 23c
kind	zhǒng	種	种	M	16
king; a surname	wáng	王	王	N	1
kitchen	chúfáng	廚房	厨房	N	18
knife	dāo	刀	刀	N	12c
knock at the door	qiāo mén	敲門	敲门	VO	5f
know	zhīdao	知道	知道	V	6
know (someone); recognize	rènshi	認識	认识	V	3
know how to; can; will	huì	會	会	AV	8, 10
Korea	Hánguó	韓國	韩国	PN	6s, 21
Korean language	Hánwén	韓文	韩文	N	6s
Korean people/person	Hánguórén	韓國人	韩国人	N	1s
Kunming	Kūnmíng	昆明	昆明	PN	10c

▲L▲

English	Pinyin	Traditional Characters	Simplified Characters	Grammar	Lesson
laboratory	shíyànshì	實驗室	实验室	N	13
lacking; short of	chà	差	差	V	3s
lamb; mutton	yángròu	羊肉	羊肉	N	12s
landlord	fángdōng	房東	房东	N	18
landscape	shānshuǐ	山水	山水	N	22s
language	yǔyán	語言	语言	N	13
language; written language	wén	文	文	N	6
last; final; finally	zuìhòu	最後	最后	Adv	11, 17
last month	shàngge yuè	上個月	上个月	T	6n
last week	shàngge xīngqī	上個星期	上个星期	T	7

▼▼▼▼▼▼▼▼▼▼▼▼▼▼▼▼▼▼▼▼▼▼▼▼▼▼▼▼▼▼▼▼▼▼▼▼▼▼

English	Pinyin	Traditional Characters	Simplified Characters	Grammar	Lesson
last year	qùnián	去年	去年	T	3s
late; night; evening	wǎn	晚	晚	Adj/N	3
later	hòulái	後來	后来	T	8
Latin	Lādīngwén	拉丁文	拉丁文	N	6s
laugh; laugh at	xiào	笑	笑	V	8
laugh at; laugh	xiào	笑	笑	V	8
lawyer	lǜshī	律師	律师	N	2
lean; thin; slim	shòu	瘦	瘦	Adj	20s, 23
learn; study	xuéxí	學習	学习	V	17
leather suitcase	píxiāng	皮箱	皮箱	N	23
leave; depart from	líkāi	離開	离开	V	19s
leave; depart; walk; go by way of	zǒu	走	走	V	11, 21
leave behind	liú	留	留	V	13
lecture; teach	jiǎng kè	講課	讲课	VO	22s
left	zuǒ	左	左	N	14
left side	zuǒbian(r)	左邊(兒)	左边(儿)	N	14s, 22
leftovers	shèngcài	剩菜	剩菜	NP	16
leg	tuǐ	腿	腿	N	15
leg/foot (of person, animal; table, etc.)	jiǎo	腳	脚	N	15s, 20
legal	héfǎ	合法	合法	Adj	21s
lend/borrow	jiè	借	借	V	13
less than	bú dào	不到	不到		21
lesson; class	kè	課	课	N	6
let; make	ràng	讓	让	V	11
let; rent out	chūzū	出租	出租	V	11
let go; set free	fàng	放	放	V	21
letter	xìn	信	信	N	8
librarian	túshūguǎnyuán	圖書館員	图书馆员	N	13
library	túshūguǎn	圖書館	图书馆	N	5
library card; library ID	jièshūzhèng	借書證	借书证	N	13
library ID; library card	jièshūzhèng	借書證	借书证	N	13
lie	tǎng	躺	躺	V	16
lie down	tǎngxià	躺下	躺下	VC	16
life	shēnghuó	生活	生活	N	22
light	dēng	燈	灯	N	14
light refreshments	diǎnxin	點心	点心	N	23s
like; prefer	xǐhuan	喜歡	喜欢	V	3
like this; so	zhèyàng	這樣	这样	Pr	10
line	xiàn	線	线	N	11
listen	tīng	聽	听	V	4
listening comprehension	tīnglì	聽力	听力	N	20
little; a bit; some	diǎn(r)	點(兒)	点(儿)	M	5

English	Pinyin	Traditional Characters	Simplified Characters	Grammar	Lesson
little; small	xiǎo	小	小	Adj	2
little; somewhat; some	yǒu yìdiǎnr	有一點兒	有一点儿	CE	7
Little Bai	Xiǎo Bái	小白	小白	PN	3
Little Gao	Xiǎo Gāo	小高	小高	PN	2
Little Li	Xiǎo Lǐ	小李	小李	PN	3
Little Zhang	Xiǎo Zhāng	小張	小张	PN	2
live	zhù	住	住	V	14
live; be alive	huó	活	活	V	17
living room	kètīng	客廳	客厅	N	18
long	cháng	長	长	Adj	9s, 15
long ago; long since	zǎojiù	早就	早就	Adv	17
long distance	chángtú	長途	长途	N	21s, 23
long gown	chángpáo	長袍	长袍	N	9c
long since; long ago	zǎojiù	早就	早就	Adv	17
long time	hǎojiǔ	好久	好久	CE	4
long time; for a long time	jiǔ	久	久	Adj	4
long time; half day	bàntiān	半天	半天	N	20
longevity	chángshòu	長壽	长寿	N	3c
longevity noodles	chángshòu miàn	長壽麵	长寿面	N	3c
look; watch; see	kàn	看	看	V	4, 17n
look for	zhǎo	找	找	V	4
Los Angeles	Luòshānjī	洛杉磯	洛杉矶	PN	21
lose (a game, etc.)	shū	輸	输	V	20
lose; throw	diū	丟	丢	V	19s
lose weight	jiǎn féi	減肥	减肥	VO	20s
lovable; cute	kě'ài	可愛	可爱	Adj	15
love	ài	愛	爱	V	15
lunch	wǔfàn	午飯	午饭	N	8

▲ M ▲

English	Pinyin	Traditional Characters	Simplified Characters	Grammar	Lesson
machine	jī	機	机	N	11
magnetic tape; audio tape	cídài	磁帶	磁带	N	13n
major; specialty	zhuānyè	專業	专业	N	8
make; let	ràng	讓	让	V	11
make a fortune	fācái	發財	发财	V	11c
make a phone call	dǎ diànhuà	打電話	打电话	VO	6
make an appointment	yuē	約	约	V	10
make progress	jìnbù	進步	进步	V	8
Malaysia	Mǎláixīyà	馬來西亞	马来西亚	PN	6s
male	nán	男	男	N	2
male	nán de	男的	男的		7
Manchu-style dress	qípáo	旗袍	旗袍	N	9c
Mandarin jacket	mǎguà	馬褂	马褂	N	9c
many; much	duō	多	多	Adj	7

▼▼▼

English	Pinyin	Traditional Characters	Simplified Characters	Grammar	Lesson
Maotai (name of a liquor)	Máotái	茅台	茅台	PN	5c
map	dìtú	地圖	地图	N	14
March	Sānyuè	三月	三月	N	3g
Massachusetts	Másàizhūsè	麻賽諸塞	麻塞诸塞	PN	22n
Massachusetts (abbr.)	Mázhōu	麻州	麻州	PN	22
master craftsman; skilled worker	shīfu	師傅	师傅	N	9n, 12
match; competition; game	sài	賽	塞	N	20
maternal grandfather	wàigōng	外公	外公	N	22
maternal grandmother	wàipó	外婆	外婆	N	22
matter; affair; business	shì	事	事	N	3
May	wǔyuè	五月	五月	N	3g
may; can	kěyǐ	可以	可以	AV	5
May I ask...	qǐng wèn	請問	请问	CE	1
maybe	kěnéng	可能	可能	AV	13
McDonald's	Màidāngláo	麥當勞	麦当劳	PN	12s
me; I	wǒ	我	我	Pr	1
meal; (cooked) rice	fàn	飯	饭	N	3
meaning	yìsi	意思	意思	N	4
meat	ròu	肉	肉	N	12
medicine	yào	藥	药	N	16
medium	zhōng	中	中	Adj	9
meet; receive	jiē	接	接	V	15
mention; talk about	shuōdào	說到	说到		15
meter	mǐ	米	米	M	23c
method	fāngfǎ	方法	方法	N	13s
method; way	bànfǎ	辦法	办法	N	13s, 16
Mexico	Mòxīgē	墨西哥	墨西哥	PN	6s
middle	zhōngjiān	中間	中间	N	14
middle school	zhōngxué	中學	中学	N	2c, 20s
midnight	bànyè	半夜	半夜	T	7
mile	yīnglǐ	英里	英里	M	18
mineral water	kuàngquán shuǐ	礦泉水	矿泉水	N	5s
minute	fēn	分	分	M	3s
minute	fēnzhōng	分鐘	分钟	T	13s
Miss; young lady	xiǎojie	小姐	小姐	N	1
miss home; be homesick	xiǎng jiā	想家	想家	VO	16
miss; remember with longing	xiǎngniàn	想念	想念	V	23s
mix; change; adjust	tiáo	調	调	V	20
mom; mother	māma	媽媽	妈妈	N	2
moment; (a point in) time; (a duration of) time	shíhou	時候	时候	N	4
moment ago; just now	gāngcái	剛才	刚才	T	10
Monday	xīngqīyī	星期一	星期一	N	3g

English	Pinyin	Traditional Characters	Simplified Characters	Grammar	Lesson
Monday	zhōuyī	週一	周一	N	3g
money; (a surname)	qián	錢	钱	N	9, 21
monkey	hóu	猴	猴	N	15c
monosodium glutamate (MSG)	wèijīng	味精	味精	N	12
month	yuè	月	月	N	3
more and more	yuè lái yuè...	越来越...	越来越...	Conj	16
the more...the more...	yuè...yuè...	越...越...	越...越...		19
more or less the same	chàbuduō	差不多	差不多	Adj	22
moreover (coll.)	zàishuō	再說	再说	Conj	16
morning	shàngwǔ	上午	上午	T	6
morning	zǎoshang	早上	早上	T	8
mostly; the greater part	duōbàn	多半	多半	Adv	21s
mother	mǔqin	母親	母亲	N	22
mother; mom	māma	媽媽	妈妈	N	2
mountain; hill	shān	山	山	N	22
mouth	zuǐ	嘴	嘴	N	15
mouth; (a measure word for people)	kǒu	口	口	N/M	2n
move	bān	搬	搬	V	16s, 18
move out of	bān chuqu	搬出去	搬出去	VC	18
movie	diànyǐng	電影	电影	N	4
movie theater	diànyǐngyuàn	電影院	电影院	N	14s
Mr.; husband; teacher	xiānsheng	先生	先生	N	1
Mrs.; wife	tàitai	太太	太太	N	1s
much; many	duō	多	多	Adj	7
music	yīnyuè	音樂	音乐	N	4
must	bìxū	必須	必须	AV	13
must; have to	děi	得	得	AV	6
mutton; lamb	yángròu	羊肉	羊肉	N	12s

▲N▲

English	Pinyin	Traditional Characters	Simplified Characters	Grammar	Lesson
name	míngzi	名字	名字	N	1
Nanjing	Nánjīng	南京	南京	PN	10c
nap	wǔjiào	午覺	午觉	N	7s
national park	guójiā gōngyuán	國家公園	国家公园	N	21s
near	jìn	近	近	Adj	8, 14
nearby area, vicinity, neighborhood	fùjìn	附近	附近	N	18
nearly; almost	chàbuduō	差不多	差不多	Adv	23
nearly; barely	chàyidiǎn	差一點	差一点	Adv	23
need; cost	yào	要	要	V	19
need not	bú yòng	不用	不用	CE	9
need not	búbì	不必	不必		20s
needle	zhēn	針	针	N	16

English	Pinyin	Traditional Characters	Simplified Characters	Grammar	Lesson
nervous; anxious	jǐnzhāng	緊張	紧张	Adj	11
Never mind. Forget it.	suàn le	算了	算了	CE	4
new	xīn	新	新	Adj	8
new words	shēngcí	生詞	生词	N	7
new year	xīnnián	新年	新年	N	11
New York	Niǔyuē	紐約	纽约	PN	17
newspaper	bào	報	报	N	8
newspaper	bàozhǐ	報紙	报纸	N	18
next; under	xià	下	下		6
next month	xià(ge)yuè	下(個)月	下(个)月	T	3s
next time	xià cì	下次	下次		10
next week	xiàge xīngqī	下個星期	下个星期	T	6
next year	míngnián	明年	明年	T	3s
nice and cool (weather)	liángkuai	涼快	凉快	Adj	10
nice; good; fine; O.K.	hǎo	好	好	Adj	1, 3
night	yè	夜	夜	N	7
night; evening	wǎnshang	晚上	晚上	T	3
night; evening; late	wǎn	晚	晚	N/Adj	3
nine	jiǔ	九	九	Nu	Intro.
no; not	bù	不	不	Adv	1
no problem	méi shìr	沒事兒	没事儿	CE	8f
no problem	méi wèntí	沒問題	没问题	CE	6, 6f
noisy	chǎo	吵	吵	Adj	18
non-staple food	fùshí	副食	副食	N	12c
noodles	miàn	麵	面	N	3c
noon	zhōngwǔ	中午	中午	T	6s; 8
north	běi	北	北	N	14
north side	běibian(mian)	北邊(面)	北边(面)	N	14s
northeast	dōngběi	東北	东北	N	14s
northwest	xīběi	西北	西北	N	14s
Northwest (Airlines)	Xīběi	西北	西北	PN	21
nose	bízi	鼻子	鼻子	N	15
not	méi	沒	没	Adv	2
not; no	bù	不	不	Adv	1
not at all; don't mention it	bú xiè	不謝	不谢	CE	7
Not at all. You flatter me. (a polite reply to a compliment)	nǎli	哪裏	哪里	CE	7, 7f
not bad; pretty good	búcuò	不錯	不错	Adj	4
not enough room for...	fàng bu xià	放不下	放不下	VC	18
not only..., but also	búdàn..., érqiě	不但...而且	不但...而且	Conj	10
not until; only then	cái	才	才	Adv	5, 7
notebook	běnzi	本子	本子	N	7s
novel; fiction	xiǎoshuō	小說	小说	N	18s
November	shíyīyuè	十一月	十一月	N	3g

English	Pinyin	Traditional Characters	Simplified Characters	Grammar	Lesson
now	xiànzài	現在	现在	T	3
NT (New Taiwan dollar)	Xīn Táibì	新台幣	新台币	N	19s
number	hàomǎ	號碼	号码	N	17
number (bus route)	hào	號	号	N	11n
number (bus route)	lù	路	路	N	11n
number in a series; day of the month; size	hào	號	号	M	3, 9
▲**O**▲					
object; things	dōngxi	東西	东西	N	9
obtain; gain	dé dào	得到	得到	VC	20s
o'clock	diǎn	點	点	N	3
o'clock	diǎnzhōng	點鐘	点钟	M	3
October	shíyuè	十月	十月	N	3g
odd; one; single	dān	單	单	Adj	14
of course	dāngrán	當然	当然	Adv	20
office	bàngōngshì	辦公室	办公室	N	6
office worker; staff member	zhíyuán	職員	职员	N	13
often	chángcháng	常常	常常	Adv	4
O.K.; all right	xíng	行	行	Adj	6
O.K.; good; fine; nice	hǎo	好	好	Adj	1, 3
old; big	dà	大	大	Adj	3
old; used	jiù	舊	旧	Adj	21s, 22
Old Jin	Lǎo Jīn	老金	老金		14
older brother	gēge	哥哥	哥哥	N	2
older sister	jiějie	姐姐	姐姐	N	2
oldest brother	dàgē	大哥	大哥	N	7g
oldest sister	dàjiě	大姐	大姐	N	7g
olive	gǎnlǎn	橄欖	橄榄	N	4s
on; at; in	zài	在	在	Prep	5
on the way	lùshang	路上	路上	N	23
one	yī	一	一	Nu	Intro.
one; single; odd	dān	單	单	Adj	14
one bedroom and one living room	yì fáng yì tīng	一房一廳	一房一厅		18
one million	yìbǎiwàn	一百萬	一百万	Nu	22s
oneself	zìjǐ	自己	自己	Pr	11
one-way street	dānxíngdào	單行道	单行道	N	14
one-way trip	dānchéng	單程	单程	N	21
only	zhǐ	只	只	Adv	4
only; just	jiù	就	就	Adv	17
only then; not until	cái	才	才	Adv	5
open	kāi	開	开	V	13
open till…	kāi dào	開到	开到	VC	13
opera	gējù	歌劇	歌剧	N	17

▼▼

English	Pinyin	Traditional Characters	Simplified Characters	Grammar	Lesson
operate; drive	kāi	開	开	V	11
opposite side	duìmiàn	對面	对面	N	22
or	huòzhě	或者	或者	Conj	11
or; had better	háishi	還是	还是	Conj	3, 11
orange	júhóngsè	橘紅色	桔红色	N	9s
order	dìng	訂	订	V	19
order dishes	diǎn cài	點菜	点菜	VO	12
other	bié (de)	別(的)	别(的)	Adv	4
other	qítā de	其他的	其他的	Adj	13
others; other people; another person	biérén	別人	别人	Adv	4
otherwise	yàoburán	要不然	要不然	Conj	16
outside	wàitou (bian, mian)	外頭(邊/面)	外头(边/面)	N	14s
overcast	yīn	陰	阴	Adj	10s
overcoat	dàyī	大衣	大衣	N	9s
overdue	guòqī	過期	过期	V	13
ox; cow	niú	牛	牛	N	12
▲P▲					
pack; tidy up	shōushi	收拾	收拾	V	23
painting; paint	huà	畫	画	N/V	22s
pair of	shuāng	雙	双	M	9
pants	kùzi	褲子	裤子	N	9
paper	zhǐ	紙	纸	N	2g, 7s, 18
parents; father and mother	fùmǔ	父母	父母	N	22
park	gōngyuán	公園	公园	N	10
park (a car, bike, etc.)	tíng chē	停車	停车	VO	23
park; stop	tíng	停	停	V	23
parking lot	tíngchēchǎng	停車場	停车场	N	23
part; section	bù	部	部	N	22
pass; celebrate (a birthday, a holiday)	guò	過	过	V	14, 15
passport	hùzhào	護照	护照	N	21
past few days	zhè jǐ tiān	這幾天	这几天	NP	11
paste; stick on	tiē	貼	贴	V	19
paternal grandfather	yéye	爺爺	爷爷	N	23
paternal grandmother	nǎinai	奶奶	奶奶	N	23
paternal grandson	sūnzi	孫子	孙子	N	23
path; road	lù	路	路	N	11
patient	bìngrén	病人	病人	N	16
pay attention to	zhùyì	注意	注意	V	20s
pay money	fù qián	付錢	付钱	VO	9
pay (rent, tuition, etc.)	jiāo	交	交	V	18s
Peking (Beijing) opera	jīngjù	京劇	京剧	N	17c

English	Pinyin	Traditional Characters	Simplified Characters	Grammar	Lesson
pen	bǐ	筆	笔	N	7
pencil	qiānbǐ	鉛筆	铅笔	N	7s
people	rénmín	人民	人民	N	19
people; person	rén	人	人	N	1
Pepsi	Bǎishìkělè	百事可樂	百事可乐	N	5s
perform; show (a film)	yǎn	演	演	V	17
person; people	rén	人	人	N	1
pharmacy, drug store	yàodiàn	藥店	药店	N	16
Philippines (the)	Fēilùbīn	菲律賓	菲律宾	PN	6s
photo; picture	zhàopiàn	照片	照片	N	2
physician; doctor	yīshēng	醫生	医生	N	2
piano	gāngqín	鋼琴	钢琴	N	15
picture; photo	zhàopiàn	照片	照片	N	2
pig; boar	zhū	豬	猪	N	15c
pink	fěnhóngsè	粉紅色	粉红色	N	9s
pizza	bǐsàbǐng	比薩餅	比萨饼	N	12s
Pizza Hut	Bìshèngkè	必勝客	必胜客	PN	12s
place	dìfang	地方	地方	N	14
place; add; put in	fàng	放	放	V	12, 16
place; put	bǎi	擺	摆	V	22s
plan	dǎsuàn	打算	打算	V	21
plan	jìhuà	計劃	计划	N	21
plan; prepare	zhǔnbèi	準備	准备	AV	18
plane ticket; airplane ticket	fēijīpiào	飛機票	飞机票	N	12f
plane ticket; airplane ticket	jīpiào	機票	机票	N	21
plant; seed	zhòng	種	种	V	22
platform; stand; table	tái	台	台	N	23
play; have fun	wán(r)	玩(兒)	玩(儿)	V	5
play (a musical instrument)	tán	彈	弹	V	15
play ball	dǎ qiú	打球	打球	VO	4
pleasantly cool (weather)	liángkuai	涼快	凉快	Adj	10
please (polite form of request)	qǐng	請	请	V	1, 6n
pleased; happy	gāoxìng	高興	高兴	Adj	5
plum; a surname	lǐ	李	李	N	1
polite	kèqi	客氣	客气	Adj	6
politics	zhèngzhì	政治	政治	N	22
population	rénkǒu	人口	人口	N	22
pork	zhūròu	豬肉	猪肉	N	12s
Portugal	Pútáoyá	葡萄牙	葡萄牙	PN	6s
Portuguese language	Pútáoyáwén	葡萄牙文	葡萄牙文	N	6s
post and telecommunication office	yóudiànjú	郵電局	邮电局	N	19n
post office	yóujú	郵局	邮局	N	19
postcard	míngxìnpiàn	明信片	明信片	N	19

English	Pinyin	Traditional Characters	Simplified Characters	Grammar	Lesson
pound (measure of weight)	bàng	磅	磅	M	15s
practice	liànxí	練習	练习	V	6
prefer; like	xǐhuan	喜歡	喜欢	V	3
prefix (prefix for ordinal numbers)	dì	第	第		7
prepare, plan	zhǔnbèi	準備	准备	AV	18
pretty	piàoliang	漂亮	漂亮	Adj	5
pretty good; not bad	búcuò	不錯	不错	Adj	4
preview	yùxí	預習	预习	V	7
previously; before; ago	yǐqián	以前	以前	T	8
price	jià	價	价	N	21
pronunciation	fāyīn	發音	发音	N	8
public	gōnggòng	公共	公共	Adj	11
public security bureau	gōng'ānjú	公安局	公安局	N	19c
punish; fine	fá	罰	罚	V	13
purple	zǐ	紫	紫	Adj	9s
put in; add; place	fàng	放	放	V	12, 16
put in order	zhěnglǐ	整理	整理	V	17
put on; wear	chuān	穿	穿	V	9
put; place	bǎi	擺	摆	V	22s

▲**Q**▲

quarter (hour); 15 minutes	kè	刻	刻	M	3
question; problem	wèntí	問題	问题	N	6
quickly; fast;quick	kuài	快	快	Adv/ Adj	5, 7
quickly; right away; hurriedly	gǎnkuài	趕快	赶快	Adv	16
quiet	ānjìng	安靜	安静	Adj	18
quite a few	hǎo jǐ	好幾	好几		16

▲**R**▲

rabbit; hare	tù	兔	兔	N	15c
racket	pāi	拍	拍	N	20
radical	bùshǒu	部首	部首	N	Intro.
rain	xià yǔ	下雨	下雨	VO	10
rainy season	huángméi	黃梅	黄梅	N	10c
raise	yǎng	養	养	V	18
rat	shǔ	鼠	鼠	N	15c
read	niàn	念	念	V	7
read; read books	kàn shū	看書	看书	VO	4
read books; read	kàn shū	看書	看书	VO	4
really	zhēn	真	真	Adv	7
Really?	shì ma	是嗎	是吗	CE	5f, 5n
really hurt	téngsǐ	疼死	疼死	VC	16
recall; remember	xiǎng qilai	想起來	想起来	VC	17
receive	shōu	收	收	V	19

English	Pinyin	Traditional Characters	Simplified Characters	Grammar	Lesson
receive	shōu dào	收到	收到	VC	19
receive; bear	shòu	受	受	V	20
receive; meet	jiē	接	接	V	15
recently	zuìjìn	最近	最近	T	8
recognize; know (someone)	rènshi	認識	认识	V	3
record	lùyīn / lù yīn	錄音	录音	N/VO	7
red	hóng	紅	红	Adj	9
red autumn leaves	hóngyè	紅葉	红叶	N	10
reduce prices, have a reduced price sale	jiǎn jià	減價	减价	VO	21
register	guàhào	掛號	挂号	V	19
regular mail	píngxìn	平信	平信	N	19
relative	qīnqi	親戚	亲戚	N	22
relatively; fairly	bǐjiào	比較	比较	Adv	22s
remain; be left over	shèng	剩	剩	V	13
remember	jìde	記得	记得	V	17
remember; recall	xiǎng qilai	想起來	想起来	VC	17
remember with longing; miss	xiǎngniàn	想念	想念	V	23s
remind	tíxǐng	提醒	提醒	V	23
renew	xùjiè	續借	续借	V	13
rent	fángzū	房租	房租	N	18
rent	zū	租	租	V	11, 18
rent out; let	chūzū	出租	出租	V	11
research institute (Taiwan)	yánjiūyuàn	研究院	研究院	N	23c
research institute; graduate school (Taiwan)	yánjiūsuǒ	研究所	研究所	N	23s, 23c
reserve; book (a ticket, etc.)	dìng	訂	订	V	21
rest	xiūxi	休息	休息	V	18s
restaurant	cānguǎn(r)	餐館(兒)	餐馆(儿)	N	22s
restaurant	fànguǎnr	飯館	饭馆	N	12
restroom	huàzhuāngshì	化粧室	化妆室	N	18n
restroom	xǐshǒujiān	洗手間	洗手间	N	18n
restroom; bathroom	guànxǐshì	盥洗室	盥洗室	N	18n
restroom; bathroom	wèishēngjiān	衛生間	卫生间	N	18n
restroom; toilet	cèsuǒ	廁所	厕所	N	16, 18n
return	huán	還	还	V	13
return	huí	回	回	V	5
review	fùxí	復習	复习	V	7
rice (cooked); meal	fàn	飯	饭	N	3
right	yòu	右	右	N	14
right; correct	duì	對	对	Adj	4
right away	mǎshàng	馬上	马上	Adv	20s
right away; quickly; hurriedly	gǎnkuài	趕快	赶快	Adv	16
right side	yòubian(r)	右邊(兒)	右边(儿)	N	14s, 22

English	Pinyin	Traditional Characters	Simplified Characters	Grammar	Lesson
river	hé	河	河	N	22
RMB (Chinese currency)	Rénmínbì	人民幣	人民币	N	19
road	mǎlù	馬路	马路	N	22s
road; highway	gōnglù	公路	公路	N	11
road; path	lù	路	路	N	11
roast; bake	kǎo	烤	烤	V	12s
roast duck	kǎoyā	烤鴨	烤鸭	N	12s
room	fángjiān	房間	房间	N	17
round	yuán	圓	圆	Adj	20
round trip; back and forth	láihuí	來回	来回	N	21
run	pǎo	跑	跑	V	20
run a fever	fā shāo	發燒	发烧	VO	16s
run into trouble	chū wèntí	出問題	出问题	VO	21s
run out of; finish	wán	完	完	V	12
Russia	Éguó	俄國	俄国	PN	6s
Russian language	Éwén	俄文	俄文	N	6s

▲S▲

English	Pinyin	Traditional Characters	Simplified Characters	Grammar	Lesson
salesclerk; shop assistant	shòuhuòyuán	售貨員	售货员	N	9
same; alike	tóng	同	同	Adj	17
same; alike	yíyàng	一樣	一样	Adj	9
San Francisco	Jiùjīnshān	舊金山	旧金山	PN	22
sand-and-dust storms	shāchénbào	沙塵暴	沙尘暴	N	22c
Saturday	xīngqīliù	星期六	星期六	N	3g
save; store	cún qǐlai	存起來	存起来	VC	19g
say; speak	shuō	說	说	V	6
scenery	fēngjǐng	風景	风景	N	22
schedule; itinerary	rìchéng	日程	日程	N	21
scheduled flight	bānjī	班機	班机	N	21
school	xuéxiào	學校	学校	N	5
school term; semester/quarter	xuéqī	學期	学期	N	8
schoolwork; homework	gōngkè	功課	功课	N	7
seaport; harbor	hǎigǎng	海港	海港	N	22s
season	jì	季	季	N	22
season	jìjié	季節	季节	N	22s
seat	wèizi	位子	位子	N	12
seat	zuòwei	座位	座位	N	23
second oldest brother	èrgē	二哥	二哥	N	7g
second oldest sister	èrjiě	二姐	二姐	N	7g
section; part	bù	部	部	N	22
security deposit	yājīn	押金	押金	N	18
see	jiàn	見	见	V	3
see; catch sight of	kàn jiàn	看見	看见	VC	20s
see; look; watch	kàn	看	看	V	4, 17n

English	Pinyin	Traditional Characters	Simplified Characters	Grammar	Lesson
see a doctor; (of a doctor) see a patient	kàn bìng	看病	看病	VO	16
see you again; goodbye	zàijiàn	再見	再见	CE	3
See you soon!	huí jiàn	回見	回见	CE	13f
See you soon!	huítóu jiàn	回頭見	回头见	CE	13f
See you tomorrow!	míngr jiàn	明兒見	明儿见	CE	13f
seed; plant	zhòng	種	种	V	22
seem; be like	hǎoxiàng	好像	好像	V	12
sell	mài	賣	卖	V	9s, 12
semester/quarter; school term	xuéqī	學期	学期	N	8
send back; return	tuì	退	退	V	19s
send by mail	jì	寄	寄	V	19
senior high (grades 10–12)	gāozhōng	高中	高中	N	2c
Seoul	Hànchéng	漢城	汉城	PN	21
September	jiǔyuè	九月	九月	N	3
serious	zhòng	重	重	Adj	16
serpent; snake	shé	蛇	蛇	N	15c
serve as; be	dāng	當	当	V	18
serve dishes	shàng cài	上菜	上菜	VO	12
service	fúwù	服務	服务	N	19
service counter	fúwùtái	服務台	服务台	N	23
service person; waiter; waitress	fúwùyuán	服務員	服务员	N	9n
set; suite	tào	套	套	M	18
set free; let go	fàng	放	放	V	21
seven	qī	七	七	Nu	Intro.
several months	jǐ ge yuè	幾個月	几个月	N	22
shadow	yǐng	影	影	N	4
Shanghai	Shànghǎi	上海	上海	PN	10
she	tā	她	她	Pr	2
shed; flow	liú	流	流	V	16
sheep; goat	yáng	羊	羊	N	15c
ship; boat	chuán	船	船	N	11s
shirt	chènshān	襯衫	衬衫	N	9
shoes	xié	鞋	鞋	N	9
shop; store	diàn	店	店	N	14
shop assistant; salesclerk	shòuhuòyuán	售貨員	售货员	N	9
short	duǎn	短	短	Adj	9s
short of; lacking	chà	差	差	V	3s
should	yīnggāi	應該	应该	AV	15
show (a film); perform	yǎn	演	演	V	17
shut; close	bì	閉	闭	V	14
side	biān	邊	边	N	22
side	pángbiān	旁邊	旁边	N	14
simple	jiǎndān	簡單	简单	Adj	20

English	Pinyin	Traditional Characters	Simplified Characters	Grammar	Lesson
simplified character	jiǎntǐzì	簡體字	简体字	N	7c
sing	chàng	唱	唱	V	4
sing (a song)	chàng gē	唱歌	唱歌	VO	4
single; odd; one	dān	單	单	Adj	14
single bed	dānrénchuáng	單人床	单人床	N	18
sit	zuò	坐	坐	V	5
six	liù	六	六	Nu	Intro.
size	dàxiǎo	大小	大小	N	9
size; height; stature	gèzi	個子	个子	N	20s
size; number in a series; day of the month	hào	號	号	M	3, 9
skate	huá bīng	滑冰	滑冰	V	22s
ski	huá xuě	滑雪	滑雪	VO	22
skilled worker; master craftsman	shīfu	師傅	师傅	N	9n
skirt	qúnzi	裙子	裙子	N	9s
sleep	shuì	睡	睡	V	4
sleep	shuì jiào	睡覺	睡觉	VO	4
slice; tablet	piàn	片	片	M	16
slide; slippery	huá	滑	滑	V/Adj	22
slim; lean; thin	shòu	瘦	瘦	Adj	20s, 23
slow	màn	慢	慢	Adj	7
small; little	xiǎo	小	小	Adj	2
snake; serpent	shé	蛇	蛇	N	15c
sneeze	dǎ pēntì	打噴嚏	打喷嚏	VO	16s
snow	xuě	雪	雪	N	10s, 22
so	suǒyǐ	所以	所以	Conj	4
so; like this	zhèyàng	這樣	这样	Pr	10
so; so much; that; to that degree	nàme	那麼	那么	Adv	14
so; such	zhème	這麼	这么	Pr	7
so much; so; that; to that degree	nàme	那麼	那么	Adv	14
soccer	zúqiú	足球	足球	N	4s, 20
socks	wàzi	襪子	袜子	N	9s
soda pop; soft drink	qìshuǐ(r)	汽水(兒)	汽水(儿)	N	5s, 15
sofa	shāfā	沙發	沙发	N	18
soft drink; soda pop	qìshuǐ(r)	汽水(兒)	汽水(儿)	N	5s, 15
sold out	mài wán (le)	賣完(了)	卖完(了)	VC	12
some	xiē	些	些	M	12
some	yìxiē	一些	一些		16
some	yǒude	有的	有的	Pr	21
some; a few (an indefinite number, usually less than ten)	jǐ	幾	几	Nu	6
some; a little; a bit	diǎn(r)	點(兒)	点(儿)	M	5
sometimes	yǒu shíhou	有時候	有时候	CE	4
somewhat; a little	yǒu yìdiǎnr	有一點兒	有一点儿	CE	7

English	Pinyin	Traditional Characters	Simplified Characters	Grammar	Lesson
son	érzi	兒子	儿子	N	2
song	gē	歌	歌	N	4
soon; be about to; before long	kuài	快	快	Adv	11
sound	shēngyīn	聲音	声音	N	13s
sound like	tīng qilai	聽起來	听起来		22
sound recording	lùyīn	錄音	录音	N	7
soup	tāng	湯	汤	N	12
sour	suān	酸	酸	Adj	12
south	nán	南	南	N	14
south side	nánbian(mian)	南邊(面)	南边(面)	N	14s
southeast	dōngnán	東南	东南	N	14s
southwest	xīnán	西南	西南	N	14s
Spain	Xībānyá	西班牙	西班牙	PN	6s
Spanish language	Xībānyáwén	西班牙文	西班牙文	N	6s
speak; say	shuō	說	说	V	6
speak; talk	shuō huà	說話	说话	VO	7
special	tèbié	特別	特别	Adj/Adv	7g, 20
special; especially	tèbié	特別	特别	Adj/Adv	7g
specialty; major	zhuānyè	專業	专业	N	8
speech	yǔ	語	语	N	6n
speech; talk; words	huà	話	话	N	6
spend	huā	花	花	V	11
spend; take (effort)	fèi	費	费	V	17
spend money; cost money	huā qián	花錢	花钱	VO	16
spicy; hot	là	辣	辣	Adj	12
sports	yùndòng	運動	运动	N	14
sportswear	yùndòngfú	運動服	运动服	N	20
spring	chūntiān	春天	春天	N	10
spring break	chūnjià	春假	春假	N	22
Sprite	Xuěbì	雪碧	雪碧	N	5s
staff member; office worker	zhíyuán	職員	职员	N	13
stamp	yóupiào	郵票	邮票	N	19
stand	zhàn	站	站	V	15s
stand; table; platform	tái	台	台	N	23
staple food	zhǔshí	主食	主食	N	12c
Starbucks	Xīngbākè	星巴克	星巴克	PN	5c
start	kāishǐ	開始	开始	V	7
start; begin; in the beginning	kāishǐ	開始	开始	N/V	8
start a class; go to class	shàng kè	上課	上课	VO	7
starve; hungry	è	餓	饿	Adj/V	12
starve to death	è sǐ	餓死	饿死	VC	16
state	zhōu	州	州	N	21s

English	Pinyin	Traditional Characters	Simplified Characters	Grammar	Lesson
station; stop (of bus, train, etc.)	chēzhàn	車站	车站	N	11
station; stop (of bus, train, etc.)	zhàn	站	站	N	11
stature; size; height	gèzi	個子	个子	N	20s
stick on; paste	tiē	貼	贴	V	19
stomach	dùzi	肚子	肚子	N	16
stop; park	tíng	停	停	V	23
stop; station (of bus, train, etc.)	chēzhàn	車站	车站	N	11
stop; station (of bus, train, etc.)	zhàn	站	站	N	11
store; save	cún qǐlai	存起來	存起来	VC	19g
store; shop	diàn	店	店	N	14
strength	lìqi	力氣	力气	N	17
strike; hit	dǎ	打	打	V	4
student	xuésheng	學生	学生	N	1
student ID	xuéshēng-zhèng	學生證	学生证	N	13
student studying abroad	liúxuéshēng	留學生	留学生	N	19
students' dining hall	xuéshēng cāntīng	學生餐廳	学生餐厅	N	18c
study	niàn shū	念書	念书	VO	21s
study	xué	學	学	V	7
study; learn	xuéxí	學習	学习	V	17
stuffy	mēn	悶	闷	Adj	10
subway	dìtiě	地鐵	地铁	N	11
such; so	zhème	這麼	这么	Pr	7
sugar	táng	糖	糖	N	12
suit	xīzhuāng	西裝	西装	N	9s
suit; fit	shìhé	適合	适合	V	20s
suitable	héshì	合適	合适	Adj	9
suite; set	tào	套	套	M	18
summer	xiàtiān	夏天	夏天	N	10
summer school	shǔqī xuéxiào	暑期學校	暑期学校		15
summer vacation	shǔjià	暑假	暑假	N	11s, 23
sun; day	rì	日	日	N	3
Sun Yatsen suit	Zhōngshān zhuāng	中山裝	中山装	N	9c
Sunday	xīngqīrì	星期日	星期日	N	3g
Sunday	xīngqītiān	星期天	星期天	N	3g
Sunday	zhōurì	週日	周日	N	3g
sunny; clear	qíng	晴	晴	Adj	10s
super highway; highway	gāosù gōnglù	高速公路	高速公路	N	11
supper; dinner	wǎnfàn	晚飯	晚饭	N	3
surname; (one's) surname is...; to be surnamed	xìng	姓	姓	N/V	1
surpass; exceed	chāo	超	超	V	23

English	Pinyin	Traditional Characters	Simplified Characters	Grammar	Lesson
sweater	máoyī	毛衣	毛衣	N	9s
sweep	sǎo	掃	扫	V	17
sweet	tián	甜	甜	Adj	12
swim	yóu yǒng	游泳	游泳	VO	20
▲T▲					
table	zhuōzi	桌子	桌子	N	12
table; platform; stand	tái	台	台	N	23
table tennis	pīngpāngqiú	乒乓球	乒乓球	N	20s
tablet; slice	piàn	片	片	M	16
Tai Chi	tàijíquán	太極拳	太极拳	N	20s, 20c
Taichung	Táizhōng	台中	台中	PN	10s
Tainan (a city in Taiwan)	Táinán	台南	台南	PN	19
Taipei	Táiběi	台北	台北	PN	10
Taiwan	Táiwān	台灣	台湾	PN	10
take; get; carry	ná	拿	拿	V	16, 23
take a bath/shower	xǐ zǎo	洗澡	洗澡	VO	8
take after; be like	xiàng	像	像	V	15
take care (of oneself)	bǎozhòng	保重	保重	V	23
take off	qǐfēi	起飛	起飞	V	23
take part in	cānjiā	參加	参加	V	17
take someone (somewhere)	sòng	送	送	V	11
talk	shuō huà	說話	说话	VO	7
talk; chat	tán	談	谈	V	20s
talk; speak	shuō huà	說話	说话	VO	7
talk; speech; words	huà	話	话	N	6
talk about; mention	shuōdào	說到	说到		15
tall; (a surname)	gāo	高	高	Adj/N	2
tasty; good to drink	hǎohē	好喝	好喝	Adj	5s
taxi	chūzū qìchē	出租汽車	出租汽车	N	11
taxi (in Taiwan)	jìchéngchē	計程車	计程车	N	11s
tea	chá	茶	茶	N	5
teach	jiāo	教	教	V	7
teach; lecture	jiǎng kè	講課	讲课	VO	22s
teacher	lǎoshī	老師	老师	N	1
team	duì	隊	队	N	20s
tear	yǎnlèi	眼淚	眼泪	N	16
telephone	diànhuà	電話	电话	N	6
tell	gàosu	告訴	告诉	V	8
ten	shí	十	十	Nu	Intro.
10% off	jiǔzhé	九折	九折		21
ten thousand	wàn	萬	万	Nu	21s
tennis	wǎngqiú	網球	网球	N	4s, 20
test; give or take a test	kǎoshì	考試	考试	V/N	6

English	Pinyin	Traditional Characters	Simplified Characters	Grammar	Lesson
text	kèwén	課文	课文	N	7
Thailand	Tàiguó	泰國	泰国	PN	6s
thank you	xièxie	謝謝	谢谢	CE	3
thanks; (a surname)	xiè	謝	谢	V/N	10
that	nà/nèi	那	那	Pr	2
that; so; so much; to that degree	nàme	那麼	那么	Adv	14
that settles it	yì yán wéi dìng	一言為定	一言为定	CE	17
That's right!	duì le	對了	对了	CE	4s
then	ránhòu	然後	然后	Adv	11
then; in that case	nà	那	那	Conj	4
then; in that case	nàme	那麼	那么	Conj	19
then and only then	zài	再	再	Adv	13
there	nàli	那裏	那里	N	18
there	nàr	那兒	那儿	Pr	8
there is not enough time	lái bu jí	來不及	来不及		13
these	zhèxiē	這些	这些	Pr	12
thin; lean	shòu	瘦	瘦	Adj	20s, 23
things; objects	dōngxi	東西	东西	N	9
think (wrongly)	yǐwéi	以為	以为	V	22
think; feel that	juéde	覺得	觉得	V	4
think; want to	xiǎng	想	想	AV	4
third oldest brother	sāngē	三哥	三哥	N	7g
third oldest sister	sānjiě	三姐	三姐	N	7g
thirsty	kě	渴	渴	Adj	12
this	zhè/zhèi	這	这	Pr	2
this	zhège	這個	这个	Pr	10
this year	jīnnián	今年	今年	T	3
thousand	qiān	千	千	Nu	21
three	sān	三	三	Nu	Intro.
throw; lose	diū	丟	丢	V	19s
Thursday	lǐbàisì	禮拜四	礼拜四	N	3g
Thursday	xīngqīsì	星期四	星期四	N	3
ticket	piào	票	票	N	11
tidy up; pack	shōushi	收拾	收拾	V	23
tiger	hǔ	虎	虎	N	15c
time	shíjiān	時間	时间	T	6
time (a point in); moment; time (a duration of)	shíhou	時候	时候	N	4
time difference	shíchā	時差	时差	N	20s
tired	lèi	累	累	Adj	17s, 23
to; for	gěi	給	给	Prep	6
To Live (name of a movie)	Huózhe	《活著》	《活着》		17
to one's heart's content; all out	hǎohāor	好好兒	好好儿	CE	17

English	Pinyin	Traditional Characters	Simplified Characters	Grammar	Lesson
to that degree; that; so; so much	nàme	那麼	那么	Adv	14
to what extent; how many/much	duō	多	多	Adv	3
today	jīntiān	今天	今天	T	3
tofu; beancurd	dòufu	豆腐	豆腐	N	12
together	yìqǐ	一起	一起	Adv	5
toilet; restroom	cèsuǒ	廁所	厕所	N	16, 18n
toilsome; hard	xīnkǔ	辛苦	辛苦	Adj	23
Tokyo	Dōngjīng	東京	东京	PN	14
Tom	Tāngmǔ	湯姆	汤姆		15
tomorrow	míngr	明兒	明儿	N	12
tomorrow	míngtiān	明天	明天	T	3
too; also	yě	也	也	Adv	1
too; also; as well	hái	還	还	Adv	3
too; extremely	tài…(le)	太…(了)	太…(了)	Adv	3
top	shàngbian (mian)	上邊(面)	上边(面)	N	14s
tour guide	dǎoyóu	導遊	导游	N	22
tourist; visitor (to a park, etc.)	yóukè	遊客	游客	N	22s
towards	wàng	往	往	Prep	14
town	zhèn	鎮	镇	N	22
traditional character	fántǐzì	繁體字	繁体字	N	7c
traffic light	hónglǜdēng	紅綠燈	红绿灯	N	14
train	huǒchē	火車	火车	N	11s
travel	lǚxíng	旅行	旅行	V	17
travel agency	lǚxíngshè	旅行社	旅行社	N	21
travel by	zuò	坐	坐	V	11
traveler's check	lǚxíng zhīpiào	旅行支票	旅行支票	N	19s
treat (somebody); invite	qǐng	請	请	V	3, 6n
treat someone to dinner	qǐngkè	請客	请客	VO	4
tree	shù	樹	树	N	22
trolley bus; cable car; tram	diànchē	電車	电车	N	11s
troublesome	máfan	麻煩	麻烦	Adj	11
trustworthiness; credit	xìnyòng	信用	信用	N	13
try	shì	試	试	V	16
T-shirt	T-xùshān	T-恤衫	T-恤衫	N	9s
Tuesday	xīngqí'èr	星期二	星期二	N	3g
Tuesday	zhōu'èr	週二	周二	N	3g
turn	guǎi	拐	拐	V	14
turn	zhuǎn	轉	转	V	14n
TV	diànshì	電視	电视	N	4
twelve	shí'èr	十二	十二	Nu	3
20% off	bā zhé	八折	八折		21n
25% off	qī wǔ zhé	七五折	七五折		21n
two	èr	二	二	Nu	Intro.

English	Pinyin	Traditional Characters	Simplified Characters	Grammar	Lesson
two; a couple of	liǎng	兩	两	Nu	2
two (people)	liǎ	倆	俩	CE	17
typhoon	táifēng	颱風	台风	N	22s
▲U▲					
unable to do something	bú dòng	不動	不动		23
unable to find	zhǎo bu dào	找不到	找不到	VC	23
unable to remember	jì bu zhù	記不住	记不住	VC	17s
unable to tell; can't make out	kàn bu chūlai	看不出來	看不出来	VC	20
uncle; father's elder brother	bóbo	伯伯	伯伯	N	22
uncomfortable; hard to bear	nánshòu	難受	难受	Adj	20
under; next	xià	下	下		6
understand	dǒng	懂	懂	V	7
United States of America	Měiguó	美國	美国	PN	1
university; college	dàxué	大學	大学	N	2c
upstairs	lóushàng	樓上	楼上	N	13s
urgent; anxious; impatient	jí	急	急	Adj	23
U. S. currency	Měijīn	美金	美金	N	19s
U. S. currency	Měiyuán	美元	美元	N	19
use	yòng	用	用	V/N	8
used to; be accustomed to	guàn	慣	惯	Adj	23
used; old	jiù	舊	旧	Adj	21s, 22
usually	píngcháng	平常	平常	T	7
▲V▲					
vacation; holiday	jià	假	假	N	21
Vancouver	Wēngēhuá	溫哥華	温哥华	PN	10s
various places	gè dì	各地	各地	N	21
vegetarian; of vegetables	sù	素	素	Adj	12
vehicle; car	chē	車	车	N	11
very	hěn	很	很	Adv	3
very; extraordinarily	fēicháng	非常	非常	Adv	18
the very one (indicating verification of something mentioned before)	jiù	就	就	Adv	6
vicinity, neighborhood, nearby area	fùjìn	附近	附近	N	18
video recording	lùxiàng	錄像	录像	N	10
Vietnam	Yuènán	越南	越南	PN	6s
Vietnamese people/person	Yuènánrén	越南人	越南人	N	1s
vinegar	cù	醋	醋	N	12
virtue	dé	德	德	N	22
visa	qiānzhèng	簽證	签证	N	21
vision	shì	視	视	N	4
visit relatives	tàn qīn	探親	探亲	VO	23

English	Pinyin	Traditional Characters	Simplified Characters	Grammar	Lesson
visitor (to a park, etc.); tourist	yóukè	遊客	游客	N	22s
volleyball	páiqiú	排球	排球	N	4s

▲W▲

English	Pinyin	Traditional Characters	Simplified Characters	Grammar	Lesson
wait	děng	等	等	V	6
waiter; waitress; service person	fúwùyuán	服務員	服务员	N	9n, 12
waitress; waiter; service person	fúwùyuán	服務員	服务员	N	9n, 12
walk	zǒu lù	走路	走路	VO	11s, 15
walk; go	xíng	行	行	V	14
walk; go by way of; leave; depart	zǒu	走	走	V	11, 21
wall	qiáng	墙	墙	N	14s
want to; have a desire for	yào	要	要	V/AV	5, 9
want to; think	xiǎng	想	想	AV	4
wardrobe; closet	yīguì	衣櫃	衣柜	N	22s
warm (weather)	nuǎnhuo	暖和	暖和	Adj	10
Washington	Huáshèngdùn	華盛頓	华盛顿	PN	21
watch	biǎo	錶	表	N	3s
watch; look; see	kàn	看	看	V	4, 17n
water	shuǐ	水	水	N	5
water and electricity	shuǐdiàn	水電	水电		18
way; method	bànfǎ	辦法	办法	N	13s, 16
we	wǒmen	我們	我们	Pr	3
wear	chuān	穿	穿	V	9
wear (hat, glasses, etc.)	dài	戴	戴	V	9s
wear; put on	chuān	穿	穿	V	9
weather	qìhòu	氣候	气候	N	22
weather	tiānqì	天氣	天气	N	10
Wednesday	xīngqīsān	星期三	星期三	N	3g
week	lǐbài	禮拜	礼拜	N	3g
week	xīngqī	星期	星期	N	3
week	zhōu	週	周	N	3g
weekend	zhōumò	週末	周末	T	4
weep; cry	kū	哭	哭	V	23
weigh	chēng	稱	称	V	23
weight (of a person)	tǐzhòng	體重	体重	N	15s
welcome	huānyíng	歡迎	欢迎	V	22
well-known; famous	yǒumíng	有名	有名	Adj	23s
west	xī	西	西	N	14
west; west side	xībian(mian)	西邊(面)	西边(面)	N	14s, 22
Western food	Xīcān	西餐	西餐	N	12
Western medicine	Xīyī	西醫	西医	N	16c
wet; humid	cháoshī	潮濕	潮湿	Adj	10s
what	shénme	什麼	什么	QPr	1
What is your honorable surname?	guì xìng	貴姓	贵姓	CE	1

▼▼▼▼▼▼▼▼▼▼▼▼▼▼▼▼▼▼▼▼▼▼▼▼▼▼▼▼▼▼▼▼▼▼▼▼▼▼▼

English	Pinyin	Traditional Characters	Simplified Characters	Grammar	Lesson
what to do	zěnme bàn	怎麼辦	怎么办	QW	10
What's the matter?	zěnme le	怎麼了	怎么了	CE	16f
when...; at the time of...	de shíhou	的時候	的时候		8
where	nǎli	哪裏	哪里	QPr	14
where	nǎr	哪兒	哪儿	QPr	5
which	nǎ/něi	哪	哪	QPr	6
white; (a surname)	bái	白	白	Adj	3
who	shéi	誰	谁	QPr	2
Who is it?	shéi ya	誰呀	谁呀	CE	5f
whole family	yì jiā	一家	一家		22
why	wèishénme	為什麼	为什么	QPr	3
wife; Mrs.	tàitai	太太	太太	N	1s
will; know how to; can	huì	會	会	AV	8, 10
will; be going to	yào	要	要	AV	6
win	yíng	贏	赢	V	20
wind	fēng	風	风	N	20s, 22
window	chuānghu	窗戶	窗户	N	22s
wine	jiǔ	酒	酒	N	5
winter	dōngtiān	冬天	冬天	N	10
winter vacation	hánjià	寒假	寒假	N	11
wish	zhù	祝	祝	V	8, 11f
within; inside	nèi	內	内	N	21
word; character	zì	字	字	N	7
words; speech; talk	huà	話	话	N	6
work	gōngzuò	工作	工作	V	5
work; job	gōngzuò	工作	工作	V/N	5
work part-time; do manual work	dǎ gōng	打工	打工	VO	5s
world	shìjiè	世界	世界	N	20s
worry	dānxīn	擔心	担心	V	20
wristwatch	shǒubiǎo	手錶	手表	N	9n
write	xiě	寫	写	V	7
write characters	xiězì	寫字	写字	VO	7
writing brush	máobǐ	毛筆	毛笔	N	7s
written language; language	wén	文	文	N	6
wrong	cuò	錯	错	Adj	4
Wuhan	Wǔhàn	武漢	武汉	PN	10c

▲**Y**▲

Yangtze river	Chángjiāng	長江	长江	PN	10c
year	nián	年	年	N	3
year after next	hòunián	後年	后年	T	3s
year before last	qiánnián	前年	前年	T	3s, 15
year of age	suì	歲	岁	N	3
year of age	suìshù	歲數	岁数	N	3n

English	Pinyin	Traditional Characters	Simplified Characters	Grammar	Lesson
yellow	huáng	黃	黄	Adj	9
yesterday	zuótiān	昨天	昨天	T	3s, 4
you	nǐ	你	你	Pr	1
you (singular; polite)	nín	您	您	Pr	1
You are welcome. Dont be (so) polite.	bú kèqi	不客氣	不客气	CE	6
You flatter me. Not at all. (a polite reply to a compliment)	nǎli	哪裏	哪里	CE	7, 7f
young lady; Miss	xiǎojie	小姐	小姐	N	1
young people	niánqīngrén	年輕人	年轻人	N	20x
younger brother	dìdi	弟弟	弟弟	N	2
(younger male) cousin	biǎodì	表弟	表弟	N	23
younger sister	mèimei	妹妹	妹妹	N	2
yuan (unit of Chinese currency); dollar	yuán	元	元		9g, 18

▲Z▲

English	Pinyin	Traditional Characters	Simplified Characters	Grammar	Lesson
zero	líng	零	零	Nu	3g

▲Others▲

English	Pinyin	Traditional Characters	Simplified Characters	Grammar	Lesson
(a measure word for academic courses)	mén	門	门	M	6c
(a measure word for bird, shoe, etc.)	zhī	只	只	M	9g
(a measure word for books)	běn	本	本	M	13
(a measure word for cars)	liàng	輛	辆	M	11s
(a measure word for chairs, etc.)	bǎ	把	把	M	18
(a measure word for classes)	jié	節	节	M	6
(a measure word for companies)	jiā	家	家	M	21
(a measure word for essays, etc.)	piān	篇	篇	M	8
(a measure word for flat objects)	zhāng	張	张	M	2
(a measure word for hat)	dǐng	頂	顶	M	9s
(a measure word for letters)	fēng	封	封	M	8
(a measure word for long objects)	tiáo	條	条	M	9
(a measure word for mountains, etc.)	zuò	座	座	M	22
(a measure word for occurrence)	cì	次	次	M	10
(a measure word for pens and long items)	zhī	枝	枝	M	9g
(a measure word for people); mouth	kǒu	口	口	N/M	2n
(a measure word for plates; dishes; coils)	pán	盤	盘	M	12, 13
(a measure word for shirts, dresses, jackets, coats, luggage, etc.)	jiàn	件	件	M	9, 23
(a measure word for tablets, etc.)	piàn	片	片	M	16

▼ ▼

English	Pinyin	Traditional Characters	Simplified Characters	Grammar	Lesson
(a mountain near Beijing)	Xiāngshān	香山	香山	PN	22s
(a person's name)	Bái Jiànmíng	白健明	白健明	PN	17
(a person's name)	Lǐ Yǒu	李友	李友	Pr	1
(a person's name)	Wáng Péng	王朋	王朋	PN	1
(a polite measure word for people)	wèi	位	位	M	6
(a possessive, modifying, or descriptive particle)	de	的	的	P	2
(a structural particle)	de	得	得	P	7
(a surname)	lín	林	林	N	15
(a surname)	zhāng	張	张	N	2
(a surname); field	tián	田	田	N	14
(a surname); gold	jīn	金	金	N/Adj	14
(a surname); horse	mǎ	馬	马	N	16
(a surname); king	Wáng	王	王	N	1
(a surname); plum	lǐ	李	李	N	1
(a surname); tall	gāo	高	高	N/Adj	2
(a surname); thanks	xiè	謝	谢	N/V	10
(a surname); white	bái	白	白	Adj	3
(an interrogative particle)	ma	嗎	吗	QP	1
(an interrogative particle)	ne	呢	呢	QP	1
(combination of 了 and 啊)	la	啦	啦		22
(expresses surprise)	āi	哎	哎	Excl	14
(general measure word)	gè	個	个	M	2
(indicates achievement of a result)	chūlai	出來	出来		20
(indicates an action is in progress)	ne	呢	呢	P	15
(indicates beginning of action)	qilai	起來	起来		20
(indicates comparison)	bǐ	比	比	Prep	10
(indicates probability)	huì	會	会	AV	10
(indicates simultaneous actions)	yìbiān...yìbiān	一邊...一邊	一边...一边		8
(indicates something is easy)	hǎo	好	好	Adv	21
(indicates that something is ready)	hǎo	好	好	Adj	12
(indicates that something takes place sooner than expected)	jiù	就	就	Adv	7
(indicates that the time is early)	cái	才	才	Adv	23
(indicating "more than")	duō	多	多	Nu	18
(indicating a static state)	zhe	著	着	P	22
(indicating a thing is disposed of)	bǎ	把	把	Prep	13
(indicating motion towards one)	guolai	過來	过来		23
(indicating movement outward); go out	chūqu	出去	出去		10, 18
(indicating past experience)	guo	過	过	P	14

English	Pinyin	Traditional Characters	Simplified Characters	Grammar	Lesson
(indicating physical immediacy)	jiù	就	就	Adv	14
(indicating short duration)	yí xià	一下	一下	M	5
(indicating sooner than expected)	jiù	就	就	Adv	7
(indicating superlative degree)	le	了	了	P	3
(indicating verification of something mentioned before); the very one	jiù	就	就	Adv	6
(indicator for superlative degree)	zuì	最	最	Adv	8
(modification of sound of 啊)	na	哪	哪	P	20
(unit of length) half kilometer	lǐ	里	里	M	23c
(unit of weight) half a kilogram	jīn	斤	斤	M	23c
(unit of weight, = 50 grams)	liǎng	兩	两	M	12, 23c
(used after an adjective to form an adverb)	de	地	地	P	23
(used as an emphatic expression)	dōu	都	都	Adv	14
(used to emphasize interrogation)	a	啊	啊	P	6
(used to form a noun of locality)	miàn	面	面	suffix	14
(used to introduce the agent)	bèi	被	被	Prep	20
(used to soften a question)	ya	呀	呀	P	5
(used to soften the tone)	ba	吧	吧	P	5

VOCABULARY INDEX (BY GRAMMAR CATEGORY): LESSONS 1–23

Key: c=Culture Notes; f=Functional Expressions; g=Grammar; n=Notes; s=Supplementary Vocabulary

Note: the words in this glossary are arranged first by grammar category, and then in alphabetical order by pinyin. Words with the same first character are not kept together. Spaces between syllabi are ignored. The letter "ü" is treated as "u" when alphabetizing.

Grammar	Pinyin	Traditional Characters	Simplified Characters	English	Lesson
Adjectives					
Adj	ānjìng	安靜	安静	quiet	18
Adj	bái	白	白	white	3
Adj	bàng	棒	棒	(coll.) fantastic	20
Adj	búcuò	不錯	不错	not bad; pretty good	4
Adj	chàbuduō	差不多	差不多	more or less the same	22
Adj	cháng	長	长	long	9s, 15
Adj	chǎo	吵	吵	noisy	18
Adj	cháoshī	潮濕	潮湿	wet; humid	10s
Adj	cōngming	聰明	聪明	bright; intelligent; clever	15
Adj	cuò	錯	错	wrong	4, 12
Adj	dà	大	大	big; old	3
Adj	dān	單	单	one; single; odd	14
Adj	duǎn	短	短	short	9s
Adj	duì	對	对	right; correct	4
Adj	duō	多	多	many; much	7
Adj	è	餓	饿	hungry	12
Adj	fāngbiàn	方便	方便	convenient	6
Adj	fěnhóngsè	粉紅色	粉红色	pink	9s
Adj	fēnmíng	分明	分明	distinct	22
Adj	gānjìng	乾淨	干净	clean	18s
Adj	gāo	高	高	tall	2
Adj	gāosù	高速	高速	high speed	11
Adj	gāoxìng	高興	高兴	happy; pleased	5
Adj	gōnggòng	公共	公共	public	11
Adj	gòu	夠	够	enough	12
Adj	guàn	慣	惯	be accustomed to; be used to	23
Adj	guì	貴	贵	honorable	1
Adj	guì	貴	贵	expensive	9
Adj	hǎo	好	好	fine; good; nice; O.K.	1, 3

▼ ▼

Grammar	Pinyin	Traditional Characters	Simplified Characters	English	Lesson
Adj	hǎo	好	好	(indicates that something is ready)	12
Adj	hǎochī	好吃	好吃	good to eat; delicious	5s, 12
Adj	hǎohē	好喝	好喝	good to drink; tasty	5s
Adj	hǎokàn	好看	好看	good-looking	5s, 7n
Adj	hǎowán(r)	好玩(兒)	好玩(儿)	fun	5s
Adj	héfǎ	合法	合法	legal	21s
Adj	hēi	黑	黑	black	9
Adj	héshì	合適	合适	suitable	9
Adj	hóng	紅	红	red	9
Adj	huá	滑	滑	slippery	22
Adj	huài	壞	坏	bad	16
Adj	huáng	黃	黄	yellow	9
Adj	huī	灰	灰	gray	9s
Adj	jí	急	急	anxious; impatient; urgent	23
Adj	jiǎndān	簡單	简单	simple	20
Adj	jiànkāng	健康	健康	healthy	16
Adj	jìn	近	近	near	8, 14
Adj	jǐnzhāng	緊張	紧张	nervous; anxious	11
Adj	jiǔ	久	久	a long time; for a long time	4
Adj	jiù	舊	旧	old; used	21s, 22
Adj	júhóngsè	橘紅色	桔红色	orange	9s
Adj	kài	可愛	可爱	cute; lovable	15
Adj	kě	渴	渴	thirsty	12
Adj	kèqi	客氣	客气	polite	6
Adj	kù	酷	酷	cool	15f
Adj	kuài	快	快	quick; fast	7
Adj	kuàilè	快樂	快乐	happy	11
Adj	là	辣	辣	spicy; hot	12
Adj	lán	藍	蓝	blue	9s, 11
Adj	lèi	累	累	tired	17s, 23
Adj	lěng	冷	冷	cold	10
Adj	liángkuai	涼快	凉快	pleasantly cool (weather)	10
Adj	lǜ	綠	绿	green	9s, 11
Adj	máfan	麻煩	麻烦	troublesome	11
Adj	mǎn	滿	满	full	22
Adj	màn	慢	慢	slow	7
Adj	máng	忙	忙	busy	3
Adj	měi	美	美	beautiful	22
Adj	měishì	美式	美式	American style	20
Adj	mēn	悶	闷	stuffy	10
Adj	nán	難	难	difficult	7
Adj	nánshòu	難受	难受	hard to bear; uncomfortable	20

▼▼▼▼▼▼▼▼▼▼▼▼▼▼▼▼▼▼▼▼▼▼▼▼▼▼▼▼▼▼▼▼

Grammar	Pinyin	Traditional Characters	Simplified Characters	English	Lesson
Adj	nuǎnhuo	暖和	暖和	warm (weather)	10
Adj	pàng	胖	胖	fat	20
Adj	piányi	便宜	便宜	cheap; inexpensive	9
Adj	piàoliang	漂亮	漂亮	pretty	5
Adj	qíng	晴	晴	sunny; clear	10s
Adj	qīngchu	清楚	清楚	clear	8
Adj	qítā de	其他的	其他的	other	13
Adj	rè	熱	热	hot	10
Adj	róngyì	容易	容易	easy	7
Adj	shòu	瘦	瘦	thin; lean; slim	20s, 23
Adj	shuài	帥	帅	handsome	7
Adj	shūfu	舒服	舒服	comfortable	10
Adj	sù	素	素	vegetarian; of vegetables	12
Adj	suān	酸	酸	sour	12
Adj	tèbié	特別	特別	special	7g, 20
Adj	tián	甜	甜	sweet	12
Adj	tóng	同	同	same; alike	17
Adj	wǎn	晚	晚	late	3
Adj	wēixiǎn	危險	危险	dangerous	20
Adj	xiǎo	小	小	small; little	2
Adj	xīn	新	新	new	8
Adj	xíng	行	行	all right; O.K.	6
Adj	xīnkǔ	辛苦	辛苦	hard; toilsome	23
Adj	xīnxiān	新鮮	新鲜	fresh; novel	19
Adj	yǎng	癢	痒	itchy	16
Adj	yídìng	一定	一定	certain; definite	15
Adj	yīn	陰	阴	overcast	10s
Adj	yíyàng	一樣	一样	same; alike	9
Adj	yònggōng	用功	用功	hard-working; diligent	15
Adj	yǒumíng	有名	有名	famous; well-known	23s
Adj	yuán	圓	圆	round	20
Adj	yuǎn	遠	远	far	14
Adj	zǎo	早	早	Good morning!; early	7
Adj	zāogāo	糟糕	糟糕	in a terrible mess; too bad	10
Adj	zhōng	中	中	medium	9
Adj	zhòng	重	重	serious	16
Adj	zhòngyào	重要	重要	important	19
Adj	zǐ	紫	紫	purple	9s

Adverbs

Adv	bié	別	別	don't	6
Adv	bié (de)	別(的)	別(的)	other	4
Adv	bǐjiào	比較	比较	relatively; fairly	22s
Adv	bù	不	不	not; no	1

▼ ▼

Grammar	Pinyin	Traditional Characters	Simplified Characters	English	Lesson
Adv	cái	才	才	not until; only then; (indicates that the time is early); (indicates a condition)	5, 17, 23
Adv	chàbuduō	差不多	差不多	almost; nearly	23
Adv	cháng	常	常	常常	23
Adv	chángcháng	常常	常常	often	4
Adv	chàyidiǎn	差一點	差一点	nearly; barely	23
Adv	cónglái	從來	从来	always; at all times	22s
Adv	dāngrán	當然	当然	of course	20
Adv	dàochù	到處	到处	everywhere	22s
Adv	dōu	都	都	both; all; (used as an emphatic expression)	2, 14
Adv	duō	多	多	how many/much; to what extent	3
Adv	duōbàn	多半	多半	mostly; the greater part	21s
Adv	fēicháng	非常	非常	very; extraordinarily	18
Adv	gāng	剛	刚	just (indicates the immediate past)	19
Adv	gǎnkuài	趕快	赶快	right away; quickly; hurriedly	16
Adv	gèng	更	更	even more	10
Adv	hái	還	还	also; too; as well	3
Adv	háiyǒu	還有	还有	also there are	3
Adv	hǎo	好	好	(indicates something is easy)	21
Adv	hěn	很	很	very	3
Adv	jí (le)	極(了)	极(了)	extremely	12
Adv	jiù	就	就	the very one (indicating verification of something mentioned before)	6
Adv	jiù	就	就	(indicates that something takes place sooner than expected)	7
Adv	jiù	就	就	(indicating physical immediacy)	14
Adv	jiù	就	就	just; only	17
Adv	kuài	快	快	fast; quickly	5
Adv	kuài	快	快	soon; be about to; before long	11
Adv	lǎoshi	老是	老是	always; invariably	19
Adv	mǎshàng	馬上	马上	right away	20s
Adv	méi	沒	没	not	2
Adv	nàme	那麼	那么	that; so; so much; to that degree	14
Adv	píngcháng	平常	平常	usually	7
Adv	ránhòu	然後	然后	then	11
Adv	suíshēn	隨身	随身	(carry) on one's person	23
Adv	tài...(le)	太...(了)	太...(了)	too; extremely	3
Adv	tèbié	特別	特別	especially	7g, 20
Adv	xiān	先	先	first; before	11

▼▼▼▼▼▼▼▼▼▼▼▼▼▼▼▼▼▼▼▼▼▼▼▼▼▼▼▼▼▼▼▼▼▼▼▼▼▼▼

Grammar	Pinyin	Traditional Characters	Simplified Characters	English	Lesson
Adv	yě	也	也	too; also	1
Adv	yídìng	一定	一定	certainly; definitely	15
Adv	yígòng	一共	一共	altogether	9
Adv	yǐjīng	已經	已经	already	8
Adv	yìqǐ	一起	一起	together	5
Adv	yìzhí	一直	一直	straight; continuously	14
Adv	yòu	又	又	again	10
Adv	zài	再	再	again	3
Adv	zài	再	再	in addition	12
Adv	zài	再	再	then and only then	13
Adv	zǎojiù	早就	早就	long since; long ago	17
Adv	zhēn	真	真	really	7
Adv	zhèngzài	正在	正在	in the middle of (doing something)	8
Adv	zhǐ	只	只	only	4
Adv	zhǐhǎo	只好	只好	have to; be forced to	14s
Adv	zuì	最	最	(an adverb of superlative degree; most, -est)	8
Adv	zuìhǎo	最好	最好	had better	10
Adv	zuìhòu	最後	最后	finally; the last; final	11, 17

Auxiliary Verbs

Grammar	Pinyin	Traditional Characters	Simplified Characters	English	Lesson
AV	bìxū	必須	必须	must	13
AV	děi	得	得	must; to have to	6
AV	huì	会	会	to know how to; can; will	8, 10
AV	kěnéng	可能	可能	maybe	13
AV	kěyǐ	可以	可以	can; may	5
AV	néng	能	能	can; to be able to	8
AV	xiǎng	想	想	to want to; to think	4
AV	yào	要	要	will; to be going to	6
AV	yào	要	要	to want to; to have a desire for	9
AV	yīnggāi	应该	应该	should	15
AV	yuànyì	原意	原意	to be willing	20
AV	zhǔnbèi	准备	准备	to prepare, to plan	18

Common Expressions

Grammar	Pinyin	Traditional Characters	Simplified Characters	English	Lesson
CE	bié kèqi	別客氣	别客气	Don't be so polite!	6
CE	bú duì	不對	不对	It's wrong; incorrect	14
CE	bù hǎoyìsi	不好意思	不好意思	to feel embarrassed	11
CE	bú kèqi	不客氣	不客气	You are welcome. Don't be (so) polite.	6
CE	bú xiè	不謝	不谢	Don't mention it. Not at all. You're welcome.	7
CE	bú yòng	不用	不用	need not	6g, 9
CE	duì bu qǐ	對不起	对不起	I'm sorry.	5

Grammar	Pinyin	Traditional Characters	Simplified Characters	English	Lesson
CE	duì le	對了	对了	That's right!	4s
CE	duō dà	多大	多大	how old	3
CE	gōngxǐ fācái	恭喜發財	恭喜发财	Congratulations and may you make a fortune!	11n
CE	guì xìng	貴姓	貴姓	What is your honorable surname?	1
CE	hǎohāor	好好兒	好好儿	all out; to one's heart's content	17
CE	hǎojiǔ	好久	好久	a long time	4
CE	huí jiàn	回見	回见	See you soon	13f
CE	huítóu jiàn	回頭見	回头见	See you soon	13f
CE	liǎ	倆	俩	two (people)	17
CE	méi shìr	沒事兒	没事儿	no problem; it's O.K.	8f
CE	méi wèntí	沒問題	没问题	no problem	6, 6f
CE	míngr jiàn	明兒見	明儿见	See you tomorrow	13f
CE	nǎli	哪裏	哪里	You flatter me. Not at all. (a polite reply to a compliment)	7, 7f
CE	nǐ hǎo	你好	你好	How do you do? Hello!	1
CE	qǐng wèn	請問	请问	May I ask...	1
CE	shéi ya	誰呀	谁呀	Who is it?	5f
CE	shì ma	是嗎	是吗	Really?	5f, 5n
CE	suàn le	算了	算了	Forget it. Never mind.	4
CE	tónglù	同路	同路	to go the same way	14
CE	xièxie	謝謝	谢谢	thank you	3
CE	yí lù shùnfēng	一路順風	一路顺风	Have a good trip; Bon voyage	23
CE	yì yán wéi dìng	一言為定	一言为定	that settles it; that's settled	17
CE	yǒu shíhou	有時候	有时候	sometimes	4
CE	yǒu yìdiǎnr	有一點兒	有一点儿	a little; somewhat	7
CE	yǒu yìsi	有意思	有意思	interesting	4
CE	zàijiàn	再見	再见	good-bye; see you again	3
CE	zǎo ān	早安	早安	Good morning!	7n
CE	zǎo zhīdao	早知道	早知道	had known earlier	14
CE	zěnme le	怎麼了	怎么了	What's the matter?	16f

Conjunctions

Conj	búdàn..., érqiě	不但...而且	不但...而且	not only..., but also	10
Conj	búguò	不過	不过	however; but	11
Conj	chúle...yǐwài	除了...以外	除了...以外	in addition to; besides	8
Conj	dànshì	但是	但是	but	6
Conj	gēn	跟	跟	and	7
Conj	háishi	还是	还是	or	3
Conj	háishi	还是	还是	had better	11
Conj	háiyǒu	还有	还有	furthermore	18
Conj	hé	和	和	and	2
Conj	huòzhě	或者	或者	or	11

▼▼▼▼▼▼▼▼▼▼▼▼▼▼▼▼▼▼▼▼▼▼▼▼▼▼▼▼▼▼▼▼▼▼▼▼

Grammar	Pinyin	Traditional Characters	Simplified Characters	English	Lesson
Conj	kěshì	可是	可是	but	3
Conj	lìngwài	另外	另外	in addition	19
Conj	nà	那	那	in that case; then	4
Conj	nàme	那么	那么	then; in that case	19
Conj	rúguǒ	如果	如果	if	13
Conj	suīrán	虽然	虽然	although	9
Conj	suǒyǐ	所以	所以	so	4
Conj	wèile	为了	为了	for the sake of	20
Conj	yàoburán	要不然	要不然	otherwise	16
Conj	yàoshi	要是	要是	if	6
Conj	yàoshi...jiù..	要是…就…	要是…就…	if...then...	21
Conj	yīnwei	因为	因为	because	3
Conj	yuè lái yuè	越来越…	越来越…	more and more	16
Conj	zàishuō	再说	再说	(coll.) moreover	16

Exclamations

Excl	āi	哎	哎	(expresses surprise)	14

Interjections

Interj	wèi/wéi	喂	喂	(on telephone) Hello!; Hey!	6, 6f, 6n

Measure Words

M	bǎ	把	把	(a measure word for chairs, etc.)	18
M	bàng	磅	磅	pound (measure of weight)	15s
M	bēi	杯	杯	cup; glass	5
M	běn	本	本	(a measure word for books)	13
M	chǐ	尺	尺	foot (measure of length)	15s, 23c
M	cì	次	次	time; (a measure word for occurrence)	10
M	cùn	寸	寸	inch	15s
M	diǎn	點	点	o'clock	3
M	diǎn(r)	點(兒)	点(儿)	a little; a bit; some	5
M	diǎnzhōng	點鐘	点钟	o'clock	3
M	dǐng	頂	顶	(a measure word for hat)	9s
M	fēn	分	分	minute	3s
M	fēn	分	分	1/100 of a kuai; cent	9
M	fēng	封	封	(a measure word for letters)	8
M	gè	個	个	(a common measure word)	2
M	gōngfēn	公分	公分	centimeter	15s
M	gōngjīn	公斤	公斤	kilogram	15s, 23
M	gōnglǐ	公里	公里	kilometer	18s, 23c
M	hào	號	号	number in a series; day of the month; size	3
M	jiā	家	家	(a measure word for companies)	21
M	jiàn	件	件	(a measure word for shirts, dresses, jackets, coats, luggage, etc.)	9, 23

Grammar	Pinyin	Traditional Characters	Simplified Characters	English	Lesson
M	jiǎo	角	角	dime	9g
M	jié	節	节	(a measure word for class periods)	6, 6n
M	jīn	斤	斤	half a kilogram (Chinese unit of weight)	23c
M	kè	刻	刻	quarter (hour); 15 minutes	3
M	kè	克	克	gram	23c
M	kǒu	口	口	(a measure word for people)	2n
M	kuài	塊	块	colloquial term for the basic Chinese monetary unit	9
M	lǐ	里	里	half a kilometer (Chinese unit of length)	23c
M	liǎng	兩	两	(unit of weight, = 50 grams)	12
M	liàng	輛	辆	(a measure word for vehicles)	11s
M	máo	毛	毛	1/10 of a kuai (similar to the U.S. dime)	9
M	mén	門	门	(a measure word for academic courses)	6n, 6c
M	mǐ	米	米	meter	23c
M	pán	盤	盘	(a measure word); plate; dish; coil	12, 13
M	piān	篇	篇	(a measure word for essays, articles, etc.)	8
M	piàn	片	片	tablet; slice	16
M	píng	瓶	瓶	bottle	5
M	shù	束	束	a bunch of (flowers, etc.)	19
M	shuāng	雙	双	a pair of	9
M	tào	套	套	suite; set	18
M	tiáo	條	条	(a measure word for long, thin objects)	9
M	wǎn	碗	碗	bowl	12
M	wèi	位	位	(a polite measure word for people)	6
M	xiē	些	些	some	12
M	yīnglǐ	英里	英里	mile	18
M	yí xià	一下	一下	(a measure word used after a verb indicating short duration)	5
M	yuán	元	元	Chinese dollar	9g
M	zhāng	張	张	(a measure word for flat objects)	2
M	zhī	支	支	(a measure word for pens and long items)	9g
M	zhī	隻	双	(a measure word for bird, shoe, etc.)	9g

▼▼

Grammar	Pinyin	Traditional Characters	Simplified Characters	English	Lesson
M	zhǒng	種	种	kind	16
M	zuò	座	座	(a measure word for mountains, etc.)	22
Nouns					
N	āyí	阿姨	阿姨	aunt; mother's younger sister	22
N	bàba	爸爸	爸爸	dad; father	2
N	Bǎishìkělè	百事可樂	百事可乐	Pepsi	5s
N	báitiān	白天	白天	daytime	20s
N	bān	班	班	class	15
N	bànfǎ	辦法	办法	method; way	13s, 16
N	bàngōngshì	辦公室	办公室	office	6
N	bàngqiú	棒球	棒球	baseball	4s
N	bānjī	班機	班机	scheduled flight	21
N	bàntiān	半天	半天	half day; a long time	20
N	bào	報	报	newspaper	8
N	bǎoxiǎn	保險	保险	insurance	16
N	bàozhǐ	報紙	报纸	newspaper	18
N	bāyuè	八月	八月	August	3g
N	běi	北	北	north	14
N	běibian(mian)	北邊(面)	北边(面)	north side	14s
N	bēizi	杯子	杯子	cup	18s
N	běnzi	本子	本子	notebook	7s
N	bǐ	筆	笔	pen	7
N	bì	幣	币	currency	19
N	biān	邊	边	side	22
N	biànhuà	變化	变化	change	22s
N	biǎo	錶	表	watch	3s
N	biǎodì	表弟	表弟	(younger male) cousin	23
N	biǎogē	表哥	表哥	(older male) cousin	23
N	biǎojiě	表姐	表姐	(older female) cousin	15
N	biérén	別人	别人	others; other people; another person	4
N	bǐfang	比方	比方	example	22
N	bīng	冰	冰	ice	22s
N	bìng	病	病	illness	16
N	bìngrén	病人	病人	patient	16
N	bǐsàbǐng	比薩餅	比萨饼	pizza	12s
N	bízi	鼻子	鼻子	nose	15
N	bóbo	伯伯	伯伯	uncle; father's elder brother	22
N	Bōshìdùn	波士頓	波士顿	Boston	22s
N	bù	部	部	part; section	22
N	bùshǒu	部首	部首	radical	Intro.
N	cài	菜	菜	(of food) dish; course	12
N	cānguǎn(r)	餐館(兒)	餐馆(儿)	restaurant	22s

▼▼▼▼▼▼▼▼▼▼▼▼▼▼▼▼▼▼▼▼▼▼▼▼▼▼▼▼▼▼▼▼▼▼▼▼▼▼▼

Grammar	Pinyin	Traditional Characters	Simplified Characters	English	Lesson
N	cāntīng	餐廳	餐厅	dining room; cafeteria	8
N	cèsuǒ	廁所	厕所	rest room, toilet	16
N	chá	茶	茶	tea	5
N	chǎng	場	场	field	14
N	chángpáo	長袍	长袍	long gown	9c
N	chángshòu	長壽	长寿	longevity	3c
N	chángshòu miàn	長壽麵	长寿面	longevity noodles	3c
N	chángtú	長途	长途	long distance	21s, 23
N	chē	車	车	vehicle; car	11
N	chéng	城	城	city	14
N	chéngshì	城市	城市	city	22
N	chènshān	襯衫	衬衫	shirt	9
N	chēzhàn	車站	车站	(bus, train, etc.) stop; station	11
N	chū	初	初	beginning	21
N	chuán	船	船	boat; ship	11s
N	chuáng	床	床	bed	2g, 8
N	chuānghu	窗戶	窗户	window	22s
N	chúfáng	廚房	厨房	kitchen	18
N	chūnjià	春假	春假	spring break	22
N	chūntiān	春天	春天	spring	10
N	chūzhōng	初中	初中	junior high (grades 7–9)	2c
N	chūzū qìchē	出租汽車	出租汽车	taxi	11
N	cídài	磁帶	磁带	audio tape; magnetic tape	13n
N	cídiǎn	詞典	词典	dictionary	13s
N	cù	醋	醋	vinegar	12
N	dàgē	大哥	大哥	oldest brother	7g
N	dàjiě	大姐	大姐	oldest sister	7g
N	dānchéng	單程	单程	one-way trip	21
N	dānrénchuáng	單人床	单人床	single bed	18
N	dānxíngdào	單行道	单行道	one-way street	14
N	dāo	刀	刀	knife	12c
N	dǎoyóu	導	导	tour guide	22
N	dàxiǎo	大小	大小	size	9
N	dàxué	大學	大学	university; college	2c
N	dàxuéshēng	大學生	大学生	college student	2
N	dàyī	大衣	大衣	overcoat	9s
N	dé	德	德	virtue	22
N	Déguórén	德國人	德国人	German people/person	1s
N	dēng	燈	灯	light	14
N	dēngjīkǒu	登機口	登机口	boarding gate (China)	23c
N	dēngjīmén	登機門	登机门	boarding gate (Taiwan)	23c
N	dēngjīzhèng	登機證	登机证	boarding pass	23
N	Déwén	德文	德文	the German language	6s
N	diǎn	點	点	o'clock	3

▼▼▼▼▼▼▼▼▼▼▼▼▼▼▼▼▼▼▼▼▼▼▼▼▼▼▼▼▼▼▼▼

Grammar	Pinyin	Traditional Characters	Simplified Characters	English	Lesson
N	diàn	電	电	electricity	4
N	diàn	店	店	store; shop	14
N	diànchē	電車	电车	cable car; trolley bus; tram	11s
N	diànhuà	電話	电话	telephone	6
N	diànnǎo	電腦	电脑	computer	8
N	diànshì	電視	电视	TV	4
N	diǎnxin	點心	点心	light refreshments	23s
N	diànyǐng	電影	电影	movie	4
N	diànyǐngyuàn	電影院	电影院	movie theater	14s
N	diǎnzhōng	點鐘	点钟	o'clock	3
N	diànzǐ jìsuànjī	電子計算機	电子计算机	computer	8n
N	dìdi	弟弟	弟弟	younger brother	2
N	dìfang	地方	地方	place	14
N	dìtiě	地鐵	地铁	subway	11
N	dìtú	地圖	地图	map	14
N	dōng	東	东	east	14
N	dōngběi	東北	东北	northeast	14s
N	dōngbian(mian)	東邊(面)	东边(面)	east side	14s
N	dōngnán	東南	东南	southeast	14s
N	dōngtiān	冬天	冬天	winter	10
N	dòngwù	動物	动物	animal	18
N	dōngxi	東西	东西	things; objects	9
N	dòufu	豆腐	豆腐	beancurd; tofu	12
N	duì	隊	队	team	20s
N	duìmiàn	對面	对面	opposite side	22
N	duìxiàng	對象	对象	boyfriend or girlfriend	17s
N	dùzi	肚子	肚子	stomach	16
N	èrgē	二哥	二哥	second oldest brother	7g
N	èrjiě	二姐	二姐	second oldest sister	7g
N	èryuè	二月	二月	February	3g
N	érzi	兒子	儿子	son	2
N	Éwén	俄文	俄文	the Russian language	6s
N	Fǎguórén	法國人	法国人	French people/person	1s
N	fàn	飯	饭	meal; (cooked) rice	3
N	fángdōng	房東	房东	landlord	18
N	fāngfǎ	方法	方法	method	13s
N	fángjiān	房間	房间	room	17
N	fànguǎnr	飯館	饭馆	restaurant	12
N	fāngxiàng	方向	方向	direction	14s
N	fángzi	房子	房子	house	17
N	fángzū	房租	房租	rent	18
N	fántǐzì	繁體字	繁体字	traditional character	7c
N	fànzhuō	飯桌	饭桌	dining table	18
N	Fǎwén	法文	法文	the French language	6s

Grammar	Pinyin	Traditional Characters	Simplified Characters	English	Lesson
N	fāyīn	發音	发音	pronunciation	8
N	Fǎyǔ	法語	法语	French (language)	14s
N	fèi	費	费	fee; expenses	18
N	fēijī	飛機	飞机	airplane	11
N	fēijīchǎng	飛機場	飞机场	airport	11
N	fēijīpiào	飛機票	飞机票	plane ticket	12f
N	fēn	分	分	minute	3s
N	fēng	風	风	wind	20s, 22
N	fēngjǐng	風景	风景	scenery	22
N	fěnhóngsè	粉紅色	粉红色	pink	9s
N	fùjìn	附近	附近	vicinity, neighborhood, nearby area	18
N	fùmǔ	父母	父母	parents; father and mother	22
N	fùqin	父親	父亲	father	22
N	fùshí	副食	副食	non-staple food	12c
N	fúwù	服務	服务	service	19
N	fúwùtái	服務台	服务台	service counter	23
N	fúwùyuán	服務員	服务员	service person; waiter; waitress	9n, 12
N	gāngbǐ	鋼筆	钢笔	fountain pen	7s
N	gāngqín	鋼琴	钢琴	piano	15
N	gǎnlǎn	橄欖	橄榄	olive	4s
N	gǎnlǎnqiú	橄欖球	橄榄球	American style football (used in Taiwan)	4s
N	gǎnmào	感冒	感冒	cold	16s
N	gāo	高	高	(a surname)	2
N	gāosù gōnglù	高速公路	高速公路	super highway; highway	11
N	Gāoxióng	高雄	高雄	Kaohsiung (a city in Taiwan)	22s
N	gāozhōng	高中	高中	senior high (grades 10–12)	2c
N	gē	歌	歌	song	4
N	gè dì	各地	各地	various places	21
N	gēge	哥哥	哥哥	older brother	2
N	gējù	歌劇	歌剧	opera	17
N	gèzi	個子	个子	size; height; stature	20s
N	gōng'ānjú	公安局	公安局	public security bureau	19c
N	gōnggòng qìchē	公共汽車	公共汽车	bus	11
N	gōngkè	功課	功课	schoolwork; homework	7
N	gōnglù	公路	公路	highway; road	11
N	gōngsī	公司	公司	company	21
N	gōngyù	公寓	公寓	apartment	18
N	gōngyuán	公園	公园	park	10
N	gōngzuò	工作	工作	work; job	5
N	gōngzuòzhèng	工作證	工作证	employee's card; I.D. card	13c, 21s
N	gǒu	狗	狗	dog	15
N	guǎnggào	廣告	广告	advertisement	18

▼ ▼

Grammar	Pinyin	Traditional Characters	Simplified Characters	English	Lesson
N	guànjūn	冠軍	冠军	champion; first place	20s
N	guànxǐshì	盥洗室	盥洗室	bathroom; restroom	18n
N	guójì	國際	国际	international	20
N	guójiā gōngyuán	國家公園	国家公园	national park	21s
N	guòmǐn	過敏	过敏	allergy	16
N	guǒzhī	果汁	果汁	fruit juice	15
N	hǎigǎng	海港	海港	harbor; seaport	22s
N	háizi	孩子	孩子	child	2
N	hànbǎobāo	漢堡包	汉堡包	hamburger	12s
N	hángkōng	航空	航空	aviation	21
N	hángkōng gōngsī	航空公司	航空公司	airline	21
N	Hánguórén	韓國人	韩国人	Korean people/person	1s
N	hánjià	寒假	寒假	winter vacation	11
N	Hánwén	韓文	韩文	the Korean language	6s
N	Hànyǔ	漢語	汉语	the Chinese language	6n
N	Hànzì	漢字	汉字	Chinese character	7
N	hào	號	号	day of the month; number; size	3, 9
N	hào	號	号	number (bus route)	11n
N	hàomǎ	號碼	号码	number	17
N	hé	河	河	river	22
N	hēibǎn	黑板	黑板	blackboard	14s
N	hónglǜdēng	紅綠燈	红绿灯	traffic light	14
N	hóngyè	紅葉	红叶	red autumn leaves	10
N	hóu	猴	猴	monkey	15c
N	hòubian(mian)	後邊(面)	后边(面)	back	14s
N	hǔ	虎	虎	tiger	15c
N	huā	花	花	flower	19
N	huà	話	话	speech; talk; words	6
N	huà	畫	画	painting	22s
N	huánggua	黃瓜	黄瓜	cucumber	12
N	huángméi	黃梅	黄梅	rainy season	10c
N	huàzhuāngshì	化粧室	化妆室	restroom	18n
N	huǒchē	火車	火车	train	11s
N	huódòng	活動	活动	activity	14
N	huódòng zhōngxīn	活動中心	活动中心	activity center	14
N	hùzhào	護照	护照	passport	21
N	jī	機	机	machine	11
N	jī	雞	鸡	chicken; rooster	12s, 15c
N	jì	季	季	season	22
N	jiā	家	家	family; home	2
N	jià	假	假	vacation; holiday	21
N	jià	價	价	price	21

Grammar	Pinyin	Traditional Characters	Simplified Characters	English	Lesson
N	jiācháng dòufu	家常豆腐	家常豆腐	home-style tofu	12
N	jiājù	傢俱	家具	furniture	18
N	jiákè	夾克	夹克	jacket	9s
N	jiànkāng	健康	健康	health	16
N	jiǎntǐzì	簡體字	简体字	simplified character	7c
N	jiǎo	腳	脚	foot/leg (of person, animal; table, etc.)	15s, 20
N	jiàoshì	教室	教室	classroom	8
N	jiǎozi	餃子	饺子	dumplings	12
N	jiātíng	家庭	家庭	family	23s
N	jiāxiāng	家鄉	家乡	hometown	22
N	jīchǎng	機場	机场	airport	11
N	jìchéngchē	計程車	计程车	taxi (in Taiwan)	11s
N	jiějie	姐姐	姐姐	older sister	2
N	jièshūzhèng	借書證	借书证	library ID; library card	13
N	jǐ ge yuè	幾個月	几个月	several months	22
N	jìhuà	計劃	计划	plan	21
N	jìjié	季節	季节	season	22s
N	jīn	金	金	(a surname); gold	14
N	jìnbù	進步	进步	progress	8
N	jīng	京	京	capital (of a country)	14
N	jīngjì	經濟	经济	economy	22
N	jīngjù	京劇	京剧	Peking (Beijing) opera	17c
N	jīpiào	機票	机票	plane ticket; airplane ticket	21
N	jìsuànjī	計算機	计算机	calculator; computer	8n
N	jiǔ	酒	酒	wine; any alcoholic beverage	5
N	jiǔyuè	九月	九月	September	3
N	júhóngsè	橘紅色	桔红色	orange	9s
N	kāfēi	咖啡	咖啡	coffee	5
N	kāfēisè	咖啡色	咖啡色	coffee color; brown	9
N	kāishǐ	開始	开始	in the beginning	7, 8
N	kǎlā'ōukēi	卡拉OK	卡拉OK	karaoke	15c
N	Kāngxī Zìdiǎn	康熙字典	康熙字典	Kangxi Dictionary	Intro.
N	kǎoshì	考試	考试	test	6
N	kǎoyā	烤鴨	烤鸭	roast duck	12s
N	kǎ(piàn)	卡(片)	卡(片)	card	13
N	kè	課	课	class; lesson	6
N	Kěkǒukělè	可口可樂	可口可乐	Coke	5s
N	kělè	可樂	可乐	cola	5
N	kètīng	客廳	客厅	living room	18
N	kèwén	課文	课文	text of a lesson	7
N	kòng(r)	空(兒)	空(儿)	free time	6
N	kǒu	口	口	mouth	2n
N	kuàicān	快餐	快餐	fast food	12s

▼ ▼

Grammar	Pinyin	Traditional Characters	Simplified Characters	English	Lesson
N	kuàixìn	快信	快信	express letter	19
N	kuàizi	筷子	筷子	chopsticks	12c
N	kuàngquánshuǐ	礦泉水	矿泉水	mineral water	5s
N	kùzi	褲子	裤子	pants	9
N	Lādīngwén	拉丁文	拉丁文	Latin	6s
N	láihuí	來回	来回	round trip; back and forth	21
N	lánqiú	籃球	篮球	basketball	4s, 20
N	lǎojiā	老家	老家	hometown; ancestral home	22
N	lǎoshī	老師	老师	teacher	1
N	lǐ	李	李	plum	1
N	liǎn	臉	脸	face	15
N	lǐbài	禮拜	礼拜	week	3g
N	lǐbàisì	禮拜四	礼拜四	Thursday	3g
N	lín	林	林	(a surname)	15
N	lìqi	力氣	力气	strength	17
N	lǐtou	裏頭	里头	inside	14
N	liúxuéshēng	留學生	留学生	student studying abroad	19
N	liùyuè	六月	六月	June	3g
N	lǐwù	禮物	礼物	gift	15
N	lóng	龍	龙	dragon	15c
N	lóushàng	樓上	楼上	upstairs	13s
N	lóuxià	樓下	楼下	downstairs	13
N	lù	路	路	road; path	11
N	lù	路	路	number (bus route)	11n
N	lǚguǎn	旅館	旅馆	hotel	21s
N	lùkǒu	路口	路口	intersection	14
N	lùshang	路上	路上	on the way	23
N	lǜshī	律師	律师	lawyer	2
N	lùxiàng	錄像	录像	video recording	10
N	lǚxíngshè	旅行社	旅行社	travel agency	21
N	lǚxíng zhīpiào	旅行支票	旅行支票	traveler's check	19s
N	lùyīn	錄音	录音	sound recording	7
N	lùyīndài	錄音帶	录音带	audio tape	13
N	mǎ	馬	马	(a surname); horse	16
N	mǎguà	馬褂	马褂	Mandarin jacket	9c
N	mǎlù	馬路	马路	road	22s
N	māma	媽媽	妈妈	mom; mother	2
N	máobǐ	毛筆	毛笔	writing brush	7s
N	máoyī	毛衣	毛衣	sweater	9s
N	màozi	帽子	帽子	hat	9s
N	Měiguórén	美國人	美国人	American people/person	1
N	Měijīn	美金	美金	U. S. currency	19s
N	mèimei	妹妹	妹妹	younger sister	2

▼ ▼

Grammar	Pinyin	Traditional Characters	Simplified Characters	English	Lesson
N	Měishì zúqiú	美式足球	美式足球	American style football (used in mainland China)	4s, 20c, 20n
N	Měiyuán	美元	美元	U. S. currency	19
N	mén	門	门	door; (a measure for academic courses)	6n, 13
N	ménkǒu	門口	门口	doorway	23
N	miàn	麵	面	noodles	3c
N	mǐfàn	米飯	米饭	cooked rice	12
N	míngr	明兒	明儿	tomorrow	12
N	míngxìnpiàn	明信片	明信片	postcard	19
N	míngzi	名字	名字	name	1
N	mǔqin	母親	母亲	mother	22
N	nǎinai	奶奶	奶奶	paternal grandmother	23
N	nàli	那裏	那里	there	18
N	nán	男	男	male	2
N	nán	南	南	south	14
N	nánbian(mian)	南邊(面)	南边(面)	south side	14s
N	nánháizi	男孩子	男孩子	boy	2
N	nánpéngyou	男朋友	男朋友	boyfriend	15s
N	nǎo	腦	脑	brain	8
N	nèi	內	内	within; inside	21
N	nián	年	年	year	3
N	niánjí	年級	年级	grade in school	6
N	niánjì	年紀	年纪	age	3n, 17s
N	niánqīngrén	年輕人	年轻人	young people	20s
N	niú	牛	牛	cow; ox	12
N	niúròu	牛肉	牛肉	beef	12
N	nǚ	女	女	female	2
N	nǚ'ér	女兒	女儿	daughter	2
N	nǚhái	女孩	女孩	girl	15f
N	nǚháizi	女孩子	女孩子	girl	2
N	nǚpéngyou	女朋友	女朋友	girlfriend	15
N	pāi	拍	拍	racket	20
N	páiqiú	排球	排球	volleyball	4s
N	pángbiān	旁邊	旁边	side	14
N	péngyou	朋友	朋友	friend	1s, 7
N	piào	票	票	ticket	11
N	píjiǔ	啤酒	啤酒	beer	5
N	pīngpāngqiú	乒乓球	乒乓球	table tennis	20s
N	píngxìn	平信	平信	regular mail	19
N	píxiāng	皮箱	皮箱	leather suitcase	23
N	Pútáoyáwén	葡萄牙文	葡萄牙文	the Portuguese language	6s
N	qián	錢	钱	money	9, 21
N	qián	前	前	forward; ahead	14

▼▼

Grammar	Pinyin	Traditional Characters	Simplified Characters	English	Lesson
N	qiānbǐ	鉛筆	铅笔	pencil	7s
N	qiánbian(mian)	前邊(面)	前边(面)	front	14s
N	qiáng	墻	墙	wall	14s
N	qiánmian	前面	前面	ahead; in front of	14
N	qiānzhèng	簽證	签证	visa	21
N	qìchē	汽車	汽车	automobile	11
N	qìhòu	氣候	气候	weather	22
N	qīnqi	親戚	亲戚	relative	22
N	qípáo	旗袍	旗袍	Manchu-style dress	9c
N	qìshuǐ(r)	汽水(兒)	汽水(儿)	soft drink; soda pop	5s, 15
N	qiú	球	球	ball	4
N	qiūtiān	秋天	秋天	autumn; fall	10
N	qīyuè	七月	七月	July	3g
N	qúnzi	裙子	裙子	skirt	9s
N	rén	人	人	people; person	1
N	rénkǒu	人口	人口	population	22
N	rénmín	人民	人民	people	19
N	Rénmínbì	人民幣	人民币	RMB (Chinese currency)	19
N	rì	日	日	day; the sun	3
N	Rìběnrén	日本人	日本人	Japanese people/person	1s
N	rìchéng	日程	日程	itinerary	21
N	rìjì	日記	日记	diary	8
N	Rìwén	日文	日文	the Japanese language	6s, 14
N	ròu	肉	肉	meat	12
N	sài	賽	赛	game; match; competition	20
N	sāngē	三哥	三哥	third oldest brother	7g
N	sānjiě	三姐	三姐	third oldest sister	7g
N	sānyuè	三月	三月	March	3g
N	shāchénbào	沙塵暴	沙尘暴	sand-and-dust storms	22c
N	shāfā	沙發	沙发	sofa	18
N	shān	山	山	mountain; hill	22
N	shāng	傷	伤	injury	20
N	shàngbian(mian)	上邊(面)	上边(面)	top	14s
N	shānshuǐ	山水	山水	landscape	22s
N	shé	蛇	蛇	snake; serpent	15c
N	shēngāo	身高	身高	height	15s
N	shēngcí	生詞	生词	new words	7
N	shēnghuó	生活	生活	life	22
N	shēngrì	生日	生日	birthday	3
N	shēngyīn	聲音	声音	sound	13s
N	shēntǐ	身體	身体	body; health	16
N	shì	事	事	matter; affair; business	3
N	shì	視	视	vision	4
N	shíchā	時差	时差	time difference	20s

Grammar	Pinyin	Traditional Characters	Simplified Characters	English	Lesson
N	shí'èryuè	十二月	十二月	December	3g
N	shīfu	師傅	师傅	master craftsman; skilled worker	9n, 12
N	shíhou	時候	时候	(a point in) time; moment; (a duration of) time	4
N	shìjiè	世界	世界	world	20s
N	shì nèi	室內	室内	in the room; indoor	21n
N	shíyàn	實驗	实验	experiment	13
N	shíyànshì	實驗室	实验室	laboratory	13
N	shíyīyuè	十一月	十一月	November	3g
N	shíyuè	十月	十月	October	3g
N	shǒu	手	手	hand	20
N	shǒubiǎo	手錶	手表	wristwatch	9n
N	shǒudū	首都	首都	capital	22
N	shòuhuòyuán	售貨員	售货员	shop assistant; salesclerk	9
N	shǒujī	手機	手机	cellular phone	23s
N	shǒushi	首飾	首饰	jewelry	19
N	shǒutào	手套	手套	gloves	9n
N	shǒuzhǐ	手指	手指	finger	15
N	shū	書	书	book	4
N	shǔ	鼠	鼠	rat	15c
N	shù	樹	树	tree	22
N	shūdiàn	書店	书店	bookstore	14
N	shuǐ	水	水	water	5
N	shuǐguǒ	水果	水果	fruit	15
N	shūjià	書架	书架	bookshelf	18
N	shǔjià	暑假	暑假	summer vacation	11s, 12
N	shūzhuō	書桌	书桌	desk	18
N	sìyuè	四月	四月	April	3g
N	suānlàtāng	酸辣湯	酸辣汤	hot-and-sour soup	12
N	suì	歲	岁	year of age	3
N	suìshù	歲數	岁数	year of age	3n
N	sūnzi	孫子	孙子	paternal grandson	23
N	sùshè	宿舍	宿舍	dormitory	8
N	tái	台	台	(TV, radio) channel	20
N	tái	台	台	stand; table; platform	23
N	táifēng	颱風	台风	typhoon	22s
N	tàijíquán	太極拳	太极拳	Tai Chi	20s, 20c
N	tàitai	太太	太太	wife; Mrs.	1s
N	tāng	湯	汤	soup	12
N	táng	糖	糖	sugar	12
N	tángcùyú	糖醋魚	糖醋鱼	fish in sweet and sour sauce	12
N	tángjiě	堂姐	堂姐	(older female) cousin	15n
N	tiān	天	天	day	3

▼▼

Grammar	Pinyin	Traditional Characters	Simplified Characters	English	Lesson
N	tián	田	田	(a surname); field	14
N	tiānqì	天氣	天气	weather	10
N	tíngchēchǎng	停車場	停车场	parking lot	23
N	tīnglì	聽力	听力	listening comprehension	20
N	tǐzhòng	體重	体重	weight (of a person)	15s
N	tóngxué	同學	同学	classmate	3
N	tóu	頭	头	head	16s
N	tù	兔	兔	rabbit; hare	15c
N	tuǐ	腿	腿	leg	15
N	túshūguǎn	圖書館	图书馆	library	5
N	túshūguǎnyuán	圖書館員	图书馆员	librarian	13
N	T-xùshān	T-恤衫	T-恤衫	T-shirt	9s
N	wàigōng	外公	外公	maternal grandfather	22
N	wàiguó	外國	外国	foreign country	4
N	wàipó	外婆	外婆	maternal grandmother	22
N	wàitào	外套	外套	coat; jacket	9s
N	wàitou (bian, mian)	外頭(邊/面)	外头(边/面)	outside	14s
N	wǎn	晚	晚	evening; night	3
N	wǎnfàn	晚飯	晚饭	dinner; supper	3
N	wáng	王	王	king	1
N	wǎngqiú	網球	网球	tennis	4s, 20
N	wǎnhuì	晚會	晚会	evening party	19s
N	wàzi	襪子	袜子	socks	9s
N	wèijīng	味精	味精	monosodium glutamate (MSG)	12
N	wèishēngjiān	衛生間	卫生间	bathroom; restroom	18n
N	wèizi	位子	位子	seat	12
N	wén	文	文	language; script; written language	6
N	wénhuà	文化	文化	culture	22
N	wèntí	問題	问题	question; problem	6
N	wòshì	臥室	卧室	bedroom	18
N	wǔ	舞	舞	dance	4
N	wǔfàn	午飯	午饭	lunch; midday meal	8
N	wǔhuì	舞會	舞会	dance; ball	15
N	wǔjiào	午覺	午觉	nap	7s
N	wǔyuè	五月	五月	May	3g
N	xī	西	西	west	14
N	xiàbian(mian)	下邊(面)	下边(面)	bottom	14s
N	xiàn	線	线	line	1, 11
N	xiāngxià	鄉下	乡下	countryside	22
N	xiànjīn	現金	现金	cash	19s
N	xiānsheng	先生	先生	Mr.; husband; teacher	1
N	xiǎojie	小姐	小姐	Miss; young lady	1

Grammar	Pinyin	Traditional Characters	Simplified Characters	English	Lesson
N	xiǎoshuō	小說	小说	fiction; novel	18s
N	xiǎoxué	小學	小学	elementary school; grade school	2c, 20s
N	xiàtiān	夏天	夏天	summer	10
N	Xībānyáwén	西班牙文	西班牙文	the Spanish language	6s
N	xīběi	西北	西北	northwest	14s
N	xībian(mian)	西邊(面)	西边(面)	west; west side	14s, 22
N	Xīcān	西餐	西餐	Western food	12
N	xié	鞋	鞋	shoes	9
N	xiè	謝	谢	(a surname)	10
N	xíguàn	習慣	习惯	habit	8
N	Xīlàwén	希臘文	希腊文	the Greek language	6s
N	xìn	信	信	letter (mail)	8
N	xīnán	西南	西南	southwest	14s
N	xìng	姓	姓	surname	1
N	xíngli	行李	行李	baggage	23
N	xīngqī	星期	星期	week	3
N	xīngqī'èr	星期二	星期二	Tuesday	3g
N	xīngqīliù	星期六	星期六	Saturday	3g
N	xīngqīrì	星期日	星期日	Sunday	3g
N	xīngqīsān	星期三	星期三	Wednesday	3g
N	xīngqīsì	星期四	星期四	Thursday	3
N	xīngqītiān	星期天	星期天	Sunday	3g
N	xīngqīwǔ	星期五	星期五	Friday	3g
N	xīngqīyī	星期一	星期一	Monday	3g
N	xìngqu	興趣	兴趣	interest	16s
N	xīnnián	新年	新年	new year	11
N	Xīn Táibì	新台幣	新台币	NT (New Taiwan dollar)	19s
N	xìnyòng	信用	信用	trustworthiness; credit	13
N	xìnyòngkǎ	信用卡	信用卡	credit card	13
N	xǐshǒujiān	洗手間	洗手间	restroom	18n
N	xīwàng	希望	希望	hope	8
N	Xīyī	西醫	西医	Western medicine	16c
N	xǐzǎojiān	洗澡間	洗澡间	bathroom	18
N	xīzhuāng	西裝	西装	suit	9s
N	xuě	雪	雪	snow	10s, 22
N	Xuěbì	雪碧	雪碧	Sprite	5s
N	xuéqī	學期	学期	school term; semester/quarter	8
N	xuésheng	學生	学生	student	1
N	xuéshēng cāntīng	學生餐廳	学生餐厅	students' dining hall	18c
N	xuéshēngzhèng	學生證	学生证	student ID	13
N	xuéxiào	學校	学校	school	5
N	xuéyuàn	學院	学院	college	2c
N	yājīn	押金	押金	security deposit	18

▼ ▼

Grammar	Pinyin	Traditional Characters	Simplified Characters	English	Lesson
N	yáng	羊	羊	sheep; goat	15c
N	yángròu	羊肉	羊肉	mutton; lamb	12s
N	yǎnjing	眼睛	眼睛	eye	14
N	yǎnjìng	眼鏡	眼镜	eyeglasses; glasses	9n
N	yánjiūshēng	研究生	研究生	graduate student	13s
N	yánjiūshēngyuàn	研究生院	研究生院	graduate school (China)	23c
N	yánjiūsuǒ	研究所	研究所	graduate school (Taiwan); research institute	23s, 23c
N	yánjiūyuàn	研究院	研究院	research institute (Taiwan)	23c
N	yǎnlèi	眼淚	眼泪	tear	16
N	yánsè	顏色	颜色	color	9
N	yào	藥	药	medicine	16
N	yàodiàn	藥店	药店	pharmacy, drug store	16
N	yè	夜	夜	night	7
N	yéye	爺爺	爷爷	paternal grandfather	23
N	Yìdàlìwén	意大利文	意大利文	the Italian language	6s
N	yīfu	衣服	衣服	clothes	9
N	yīguì	衣櫃	衣柜	wardrobe; closet	22s
N	yǐng	影	影	shadow	4
N	Yīngguórén	英國人	英国人	British people/person	1s
N	Yīngwén	英文	英文	the English language	2
N	yíngyèyuán	營業員	营业员	clerk	19
N	yínháng	銀行	银行	bank	19
N	yìnxiàng	印象	印象	impression	17
N	yīnyuè	音樂	音乐	music	4
N	yīnyuèhuì	音樂會	音乐会	concert	8
N	yīshēng	醫生	医生	doctor; physician	2
N	yìsi	意思	意思	meaning	4
N	yīyuàn	醫院	医院	hospital	14s
N	yīyuè	一月	一月	January	3g
N	yǐzi	椅子	椅子	chair	18
N	yòng	用	用	use	8
N	yòu	右	右	right	14
N	yòubian	右邊(兒)	右边(儿)	right side	14s, 22
N	yóudiànjú	郵電局	邮电局	post and telecommunication office	19n
N	yóujú	郵局	邮局	post office	19
N	yóukè	遊客	游客	visitor (to a park, etc.); tourist	22s
N	yóupiào	郵票	邮票	stamp	19
N	yú	魚	鱼	fish	12
N	yǔ	語	语	speech	6n
N	yuánzhūbǐ	圓珠筆	圆珠笔	ballpoint pen	7c
N	yuánzǐbǐ	原子筆	原子笔	ballpoint pen	7c
N	yùbào	預報	预报	forecast	10

Grammar	Pinyin	Traditional Characters	Simplified Characters	English	Lesson
N	yuè	月	月	month	3
N	Yuènánrén	越南人	越南人	Vietnamese people/person	1s
N	yǔfǎ	語法	语法	grammar	7
N	yún	雲	云	cloud	10s
N	yùndòng	運動	运动	sports	14
N	yùndòngfú	運動服	运动服	sportswear	20
N	yùshì	浴室	浴室	bathroom	18n
N	yǔyán	語言	语言	language	13
N	zǎofàn	早飯	早饭	breakfast	3s, 8
N	zhájī	炸雞	炸鸡	fried chicken	12s
N	zhàn	站	站	(bus, train, etc.) stop; station	11
N	zhāng	張	张	(a surname)	2
N	zhàopiàn	照片	照片	picture; photo	2
N	zhēn	針	针	needle	16
N	zhèn	鎮	镇	town	22
N	zhèngjiàn	證件	证件	identification	13
N	zhèngzhì	政治	政治	politics	22
N	zhǐ	紙	纸	paper	2g, 7s, 18
N	zhīpiào	支票	支票	check	19
N	zhíyuán	職員	职员	staff member; office worker	13
N	zhōng	鐘	钟	clock	3
N	Zhōngcān	中餐	中餐	Chinese food	12
N	Zhōngguóchéng	中國城	中国城	Chinatown	14
N	Zhōngguófàn	中國飯	中国饭	Chinese food	12c
N	Zhōngguóhuà	中國話	中国话	Chinese (language)	14s
N	Zhōngguórén	中國人	中国人	Chinese people/person	1
N	Zhōngguózì	中國字	中国字	Chinese character	Intro.
N	Zhōnghuá	中華	中华	China (Airlines)	21
N	zhōngjiān	中間	中间	middle	14
N	Zhōngshānzhuāng	中山裝	中山装	Sun Yatsen suit	9c
N	zhōngtóu	鐘頭	钟头	hour	13
N	Zhōngwén	中文	中文	the Chinese language	6
N	zhōngxīn	中心	中心	center	14
N	zhōngxué	中學	中学	middle school	2c, 20s
N	Zhōngyī	中醫	中医	Chinese medicine	16c
N	zhōu	週	周	week	3g
N	zhōu	州	州	state	21s
N	zhōu'èr	週二	周二	Tuesday	3g
N	zhōurì	週日	周日	Sunday	3g
N	zhōuyī	週一	周一	Monday	3g
N	zhū	豬	猪	pig; boar	15c
N	zhuānyè	專業	专业	major (in college); specialty	8

▼▼▼▼▼▼▼▼▼▼▼▼▼▼▼▼▼▼▼▼▼▼▼▼▼▼▼▼▼▼▼▼▼▼▼▼▼▼

Grammar	Pinyin	Traditional Characters	Simplified Characters	English	Lesson
N	zhuōzi	桌子	桌子	table	12
N	zhūròu	豬肉	猪肉	pork	12s
N	zhǔshí	主食	主食	staple food	12c
N	zì	字	字	character	7
N	zìdiǎn	字典	字典	dictionary	13
N	zū	租	租	rent	11, 18
N	zuǐ	嘴	嘴	mouth	15
N	zuǒ	左	左	left	14
N	zuǒbian(r)	左邊(兒)	左边(儿)	left side	14s, 22
N	zuòwei	座位	座位	seat	23
N	zúqiú	足球	足球	soccer	4s, 20

Noun Phrases

NP	jiànkāng bǎoxiǎn	健康保險	健康保险	health insurance	16
NP	shèngcài	剩菜	剩菜	leftovers	16
NP	zhè jǐ tiān	這幾天	这几天	the past few days	11

Numerals

Nu	bā	八	八	eight	Intro.
Nu	bǎi	百	百	hundred	9
Nu	bàn	半	半	half; half an hour	3
Nu	duō	多	多	(indicating "more than")	18
Nu	èr	二	二	two	Intro.
Nu	jǐ	幾	几	some; a few (an indefinite number, usually less than ten)	6
Nu	jiǔ	九	九	nine	Intro.
Nu	liǎng	兩	两	two; a couple of	2
Nu	líng	零	零	zero	3g
Nu	liù	六	六	six	Intro.
Nu	qī	七	七	seven	Intro.
Nu	qiān	千	千	thousand	21
Nu	sān	三	三	three	Intro.
Nu	shí	十	十	ten	Intro.
Nu	shí'èr	十二	十二	twelve	3
Nu	shíbā	十八	十八	eighteen	3
Nu	sì	四	四	four	Intro.
Nu	wàn	萬	万	ten thousand	21s
Nu	wǔ	五	五	five	Intro.
Nu	yī	一	一	one	Intro.
Nu	yì	億	亿	hundred million	21s
Nu	yìbǎiwàn	一百萬	一百万	one million	22s

Particles

P	a	啊	啊	(a sentence-final particle of exclamation, interrogation, etc.)	6

Grammar	Pinyin	Traditional Characters	Simplified Characters	English	Lesson
P	ba	吧	吧	(a "suggestion" particle; softens the tone of the sentence to which it is appended)	5
P	de	的	的	(a possessive, modifying, or descriptive particle)	2
P	de	得	得	(a structural particle)	7
P	de	地	地	(used after an adjective to form an adverb)	23
P	guo	過	过	(indicating past experience)	14
P	le	了	了	(a particle indicating superlative degree)	3
P	le	了	了	(a dynamic particle; a sentence particle)	5g, 8g, 10g
P	na	哪	哪	(modification of sound of 啊)	20
P	ne	呢	呢	(indicates an action is in progress)	15
P	ya	呀	呀	(an interjectory particle used to soften a question)	5
P	zhe	著	着	(indicating a static state)	22

Proper Nouns

PN	Bái	白	白	(a surname)	3
PN	Bái Jiànmíng	白健明	白健明	(a person's name)	17
PN	Běijīng	北京	北京	Beijing	10s
PN	Bìshèngkè	必勝客	必胜客	Pizza Hut	12s
PN	Chángjiāng	長江	长江	Yangtze river	10c
PN	Chén	陳	陈	(a surname)	1n
PN	Chóngqìng	重慶	重庆	Chongqing	10c
PN	Déguó	德國	德国	Germany	1s
PN	Dōngjīng	東京	东京	Tokyo	14
PN	Éguó	俄國	俄国	Russia	6s
PN	Fǎguó	法國	法国	France	1s
PN	Fēilǜbīn	菲律賓	菲律宾	the Philippines	6s
PN	Gāo	高	高	(a surname)	2
PN	Hā'ěrbīn	哈爾濱	哈尔滨	Harbin	10c
PN	Hǎilún	海倫	海伦	Helen	15
PN	Hǎinán	海南	海南	Hainan	10c
PN	Hànchéng	漢城	汉城	Seoul	21
PN	Hánguó	韓國	韩国	Korea	6s, 21
PN	Huáshèngdùn	華盛頓	华盛顿	Washington	21
PN	Jiālìfúníyà	加利福尼亞	加利福尼亚	California	22n
PN	Jiānádà	加拿大	加拿大	Canada	10s
PN	Jiāzhōu	加州	加州	(abbr.) California	21s, 22
PN	Jiùjīnshān	舊金山	旧金山	San Francisco	22
PN	Kěndéjī	肯德基	肯德基	KFC	12s

Grammar	Pinyin	Traditional Characters	Simplified Characters	English	Lesson
PN	Kūnmíng	昆明	昆明	Kunming	10c
PN	Lǐ	李	李	(a surname)	1
PN	Liú	劉	刘	(a surname)	1n
PN	Lǐ Yǒu	李友	李友	(a personal name)	1
PN	Luòshānjī	洛杉磯	洛杉矶	Los Angeles	21
PN	Màidāngláo	麥當勞	麦当劳	McDonald's	12s
PN	Mǎláixīyà	馬來西亞	马来西亚	Malaysia	6s
PN	Máotái	茅台	茅台	Maotai (name of a liquor)	5c
PN	Másàizhūsè	麻賽諸塞	麻塞诸塞	Massachusetts	22n
PN	Mázhōu	麻州	麻州	(abbr.) Massachusetts	22
PN	Měiguó	美國	美国	America	1
PN	Mòxīgē	墨西哥	墨西哥	Mexico	6s
PN	Nánjīng	南京	南京	Nanjing	10c
PN	Niǔyuē	紐約	纽约	New York	17
PN	Pútáoyá	葡萄牙	葡萄牙	Portugal	6s
PN	Rìběn	日本	日本	Japan	1s
PN	Shànghǎi	上海	上海	Shanghai	10
PN	Táiběi	台北	台北	Taipei	10
PN	Tàiguó	泰國	泰国	Thailand	6s
PN	Táinán	台南	台南	Tainan (a city in Taiwan)	19
PN	Táiwān	台灣	台湾	Taiwan	10
PN	Táizhōng	台中	台中	Taichung	10s
PN	Wáng	王	王	(a surname)	1
PN	Wáng Péng	王朋	王朋	(a personal name)	1
PN	Wēngēhuá	溫哥華	温哥华	Vancouver	10s
PN	Wǔhàn	武漢	武汉	Wuhan	10c
PN	Xiānggǎng	香港	香港	Hong Kong	10s, 21
PN	Xiāngshān	香山	香山	(a mountain near Beijing)	22s
PN	Xiǎo Bái	小白	小白	Little Bai	3
PN	Xiǎo Gāo	小高	小高	Little Gao	2
PN	Xiǎo Lǐ	小李	小李	Little Li	3
PN	Xiǎo Zhāng	小張	小张	Little Zhang	2
PN	Xiàwēiyí	夏威夷	夏威夷	Hawaii	6s
PN	Xībānyá	西班牙	西班牙	Spain	6s
PN	Xīběi	西北	西北	Northwest (Airlines)	21
PN	Xiè	謝	谢	(a surname)	10
PN	Xīlà	希臘	希腊	Greece	6s
PN	Xīngbākè	星巴克	星巴克	Starbucks	5c
PN	Yìdàlì	意大利	意大利	Italy	6s
PN	Yìndù	印度	印度	India	6s
PN	Yīngguó	英國	英国	Britain; England	1s
PN	Yìwén	意文	意文	(a given name)	8
PN	Yuènán	越南	越南	Vietnam	6s
PN	Zhāng	張	张	(a surname)	1n

Grammar	Pinyin	Traditional Characters	Simplified Characters	English	Lesson
PN	Zhījiāgē	芝加哥	芝加哥	Chicago	21
PN	Zhōngguó	中國	中国	China	1
PN	Zhōngguó Mínháng	中國民航	中国民航	Air China	21
PN	Zhōngguó yínháng	中國銀行	中国银行	Bank of China	19

Pronouns

Pr	biérén	別人	别人	others; other people	4
Pr	dàjiā	大家	大家	everybody	7
Pr	gè	各	各	each; every	21
Pr	nà/nèi	那	那	that	2
Pr	nàr	那兒	那儿	there	8
Pr	nǐ	你	你	you	1
Pr	nín	您	您	you (singular; polite)	1
Pr	tā	他	他	he; him	2
Pr	tā	她	她	she	2
Pr	tā	它	它	it	19
Pr	wǒ	我	我	I; me	1
Pr	wǒmen	我們	我们	we	3
Pr	yǒude	有的	有的	some	21
Pr	zhè/zhèi	這	这	this	2
Pr	zhège	這個	这个	this	10
Pr	zhèlǐ	這裏	这里	here	19
Pr	zhème	這麼	这么	so; such	7
Pr	zhèr	這兒	这儿	here	9
Pr	zhèxiē	這些	这些	these	12
Pr	zhèyàng	這樣	这样	so; like this	10
Pr	zìjǐ	自己	自己	oneself	11

Prefixes

prefix	dì	第	第	(a prefix for ordinal numbers)	7

Prepositions

Prep	bǎ	把	把	(indicating a thing is disposed of)	13
Prep	bèi	被	被	(used to introduce the agent)	20
Prep	bǐ	比	比	(a comparison marker)	10
Prep	cóng	從	从	from	14
Prep	gěi	給	给	to; for	6
Prep	lí	離	离	from; away	14
Prep	lián	連	连	even	18
Prep	měi	每	每	every; each (usually followed by a measure word)	11
Prep	wàng	往	往	towards	14

▼▼▼▼▼▼▼▼▼▼▼▼▼▼▼▼▼▼▼▼▼▼▼▼▼▼▼▼▼▼▼▼▼▼▼▼

Grammar	Pinyin	Traditional Characters	Simplified Characters	English	Lesson
Prep	wèi	為	为	for	3
Prep	zài	在	在	at; in; on	5

Question Particles

Grammar	Pinyin	Traditional Characters	Simplified Characters	English	Lesson
QP	ma	嗎	吗	(an interrogative particle)	1
QP	ne	呢	呢	(an interrogative particle)	1

Question Pronouns

Grammar	Pinyin	Traditional Characters	Simplified Characters	English	Lesson
QPr	duō jiǔ	多久	多久	how long	13
QPr	duō...na	多...哪	多...哪	how...	20
QPr	nǎ/něi	哪	哪	which	6
QPr	nǎli	哪裏	哪里	where	14
QPr	nǎr	哪兒	哪儿	where	5
QPr	shéi	誰	谁	who	2
QPr	shénme	什麼	什么	what	1
QPr	wèishénme	為什麼	为什么	why	3
QPr	zěnme	怎麼	怎么	how; how come (used to inquire about the cause of something, implying a degree of surprise or disapproval)	7
QPr	zěnmeyàng	怎麼樣	怎么样	Is it O.K.? What is it like? How does that sound?	3

Question Words

Grammar	Pinyin	Traditional Characters	Simplified Characters	English	Lesson
QW	duōshao	多少	多少	how much; how many	9
QW	jǐ	幾	几	how many	2
QW	zěnme bàn	怎麼辦	怎么办	what to do	10

Suffixes

Grammar	Pinyin	Traditional Characters	Simplified Characters	English	Lesson
suffix	miàn	面	面	(used to form a noun of locality)	14

Time Words

Grammar	Pinyin	Traditional Characters	Simplified Characters	English	Lesson
T	bànyè	半夜	半夜	midnight	7
T	fēnzhōng	分鐘	分钟	minute	13s
T	gāngcái	剛才	刚才	just now; a moment ago	10
T	hòulái	後來	后来	later	8
T	hòunián	後年	后年	the year after next	3s
T	hòutiān	後天	后天	the day after tomorrow	3s, 17
T	jiānglái	將來	将来	in the future	15
T	jīnnián	今年	今年	this year	3
T	jīntiān	今天	今天	today	3
T	kè	刻	刻	quarter (hour); 15 minutes	3
T	měitiān	每天	每天	every day	11
T	míngnián	明年	明年	next year	3s
T	míngtiān	明天	明天	tomorrow	3
T	píngcháng	平常	平常	usually	7

Grammar	Pinyin	Traditional Characters	Simplified Characters	English	Lesson
T	qiánnián	前年	前年	the year before last	3s, 15
T	qiántiān	前天	前天	the day before yesterday	3s
T	qùnián	去年	去年	last year	3s, 6n
T	shàngge xīngqī	上個星期	上个星期	last week	6n, 7
T	shàngge yuè	上個月	上个月	last month	6n
T	shàngwǔ	上午	上午	morning	6
T	shíjiān	時間	时间	time	6
T	wǎnshang	晚上	晚上	evening; night	3
T	xiàge xīngqī	下個星期	下个星期	next week	6
T	xià(ge)yuè	下(個)月	下(个)月	next month	3s
T	xiànzài	現在	现在	now	3
T	xiǎoshí	小時	小时	hour	13s, 16
T	xiàwǔ	下午	下午	afternoon	6
T	yǐhòu	以後	以后	after	6, 6n, 15
T	yǐqián	以前	以前	before; ago; previously	7g, 8
T	zǎoshang	早上	早上	morning	8
T	zhōngwǔ	中午	中午	noon	6s; 8
T	zhōumò	週末	周末	weekend	4
T	zuìjìn	最近	最近	recently	8
T	zuótiān	昨天	昨天	yesterday	3s, 4

Verbs

Grammar	Pinyin	Traditional Characters	Simplified Characters	English	Lesson
V	ài	愛	爱	to love	15
V	bǎi	擺	摆	to place; to put	22s
V	bān	搬	搬	to move	16s, 18
V	bàn	辦	办	to do; to handle	21
V	bāng	幫	帮	to help	6
V	bāngzhù	幫助	帮助	to help	7
V	bào	抱	抱	to hold or carry in the arms	20
V	bǎozhòng	保重	保重	to take care (of oneself)	23
V	bì	閉	闭	to shut; to close	14
V	bìng	病	病	illness; to become ill	16
V	cāi	猜	猜	to guess	16
V	cānjiā	參加	参加	to take part in	17
V	chà	差	差	to be short of; to be lacking	3s
V	chàng	唱	唱	to sing	4
V	chāo	超	超	to exceed; to surpass	23
V	chāozhòng	超重	超重	to be overweight	23
V	chēng	稱	称	to weigh	23
V	chéng	成	成	to become	17
V	chī	吃	吃	to eat	3
V	chuān	穿	穿	to wear; to put on	9
V	chuī	吹	吹	to blow	20s
V	chūzū	出租	出租	to rent out; to let	11
V	cún	存	存	to deposit	19

Grammar	Pinyin	Traditional Characters	Simplified Characters	English	Lesson
V	dǎ	打	打	to hit; to strike	4
V	dài	戴	戴	to wear (hat, glasses, etc.)	9s
V	dài	帶	带	to bring; come with	13, 18
V	dāng	當	当	to serve as; to be	18
V	dānxīn	擔心	担心	to worry	20
V	dào	到	到	to arrive	8, 11
V	dàoqī	到期	到期	to become due	13s
V	dǎsǎo	打掃	打扫	to clean up	17
V	dǎsuàn	打算	打算	to plan	21
V	děng	等	等	to wait; to wait for	6
V	dìng	訂	订	to order	19
V	dìng	訂	订	to reserve; to book (a ticket, etc.)	21
V	diū	丟	丢	to lose; to throw	19s
V	dǒng	懂	懂	to understand	7
V	è	餓	饿	to starve	12
V	fá	罰	罚	to fine; to punish	13
V	fācái	發財	发财	to make a fortune	11c
V	fàng	放	放	to put in; to add	12
V	fàng	放	放	to put; to place	16
V	fàng	放	放	to let go; to set free	21
V	fēi	飛	飞	to fly	11
V	fèi	費	费	spend; take (effort)	17
V	fúwù	服務	服务	to give service to	12
V	fùxí	復習	复习	to review	7
V	gǎnmào	感冒	感冒	to have a cold	16s
V	gàosu	告訴	告诉	to tell	8
V	gěi	給	给	to give	5
V	gōngxǐ	恭喜	恭喜	to congratulate	11c
V	gōngzuò	工作	工作	to work	5
V	guā	颱	刮	to blow	22
V	guà	掛	挂	to hang	19
V	guàhào	掛號	挂号	to register	19
V	guǎi	拐	拐	to turn	14
V	guān	關	关	to close	13
V	guò	過	过	to pass; to celebrate (a birthday, a holiday)	14, 15
V	guòmǐn	過敏	过敏	to have allergy	16
V	guòqī	過期	过期	overdue	13
V	hǎoxiàng	好像	好像	to seem; to be like	12
V	hē	喝	喝	to drink	5
V	huā	花	花	to spend	11
V	huá	滑	滑	to slide	22
V	huà	畫	画	to paint	22s

▼▼▼▼▼▼▼▼▼▼▼▼▼▼▼▼▼▼▼▼▼▼▼▼▼▼▼▼▼▼▼▼▼▼▼▼▼▼

Grammar	Pinyin	Traditional Characters	Simplified Characters	English	Lesson
V	huá bīng	滑冰	滑冰	to skate	22s
V	huán	還	还	to return	13
V	huàn	換	换	to change; to exchange	9
V	huānyíng	歡迎	欢迎	to welcome	22
V	huí	回	回	to return	5
V	huó	活	活	to live; to be alive	17
V	jì	寄	寄	to send by mail	19
V	jiā	加	加	to add	19
V	jiàn	見	见	to see	3
V	jiǎnchá	檢查	检查	to examine	16
V	jiāo	教	教	to teach	7
V	jiāo	交	交	to pay (rent, tuition, etc.)	18s
V	jiào	叫	叫	to be called; to call	1
V	jiào	叫	叫	to hail/hire (a taxi)	23
V	jìde	記得	记得	to remember	17
V	jiē	接	接	to meet; to receive	15
V	jiè	借	借	to borrow/lend	13
V	jièshào	介紹	介绍	to introduce	5
V	jìn	進	进	to enter	5
V	jìnbù	進步	进步	to make progress	8
V	juéde	覺得	觉得	to feel	4
V	kāi	開	开	to hold (a meeting, party, etc.)	6
V	kāi	開	开	to drive; to operate	11
V	kāi	開	开	to open	13
V	kāishǐ	開始	开始	to begin; to start	7, 8
V	kàn	看	看	to watch; to look	4
V	kǎo	考	考	to give or take a test	6
V	kǎo	烤	烤	to roast; to bake	12s
V	kǎoshì	考試	考试	to give or take a test	6
V	késòu	咳嗽	咳嗽	to cough	16s
V	kū	哭	哭	to cry; to weep	23
V	lái	來	来	to come	5
V	láidào	來到	来到	to arrive; to come	23
V	liànxí	練習	练习	to practice	6
V	liáo	聊	聊	to chat	5
V	líkāi	離開	离开	leave; depart from	19s
V	liú	留	留	to leave behind	13
V	liú	流	流	to flow; to shed	16
V	lǚxíng	旅行	旅行	to travel	17
V	lùyíng	露營	露营	to camp (out)	21s
V	mǎi	買	买	to buy	9
V	mài	賣	卖	to sell	9s, 12
V	ná	拿	拿	to take; to get; to carry	16, 23
V	niàn	念	念	to read aloud	7

▼▼

Grammar	Pinyin	Traditional Characters	Simplified Characters	English	Lesson
V	pà	怕	怕	to be afraid of	20
V	pǎo	跑	跑	to run	20
V	qǐfēi	起飛	起飞	to take off	23
V	qǐlai	起來	起来	to get up	20s
V	qǐng	請	请	please (a polite form of request)	1, 6n
V	qǐng	請	请	to treat (somebody); to invite	3, 6n
V	qìngzhù	慶祝	庆祝	to celebrate	15s, 17
V	qù	去	去	to go	4
V	ràng	讓	让	to allow or cause (somebody to do something)	11
V	rènshi	認識	认识	to know (someone); to recognize	3
V	sǎo	掃	扫	to sweep	17
V	shàng	上	上	(coll.) to go	14
V	shēng	生	生	to give birth to; to be born	3
V	shèng	剩	剩	to remain; to be left over	13
V	shì	是	是	to be	1
V	shì	試	试	to try	16
V	shìhé	適合	适合	to suit; to fit	20s
V	shōu	收	收	to receive	19
V	shòu	受	受	to bear; to receive	20
V	shōushi	收拾	收拾	to pack; to tidy up	23
V	shū	輸	输	to lose (a game, etc.)	20
V	shǔ	屬	属	to belong to	15
V	shuì	睡	睡	to sleep	4
V	shuō	說	说	to say; to speak	6
V	sǐ	死	死	to die	16
V	sòng	送	送	to take someone (somewhere)	11
V	suí	隨	随	to follow; to go along with	23
V	tán	彈	弹	to play (a musical instrument)	15
V	tán	談	谈	to talk; to chat	20s
V	tǎng	躺	躺	to lie	16
V	téng	疼	疼	to be painful	16
V	tī	踢	踢	to kick	20
V	tí	提	提	to carry (with the arm down)	23
V	tiáo	調	调	to change; to adjust; to mix	20
V	tiào	跳	跳	to jump	4
V	tiē	貼	贴	to paste; to stick on	19
V	tígāo	提高	提高	to improve	20
V	tīng	聽	听	to listen	4
V	tíng	停	停	to stop; to park	23
V	tíxǐng	提醒	提醒	to remind	23
V	tóngyì	同意	同意	to agree	20s
V	tóu téng	頭疼	头疼	to have a headache	16s

Grammar	Pinyin	Traditional Characters	Simplified Characters	English	Lesson
V	tuì	退	退	to send back; to return	19s
V	tuōyùn	托運	托运	to check (baggage); to consign for shipment	23
V	wán	完	完	to finish; to run out of	12
V	wàng	忘	忘	to forget	13
V	wán(r)	玩(兒)	玩(儿)	to have fun; to play	5
V	wèn	問	问	to ask (a question)	1, 6n
V	xiàng	像	像	to be like; to take after	15
V	xiǎngniàn	想念	想念	to miss; to remember with longing	23s
V	xiào	笑	笑	to laugh; to laugh at	8
V	xiǎoxīn	小心	小心	to be careful	23
V	xiě	寫	写	to write	7
V	xiè	謝	谢	thanks	10
V	xíguàn	習慣	习惯	to be accustomed to	8
V	xǐhuan	喜歡	喜欢	to like; to prefer	3
V	xíng	行	行	to walk; to go	14
V	xìng	姓	姓	(one's) surname is...	1
V	xiūxi	休息	休息	to rest	18s
V	xīwàng	希望	希望	to hope	8
V	xǔ	許	许	to allow; to be allowed	18
V	xué	學	学	to study	7
V	xuéxí	學習	学习	to study; to learn	17
V	xùjiè	續借	续借	to renew	13
V	yǎn	演	演	to show (a film); to perform	17
V	yǎng	養	养	to raise	18
V	yǎng	癢	痒	to itch	16
V	yào	要	要	to want to; to have a desire for	5
V	yào	要	要	to need; to cost	19
V	yíng	贏	赢	to win	20
V	yǐwéi	以為	以为	to think (wrongly)	22
V	yòng	用	用	to use	8
V	yǒu	有	有	to have; to exist	2
V	yuē	約	约	to make an appointment	10
V	yǔnxǔ	允許	允许	to allow	18n
V	yùxí	預習	预习	to preview	7
V	zài	在	在	to be present; to be at (a place)	6
V	zhàn	站	站	to stand	15s
V	zhǎng	長	长	to grow	15n
V	zhǎo	找	找	to look for	4
V	zhǎo(qián)	找(錢)	找(钱)	to give change	9
V	zhěnglǐ	整理	整理	to put in order	17
V	zhīdao	知道	知道	to know	6
V	zhòng	種	种	to seed; to plant	22

▼▼▼

Grammar	Pinyin	Traditional Characters	Simplified Characters	English	Lesson
V	zhù	祝	祝	to express good wishes	8, 11f
V	zhù	住	住	to live	14
V	zhuǎn	轉	转	to turn	14n
V	zhuàn	賺	赚	to earn	23s
V	zhùyì	注意	注意	to pay attention to	20s
V	zǒu	走	走	to walk; to go by way of	11, 21
V	zū	租	租	to rent	11, 18
V	zuò	做	做	to do	2
V	zuò	坐	坐	to sit	5
V	zuò	坐	坐	to travel by	11

Verbs Plus Complement

Grammar	Pinyin	Traditional Characters	Simplified Characters	English	Lesson
VC	bān chuqu	搬出去	搬出去	to move out of	18
VC	chī huài	吃壞	吃坏	get sick because of food	16
VC	chūqu	出去	出去	to go out	10
VC	cún qǐlai	存起來	存起来	to store; to save	19g
VC	dé dào	得到	得到	to gain; to obtain	20s
VC	è sǐ	餓死	饿死	to starve to death	16
VC	fàng bu xià	放不下	放不下	not enough room for...	18
VC	huílai	回來	回来	to come back	6
VC	jì bu zhù	記不住	记不住	unable to remember	17s
VC	jìnlai	進來	进来	to come in	5
VC	jìnqu	進去	进去	to go in	6g, 13
VC	kāi dào	開到	开到	open till ...	13
VC	kāi mǎn	開滿	开满	to bloom abundantly	22
VC	kàn bu chūlai	看不出來	看不出来	can't make out; unable to tell	20
VC	kàn jiàn	看見	看见	to see; to catch sight of	20s
VC	lèi huài	累壞	累坏	to become exhausted	23
VC	mài wán (le)	賣完(了)	卖完(了)	sold out	12
VC	shōu dào	收到	收到	to receive	19
VC	tǎngxià	躺下	躺下	to lie down	16
VC	téngsǐ	疼死	疼死	to really hurt	16
VC	xiǎng dào	想到	想到	to have thought of	19g
VC	xiǎng qilai	想起來	想起来	remember; recall	17
VC	yā huài	壓壞	压坏	smash; to get hurt by being crushed	20
VC	yān sǐ	淹死	淹死	drown to death	20
VC	zhǎo bu dào	找不到	找不到	unable to find	23
VC	zhǎo dào	找到	找到	to find (successfully)	13

Verbs plus Object

Grammar	Pinyin	Traditional Characters	Simplified Characters	English	Lesson
VO	bāng máng	幫忙	帮忙	to help; to do someone a favor	6
VO	bì yè	畢業	毕业	to graduate; to finish school	23s
VO	chàng gē	唱歌	唱歌	to sing (a song)	4
VO	chī fàn	吃飯	吃饭	to eat (a meal)	3

▼▼▼

Grammar	Pinyin	Traditional Characters	Simplified Characters	English	Lesson
VO	chū mén	出門	出门	go on a journey	23
VO	chū wèntí	出問題	出问题	run into trouble	21s
VO	cún qián	存錢	存钱	to deposit money	19
VO	dǎ diànhuà	打電話	打电话	to make a phone call	6
VO	dǎ gōng	打工	打工	to work part-time; to do manual work	5s
VO	dǎ pēnti	打噴嚏	打喷嚏	to sneeze	16s
VO	dǎ qiú	打球	打球	to play ball	4
VO	dǎ zhé(kòu)	打折(扣)	打折(扣)	to give a discount	21
VO	dǎ zhēn	打針	打针	get a shot	16
VO	diǎn cài	點菜	点菜	to order dishes	12
VO	fā shāo	發燒	发烧	to run a fever	16s
VO	fàng jià	放假	放假	to have a holiday or vacation	21
VO	fù qián	付錢	付钱	to pay money	9
VO	guā fēng	颱風	刮风	to be windy	22
VO	guān mén	關門	关门	to close door	13
VO	guò shēngrì	過生日	过生日	celebrate a birthday	15
VO	huā qián	花錢	花钱	cost money; spend money	16
VO	huā shíjiān	花時間	花时间	cost time	16
VO	huá xuě	滑雪	滑雪	(snow) ski	22
VO	huí jiā	回家	回家	to go home	5
VO	jiǎn féi	減肥	减肥	to lose weight	20s
VO	jiǎng kè	講課	讲课	to lecture; to teach	22s
VO	jiǎn jià	減價	减价	to cut a price	21
VO	jié hūn	結婚	结婚	to get married	17s
VO	kāi chē	開車	开车	to drive a car	11
VO	kāi huì	開會	开会	to have a meeting	6
VO	kàn bìng	看病	看病	to see a doctor; (of a doctor) to see a patient	16
VO	kàn shū	看書	看书	to read books; to read	4
VO	liáo tiān(r)	聊天(兒)	聊天(儿)	to chat	5
VO	lù yīn	錄音	录音	to record	7
VO	niàn shū	念書	念书	to study	21s
VO	pǎo bù	跑步	跑步	to jog	20
VO	qǐ chuáng	起床	起床	to get up	8
VO	qiāo mén	敲門	敲门	to knock at the door	5f
VO	qǐng kè	請客	请客	to invite someone to dinner; to be the host	4
VO	shàng bān	上班	上班	go to work	23s
VO	shàng cài	上菜	上菜	to serve dishes	12
VO	shàng dàxué	上大學	上大学	to attend college/university	20
VO	shàng kè	上課	上课	to go to class; to start a class	7
VO	shēng bìng	生病	生病	get sick	16
VO	shēng qì	生氣	生气	to be angry	16s

Grammar	Pinyin	Traditional Characters	Simplified Characters	English	Lesson
VO	shòu shāng	受傷	受伤	to get injured or wounded	20
VO	shuì jiào	睡覺	睡觉	to sleep	4
VO	shuō huà	說話	说话	to talk	7
VO	tàn qīn	探親	探亲	visit relatives	23
VO	tiào wǔ	跳舞	跳舞	to dance	4
VO	tíng chē	停車	停车	to park (a car, bike, etc.)	23
VO	wèn lù	問路	问路	to ask for directions	14
VO	xià chē	下車	下车	to get off (a bus, train, etc.)	11
VO	xiǎng jiā	想家	想家	miss home; be homesick	16
VO	xià yǔ	下雨	下雨	to rain	10
VO	xiě zì	寫字	写字	to write characters	7
VO	xǐ zǎo	洗澡	洗澡	to take a bath/shower	8
VO	yǒu kòng(r)	有空(兒)	有空(儿)	to have free time	6
VO	yóu yǒng	游泳	游泳	to swim	20
VO	zhǎng jià	漲價	涨价	to increase in price	21
VO	zhuǎn jī	轉機	转机	change planes	21
VO	zǒu lù	走路	走路	to walk	11s, 15
VO	zuò fàn	做飯	做饭	cook	15

Unclassified

Grammar	Pinyin	Traditional Characters	Simplified Characters	English	Lesson
	bàoshang	報上	报上	in/on the newspaper	10
	bā zhé	八折	八折	20% off	21n
	bǐfang shuō	比方說	比方说	for example	22
	bìzhe	閉著	闭着	close; closed	14
	búbì	不必	不必	need not	20s
	bú dào	不到	不到	less than	21
	bú dòng	不動	不动	unable to do something	23
	chūlai	出來	出来	(indicates achievement of a result)	20
	chūqu	出去	出去	(indicating movement outward)	18
	dào...qù	到...去	到...去	to go to (a place)	6
	de	的	的	(indicating a possessive)	2
	de shíhou	的時候	的时候	when...; at the time of...	8
	dì	第	第	prefix (prefix for ordinal numbers)	7
	duì zhé	對折	对折	50% off	21n
	duì...guòmǐn	對...過敏	对...过敏	to be allergic to...	16
	duì...yǒu xìngqu	對...有興趣	对...有兴趣	to be interested in...	16s
	fàng shǔjià	放暑假	放暑假	have summer vacation	23
	guolai	過來	过来	(indicating motion towards one)	23
	hǎo jǐ	好幾	好几	quite a few	16
	hóngshāo	紅燒	红烧	to braise in soy sauce	12
	Huózhe	《活著》	《活着》	To Live (name of a movie)	17
	jiǔzhé	九折	九折	10% off	21

Grammar	Pinyin	Traditional Characters	Simplified Characters	English	Lesson
	la	啦	啦	(the combination of 了 and 啊)	22
	lái bu jí	來不及	来不及	there is not enough time	13
	liángbàn	涼拌	凉拌	cold and dressed with sauce	12
	méi guānxi	沒關係	没关系	It doesn't matter	17
	nán de	男的	男的	male	7
	qián yì tiān	前一天	前一天	the day before	23
	qilai	起來	起来	(indicates beginning of action)	20
	qī wǔ zhé	七五折	七五折	25% off	21n
	rúguǒ...de huà	如果...的話	如果...的话	if...	22
	shénme...dōu	什麼...都	什么...都	all; any (an inclusive pattern)	18
	shuǐdiàn	水電	水电	water and electricity	18
	shuōdào	說到	说到	to talk about; to mention	15
	shǔqī xuéxiào	暑期學校	暑期学校	summer school	15
	tīng qilai	聽起來	听起来	sound like	22
	tīngshuō	聽說	听说	It is said that; (I) heard that	22
	xià	下	下	next; under	6
	xià cì	下次	下次	next time	10
	yào...le	要...了	要...了	to be about to...	23
	yìbiān...yìbiān	一邊...一邊	一边...一边	(indicates simultaneous actions)	8
	yìdiǎnr	一點兒	一点儿	a bit	10
	yì fáng yì tīng	一房一廳	一房一厅	one bedroom and one living room	18
	yí gè rén	一個人	一个人	alone; by oneself	18s
	yì jiā	一家	一家	the whole family	22
	yī...jiù	一...就...	一...就...	as soon as..., then...	14
	yìxiē	一些	一些	some	16
	yuán	元	元	yuan (unit of Chinese currency); Chinese dollar	9g, 18
	yuè...yuè...	越...越...	越...越...	the more...the more...	19
	zhǎng de	長得	长得	to grow in such a way as to appear	15
	zhè jǐ tiān	這幾天	这几天	the past few days	11
	zhí fēi	直飛	直飞	fly directly	21
	yòu...yòu	又...又...	又...又...	both...and...	10